课件实例效果赏析

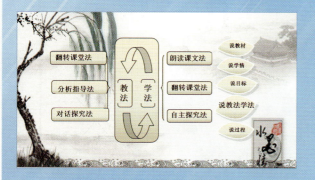
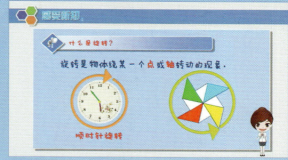
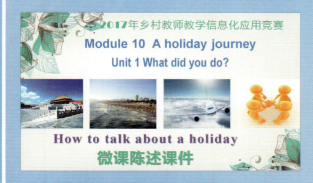

课件实例效果赏析

课件实例效果赏析

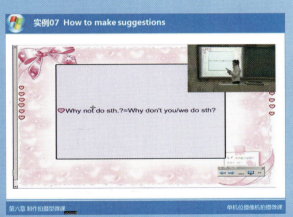

课件实例效果赏析

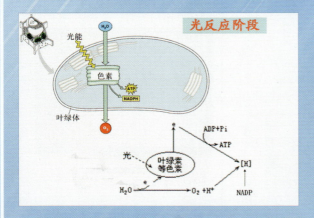

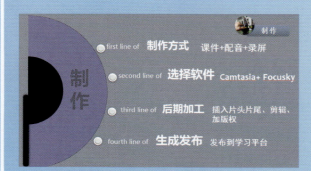

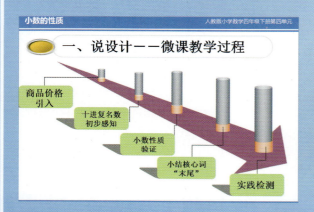

高等院校计算机应用系列教材

微课/慕课设计、制作与应用实例教程

（第2版）（微课版）

方其桂　主　编
林文明　周　虹　副主编

清华大学出版社
北京

内 容 简 介

教育信息化是指在教育领域全面深入地运用现代信息技术来促进教育改革与发展的过程。教育信息化的核心内容是教学信息化，教学是教育领域的中心工作，教学信息化就是要使教学手段科技化、教育传播信息化、教学方式现代化，也就是用微课、慕课实现翻转课堂的教学模式变革。

本书图文并茂，理论与实践相结合，详细介绍了微课、慕课、翻转课堂的相关知识，微课制作的理论基础、制作技术及其技巧。本书中的实例均选自中小学各学科的典型内容。

本书可用作高等院校相关专业微课/慕课制作课程的教材，也可用作各级教育部门培训参考用书，还可用作中小学教师提升教育技术的自学用书。

本书封面贴有清华大学出版社防伪标签，无标签者不得销售。

版权所有，侵权必究。举报：010-62782989，beiqinquan@tup.tsinghua.edu.cn。

图书在版编目(CIP)数据

微课/慕课设计、制作与应用实例教程：微课版 / 方其桂主编. —2版. —北京：清华大学出版社，2023.8
高等院校计算机应用系列教材
ISBN 978-7-302-64250-3

I. ①微… II. ①方… III. ①多媒体课件—制作—高等学校—教材 IV. ①G436

中国国家版本馆 CIP 数据核字(2023)第 135999 号

责任编辑：刘金喜
封面设计：常雪影
版式设计：孔祥峰
责任校对：成凤进
责任印制：刘海龙

出版发行：清华大学出版社
    网　　址：http://www.tup.com.cn，http://www.wqbook.com
    地　　址：北京清华大学学研大厦 A 座　　邮　编：100084
    社 总 机：010-83470000　　邮　购：010-62786544
    投稿与读者服务：010-62776969，c-service@tup.tsinghua.edu.cn
    质 量 反 馈：010-62772015，zhiliang@tup.tsinghua.edu.cn
印 装 者：北京鑫海金澳胶印有限公司
经　　销：全国新华书店
开　　本：185mm×260mm　　印　张：20.5　　彩　插：2　　字　数：512 千字
版　　次：2018 年 3 月第 1 版　2023 年 9 月第 2 版　　印　次：2023 年 9 月第 1 次印刷
定　　价：78.00 元

产品编号：102672-01

前　言

一、微课慕课翻转课堂的变革

如今，已进入数字社会，移动互联网、物联网、人工智能、大数据、5G等技术已深入人们生活、工作的方方面面，给许多行业带来颠覆性的变革，短视频不仅给人们带来娱乐，也成为学习知识的重要途径。在学校的教育领域，教育信息化已成为目前教育发展的重点。

今天，我们要用互联网的思维重塑教育模式、内容、工具、方法、体系。翻转课堂、慕课和微课程正是互联网教育中的突出产物，这些新技术的发展给教育带来了机会。

翻转课堂重新调整了课堂内外的时间，将学习的决定权从教师转移到学生。在这种教学模式下，课堂内的宝贵时间里，学生能够更专注于主动的基于项目的学习；教师不再占用课堂的时间来讲授信息(这些信息需要学生在课前完成自主学习)，能有更多的时间与每个人交流。翻转课堂彻底颠覆了传统课堂教学结构和流程，并引发教师角色、课程模式、管理模式等一系列变革。

慕课是新近涌现出来的一种大规模在线开放课程，它将传统课堂与网络课堂很好地融合在一起，学生可以来自世界各地，教师授课的方式在基于教材的同时会设计作业或考试的机制，这在国外的高等教育中应用越来越广泛。

基于慕课的翻转课堂将慕课作为一种主要的资源框架来开展翻转课堂，学生在课外自主学习慕课，包括观看微课视频、完成作业和进行课中的测评、讨论、交流、展示、评价等活动。

二、编写的动因

翻转课堂和慕课的实施过程中，对于一个学习情境或一个知识点均会以微课为主要呈现方式，创设更多机会来让学生自主观看学习，提高学习效率；课程教学中整合了微课，并作为创新课程教学方式的变革手段，同行间交流分享，促进教师教学水平的提高。

微课为创新课程教学模式提供基础，但不是教学的全部，是提高课程教学质量的重要途径。微课中浓缩了知识点，生动形象；提供了学习任务单，让学生对照学习；还可以添加测试练习，或者另外提供进阶练习，让学生检验学习效果，进行自我评价，同时发现问题，为后续的课堂交流做准备。

微课的设计制作需要一些技巧。首先要慎重选择知识点，并对相关的知识点进行科学的分析和处理，使它们更符合学习的认知规律，学习起来能够达到事半功倍的效果；根据知识点特点、学情等综合因素选择合适的微课类型，有助于提高微课的效果；构建完整精练的教学过程，切入课题要新颖、迅速，讲授知识点要鲜明，结尾要快捷，力求创新，亮点耀眼；制作实用的微课教学课件，充分创造出一个图文并茂、有声有色、生动逼真的教学环境，为教师教学的顺利实施提供形象的表达工具，能有效地突破教学难点，激发学生的学习兴趣，真正地改变传统教学的单调模式，使乐学落到实处。

鉴于微课应用已逐步普及，而广大中小学教师对于微课的制作并没有系统学习过，导致出现微课质量不高、效果不好的情况，我们组织有丰富微课制作经验的一线教师、教研员编写本书，以更好地帮助中小学教师将高质量的微课应用到自己的课堂教学中，提高教学效率，从而取得更好的教学效果。

三、本次修订

《微课/慕课设计、制作与应用实例教程》出版后，受到读者肯定。我们这次组织优秀教师对此书进修订，修订时主要做了以下几方面的改进。

- 更新实例：更新了部分课件实例，使之紧密结合新课程、新教材内容。
- 优化内容：补充一些新工具、新技巧的内容，使其更切合微课制作所需。删除了部分与微课/慕课无关的内容。
- 完善体系：进一步精心修改完善内容，使内容的分布和知识点的详略科学、有度。
- 增加练习：新增了各章节的单元小结和强化练习，帮助读者梳理单元知识，巩固学习成果。

四、本书特色

慕课与微课的全面应用是现实，更会变成习惯。通过阅读本书，可以全面了解什么是翻转课堂、慕课和微课及它们之间的复杂关系。本书还详细介绍了微课的设计及微课素材的获取和处理，结合几种常用的微课类型案例讲解微课的具体制作过程、后期编辑处理方式，介绍了不同学科、工具微课制作的实例，使读者能够轻松地制作出可应用于实际教学的微课。因此，本书定位于所有想使用、制作微课的教师，在编写时努力体现如下特色。

- 内容实用：本书所有实例均选自现行中小学教材，涉及中小学主要学科，内容编排结构合理。每个实例都通过"跟我学"来实现轻松学习和掌握，其中包括多个"阶段框"，将任务进一步细化成若干个小任务，降低了阅读和理解的难度。
- 图文并茂：在介绍具体操作步骤的过程中，语言简洁，基本上每个步骤都配有对应的插图，用图文来分解复杂的步骤。路径式图示引导，便于在翻阅图书的同时上机操作。
- 提示技巧：本书对读者在学习过程中可能会遇到的疑问以"小贴士"和"知识库"的形式进行了说明，以免读者在学习过程中走弯路。
- 资源丰富：本书所有实例微课都整理成配套资源，另外，还配有所需素材和获奖微课等内容，与书中知识紧密结合又相互补充，以达到学以致用的目的。

五、配套资源

本书提供了制作书中实例所用的素材，并提供了实例的源程序及制作完成的完整课件、微课和录制源文件，方便读者进行练习。读者对这些课件稍加修改就可以在实际教学中使用，也可以以这些微课实例为模板稍做修改，举一反三，制作出更多、更实用的微课。同时，从微课大赛中遴选了部分优秀的获奖微课以飨读者，供制作微课时参考。

六、编写人员

参与本书编写的作者有省级教研人员，以及微课制作获奖教师，他们不仅有微课制作方面的研究，还具有较为丰富的图书编写经验。

本书由方其桂担任主编并统稿，林文明、周虹担任副主编，林文明编写第 3、5、6、8 章，王丽娟编写第 1 章，蒋丰编写第 2 章，王元生编写第 4 章，刘斌编写第 7 章，随书资源由方其桂整理制作，安徽广播电视台周虹负责技术指导。参加本书编写的还有张青、梁祥、唐小华、宣国庆、殷小庆、夏兰、黎恒、苏婷、汪华、江浩、何源、刘蓓、张小龙、赵家春、赵青松等，感谢提供课件、微课的作者：王云莉、谌祥波、操兰珍、汪仕月、高翔、李俊、董旺玲、花锦、岑敏、陈志军、骆倩、石蕾、郑立强等。

虽然我们有着十多年撰写计算机图书的经验，并尽力认真构思验证和反复审核修改，但书中难免有一些瑕疵。我们深知一本图书的好坏，需要广大读者去检验评说，在此我们衷心希望您对本书提出宝贵的意见和建议。读者在学习使用过程中，对同样实例的制作，可能会有更好的制作方法，也可能对书中某些实例的制作方法的科学性和实用性存有质疑，敬请读者批评指导。我们的电子邮箱为 ahjks2010@163.com，我们的网站为 http://www.ahjks.cn/，图书服务电子邮箱为 476371891@qq.com。

方其桂

2023 年 3 月

配套资源使用说明

感谢您选用《微课/慕课设计、制作与应用实例教程》(第 2 版)(微课版)。为便于学习，本书配有教学资源，内容如下。

1. 本书实例

本书实例包括编写本书时所介绍的实例及相关素材，供读者在阅读本书时参考。同时读者对这些实例稍做修改就可以直接应用于教学。在计算机中安装好本书介绍的相关软件后，双击配套资源中的实例文件，即可用相应软件将其打开。

2. 教学课件

为便于教学，本书提供了 PPT 教学课件，降低了教师的备课难度。

3. 自学微课

作者精心制作了与本书相配套的多媒体微课视频，供读者自主学习，并可应用于课堂教学。多媒体微课视频以二维码的形式呈现在书中，读者可通过移动终端扫码观看，实现随时随地无缝学习，也可在扫码后下载到终端。

4. 获奖微课

本书提供了微课比赛中的一些获奖微课，供教师参考使用。

5. 习题答案

本书每章后面都附有习题，并提供了参考答案，供读者检验学习效果。

6. 资源下载

读者可通过扫描下方二维码用移动终端直接下载上述资源，也可在扫码后将链接推送到自己的邮箱，通过 PC 端下载。服务邮箱：476371891@qq.com。

课件+习题答案

本书实例

获奖微课

目 录

第1章 了解微课和慕课 ················· 1

1.1 了解翻转课堂 ················· 2
- 1.1.1 翻转课堂的起源与发展 ········ 2
- 1.1.2 翻转课堂的特点 ············ 3
- 1.1.3 翻转课堂与慕课、微课的关系 ···· 4
- 1.1.4 翻转课堂的实施 ············ 5

1.2 了解慕课 ··················· 8
- 1.2.1 慕课的基本知识 ············ 8
- 1.2.2 慕课的特点 ··············· 9
- 1.2.3 慕课建设与分享 ············ 11
- 1.2.4 慕课面临的挑战 ············ 13

1.3 了解微课 ··················· 15
- 1.3.1 微课的组成 ··············· 15
- 1.3.2 微课的特点 ··············· 17
- 1.3.3 微课的类型 ··············· 19
- 1.3.4 微课的评价 ··············· 21

1.4 微课的开发过程 ··············· 22
- 1.4.1 微课的录制准备 ············ 23
- 1.4.2 微课的教学设计 ············ 26
- 1.4.3 微课的课件制作 ············ 27
- 1.4.4 微课的视频录制 ············ 28
- 1.4.5 微课的后期处理 ············ 29

1.5 小结和习题 ·················· 31
- 1.5.1 本章小结 ················· 31
- 1.5.2 强化练习 ················· 32

第2章 微课选题设计与慕课设计 ·········· 35

2.1 微课的选题 ·················· 36
- 2.1.1 选题依据 ················· 36
- 2.1.2 选题目的 ················· 37
- 2.1.3 选题分析 ················· 38

2.2 微课教学设计 ················· 38
- 2.2.1 微课内容设计 ·············· 38
- 2.2.2 学习任务单设计 ············ 43
- 2.2.3 进阶练习设计 ·············· 45

2.3 微课脚本设计 ················· 46
- 2.3.1 编写微课脚本 ·············· 46
- 2.3.2 脚本技术实现 ·············· 50

2.4 慕课设计与评价 ··············· 53
- 2.4.1 慕课设计基本原则 ··········· 53
- 2.4.2 慕课的教学设计 ············ 54
- 2.4.3 慕课的评价方法与标准 ········ 55

2.5 小结和习题 ·················· 57
- 2.5.1 本章小结 ················· 57
- 2.5.2 强化练习 ················· 58

第3章 微课素材的获取和处理 ············ 59

3.1 文本的获取与处理 ·············· 60
- 3.1.1 获取网上文本 ·············· 60
- 3.1.2 输入特殊符号 ·············· 61
- 3.1.3 设置文本色彩 ·············· 63
- 3.1.4 更改文本形状 ·············· 65
- 3.1.5 使用艺术字体 ·············· 66

3.2 图片的获取与处理 ·············· 67
- 3.2.1 获取图片 ················· 67
- 3.2.2 美化调整图片 ·············· 72
- 3.2.3 去除图片干扰元素 ··········· 74
- 3.2.4 去除图片背景 ·············· 76
- 3.2.5 调整图片形状 ·············· 78

3.2.6 合成图片 …… 80	3.4.1	获取视频 …… 85
3.3 音频的获取与处理 …… 81	3.4.2	转换视频格式 …… 88
3.3.1 获取音频 …… 81	3.4.3	调整视频 …… 90
3.3.2 调整音频音量 …… 83	3.5 小结和习题 …… 91	
3.3.3 改善音频音质 …… 84	3.5.1	本章小结 …… 91
3.4 视频的获取与处理 …… 85	3.5.2	强化练习 …… 91

第4章 利用 PowerPoint 课件制作微课 …… 95

4.1 准备制作微课 …… 96	4.3 实现声画同步 …… 135	
4.1.1 微课规划与设计 …… 96	4.3.1	插入背景音乐 …… 135
4.1.2 微课制作步骤 …… 99	4.3.2	控制声音播放 …… 139
4.1.3 微课制作注意事项 …… 100	4.3.3	剪裁音频文件 …… 141
4.2 制作微课课件 …… 100	4.3.4	录制语音旁白 …… 142
4.2.1 统一课件外观 …… 100	4.4 生成微课视频 …… 144	
4.2.2 添加文字图片 …… 106	4.4.1	录制屏幕操作 …… 144
4.2.3 添加视频动画 …… 113	4.4.2	生成视频 …… 147
4.2.4 美化课件页面 …… 117	4.5 小结和习题 …… 149	
4.2.5 设置动画效果 …… 121	4.5.1	本章小结 …… 149
4.2.6 控制课件交互 …… 128	4.5.2	强化练习 …… 150

第5章 使用录屏软件制作微课 …… 153

5.1 准备录屏软件 …… 154	5.3.5	设置转场效果 …… 173
5.1.1 了解录屏软件 …… 154	5.4 添加字幕注释 …… 175	
5.1.2 安装录屏软件 …… 155	5.4.1	添加微课字幕 …… 175
5.1.3 认识软件界面 …… 157	5.4.2	添加文字注释 …… 178
5.2 录制视频文件 …… 158	5.4.3	添加互动热点 …… 181
5.2.1 进行录制准备 …… 158	5.5 保存微课视频 …… 183	
5.2.2 录制微课视频 …… 162	5.5.1	发布 MP4 格式微课 …… 183
5.3 处理视频素材 …… 166	5.5.2	发布带测试的微课 …… 185
5.3.1 导入微课素材 …… 166	5.6 小结和习题 …… 189	
5.3.2 剪辑视频内容 …… 167	5.6.1	本章小结 …… 189
5.3.3 缩放视频画面 …… 169	5.6.2	强化练习 …… 190
5.3.4 调整声音效果 …… 170		

第6章 拍摄型微课制作案例 …… 193

6.1 拍摄微课的基础知识 …… 194	6.2 便携式设备拍摄微课 …… 204	
6.1.1 布置拍摄环境 …… 194	6.2.1	利用手机拍摄微课 …… 204
6.1.2 设计画面构图 …… 197	6.2.2	利用数码相机拍摄微课 …… 208
6.1.3 巧用镜头语言 …… 201	6.2.3	利用摄像头拍摄微课 …… 211

6.3　专业摄像机拍摄微课……………215
　　　　6.3.1　准备拍摄器材……………215
　　　　6.3.2　设置摄像参数……………216
　　　　6.3.3　布置拍摄环境……………217
　　　　6.3.4　拍摄微课视频……………219
　　6.4　录播教室中拍摄微课……………224
　　　　6.4.1　了解录播教室……………224
　　　　6.4.2　设置拍摄环境……………226
　　　　6.4.3　自动拍摄微课……………229
　　　　6.4.4　手动拍摄微课……………233
　　6.5　小结和习题………………………238
　　　　6.5.1　本章小结……………………238
　　　　6.5.2　强化练习……………………238

第7章　微课后期编辑处理…………………………………………………………241

　　7.1　认识编辑工具……………………242
　　　　7.1.1　认识软件界面……………242
　　　　7.1.2　导入微课素材……………245
　　　　7.1.3　管理微课素材……………253
　　　　7.1.4　保存项目文件……………256
　　7.2　编辑处理视频……………………257
　　　　7.2.1　剪辑视频素材……………258
　　　　7.2.2　添加视频特效……………261
　　7.3　编辑处理音频……………………267
　　　　7.3.1　添加背景音乐……………267
　　　　7.3.2　局部调整音量……………268
　　　　7.3.3　降低视频噪声……………269
　　7.4　添加处理文字……………………271
　　　　7.4.1　添加标题字幕……………271
　　　　7.4.2　添加主体字幕……………275
　　7.5　生成微课视频……………………278
　　　　7.5.1　渲染输出微课……………278
　　　　7.5.2　调整微课格式……………279
　　　　7.5.3　发布微课视频……………281
　　7.6　小结和习题………………………283
　　　　7.6.1　本章小结……………………283
　　　　7.6.2　强化练习……………………284

第8章　微课制作综合实例…………………………………………………………285

　　8.1　数学微课制作实例………………286
　　　　8.1.1　规划设计微课……………286
　　　　8.1.2　准备微课素材……………290
　　　　8.1.3　制作微课课件……………293
　　　　8.1.4　制作分享微课……………296
　　8.2　化学微课制作实例………………303
　　　　8.2.1　规划设计微课……………304
　　　　8.2.2　拍摄实验视频……………307
　　　　8.2.3　制作图片文件……………308
　　　　8.2.4　录制声音文件……………310
　　　　8.2.5　编辑制作微课……………311

第1章 了解微课和慕课

在"翻转课堂"教学模式下,学生在课外完成知识的学习,而课堂变成了老师与学生之间、学生与学生之间互动的场所,包括答疑解惑、知识的运用等,从而达到更好的教学效果。若要实现翻转,则要有微课,将系列化的微课通过网络平台组织起来,即可形成"慕课"。

本章将带你了解翻转课堂的起源和发展,翻转课堂与慕课、微课之间的关系,以及翻转课堂的实施;了解微课和慕课的组成、特点;学习微课开发的过程,为本书后续章节的学习打下理论基础。

■ 本章内容
- 了解翻转课堂
- 了解慕课
- 了解微课
- 微课的开发过程

1.1 了解翻转课堂

利用视频来实施教学,并不是新鲜事物,例如,各国普遍开设的广播电视大学,通过电视播放视频来进行教育,就是最早的尝试。但这对传统的教学模式并没有带来多大的影响。随着计算机互联网的普及,特别是移动互联网走进普通家庭,"翻转课堂"又开始备受关注,在越来越多的学校广泛推广,形成独具特色的教学模式,对传统的课堂教学形成挑战。

1.1.1 翻转课堂的起源与发展

与传统的课堂教学模式不同,在"翻转课堂"教学模式下,学生在课外完成知识的学习,而课堂变成了老师与学生之间、学生与学生之间互动的场所,包括答疑解惑、知识的运用等,从而达到更好的教学效果。

1. 翻转课堂的起源

随着信息化程度的不断深入,现在人们接受知识的方式和平台在改变。美国教师乔纳森·伯格曼和亚伦·萨姆斯一直在思考,学生由于各种原因,时常错过课堂上老师讲的重要内容,导致很多学生因为缺课而跟不上进度,如图1-1所示。

图1-1 学生课外对教师的需求

于是,他们创新了教学方式,预先为学生录制在线视频课程,并上传至网上供学生观看。借助这种简单的教学视频,轻松地实现了面对面教学。后来,他们采取了预告录制知识教学的视频,在上课前一天晚上,让学生通过网络等方式进行观看,利用课堂时间做更为丰富的活动,帮助学生解决困惑。由此,翻转课堂就诞生了。当时,正值世界上最大的视频网站YouTube刚刚开始,这为翻转课堂的产生与推广提供了技术上的支持。

2. 翻转课堂的发展

2001年,麻省理工学院开展了"开放课件"项目,通过互联网向全球开放其所有的教学资源,拉开了"开放教育资源"建设的序幕;2005年,国际开放课件联盟成立,成为世界上统一的开放教育资源组织。从开放教育资源到翻转课堂的出现,经历了一系列教学模式的演变,最终让翻转课堂成为开放式教育不断优化的产物，如图 1-2 所示为开放教育资源的成功案例。

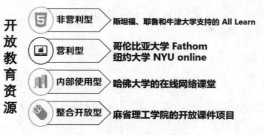

图1-2 开放教育资源案例

近年来，随着数字经济的崛起，数字社会基础设施建设速度越来越快。如今的学生，是数字社会的"原住民"，网络化、智能化的数字生活环境像水电一样，成为基础设施，学生使用便携式设备随时随地开展学习已成常态。大数据和人工智能技术，也进一步提升了翻转课堂模式的针对性和有效性。在这种背景下，更多的中小学老师、大学教授、学者，开始将翻转课堂模式应用到教学实践中。

1.1.2 翻转课堂的特点

翻转课堂的使用场景决定了它的一些特点，如学习流程的彻底翻转、以较短的视频来聚焦关键问题、需要适当进阶练习、资源开放共享等。

1. 教学视频短小精悍

大多数的微课视频都只有几分钟的时间，比较长的视频也只有十几分钟。每个视频都针对一个特定的问题，有较强的针对性，查找起来也比较方便；视频的长度控制在学生注意力能比较集中的时间范围内，符合学生身心发展特征；通过互联网发布的视频，具有暂停、回放及实时练习等多种功能，可以自我控制，有利于学生的修改化学习。

2. 教学过程清晰明确

由萨尔曼·可汗创建的可汗学院的教学视频有一个显著的特点，即在视频中唯一能够看到的就是他的手不断地书写一些数学符号，并缓慢地填满整个屏幕。除此之外，就是配合书写进行讲解的画外音。用他自己的话来说："这种方式，它似乎并不像我站在讲台上为你讲课，它让人感到贴心，就像我们同坐在一张桌子面前，一起学习，并把内容写在一张纸上。"这是"翻转课堂"的教学视频与传统的教学视频的不同之处。传统的教学视频中出现的教师头像及教室里的各种物品摆设，都会分散注意力，特别是在学生自主学习的情况下。

3. 学习流程重新建构

学习过程由两个阶段组成：第一阶段是"信息传递"，是通过教师和学生、学生和学生之间的互动来实现的；第二个阶段是"吸收内化"，是课后由学生自己来完成的。由于传统课堂缺少教师的支持和同伴的帮助，"吸收内化"阶段常常会让学生感到挫败，丧失学习的动机和成就感，而翻转课堂对学生的学习过程进行了重构。"信息传递"是在课前进行的，教师不仅可以提供视频，还可以提供在线的辅导和练习巩固；"吸收内化"是在课堂上通过互动来完成的，教师能够提前了解学生学习的困难，在课堂上给予有效的辅导，同伴之间的相互交流更有助于促进知识的吸收内化过程。

4. 复习检测方便快捷

学生观看教学视频后，可根据视频后面的四五个小问题来及时检测自己是否理解了学习的内容，并对自己的学习情况做出判断。如果通过问题发现自己学得不好，学生可以再看一遍视频，仔细思考哪些方面出了问题。学生对问题的回答情况，能够及时地通过云平台进行汇总处理，帮助教师了解每个学生的学习状况。此外，以视频课程形式存在的系列化课程，也便于学生一段时间学习之后的整理和复习，再配合大数据评价技术，不仅学生自己可以得到更加精准的反馈，也方便教师获得学生相关环节学习的状态，有利于教师真正了解每个学生。

5. 优质资源广泛共享

翻转课堂的模式天然具有开放性，存放于云端的课程视频资源越来越丰富，质量越来越高。对于某一问题学生可以通过自主选择视频聆听优秀教师讲解；而教师在优化选择视频过程中，也提高了优质资源的使用频率和扩大了使用范围，使得优质资源得到广泛共享。例如，有些欠发达地区由于师资等原因，无法开足开齐国家课程，就可以通过翻转课堂的形式采取"双师制"，同步享受优质教育资源，这也在一定程度上提高了教育的均衡性和公平性。

1.1.3 翻转课堂与慕课、微课的关系

随着翻转课堂教学模式的推广，越来越多的教师开始将学习内容制作成短小精悍的视频，提前发给学生学习，这便是微课。有些学校或教研机构组织团队设计系列化的微课程，并放到网上统一管理起来，这便逐渐形成了慕课。因此，微课、慕课与翻转课堂有着密切的关系。

1. 微课是视频教学资源

微课是指教师围绕单一的学习主题，以知识点讲解、教学重难点和典型问题解决、技能操作和实验过程演示等为主要内容，使用摄录设备、录屏软件等拍摄制作的视频教学资源。它的形式便于学生自主学习，目的是取得最佳教学效果，设计是精心的信息化教学设计，形式是流媒体，内容是某个知识点或教学环节，时间是简短的，本质是完整的教学活动。因此，对于教师而言，最关键的是要从学生学习需要的角度去设计和制作微课，要体现以学生为本的教学思想。

微课的核心组成内容是课堂教学视频，同时还包含与该教学主题相关的学习任务单、进阶练习等学习资源，它们以一定的组织关系和呈现方式共同"营造"了一个半结构化、主题式的资源单元应用"小环境"。因此，"微课"既有别于传统单一资源类型的教学课例、教学课件、教学设计、教学反思等教学资源，又是在其基础上继承和发展起来的一种围绕学生学习需要的新型教学资源。

2. 慕课是体系化的微课程

慕课是大型开放式网络课程，是将微课与网络技术结合，涌现出来的一种在线课程开发模

式，不仅包含系列化的微课程资源，还包括学习管理系统，能够更好地支持翻转课堂及完全在线的学习。

慕课比微课规模更大，一般不是由个人发布的一两门课程，而是由一个课程团队经过规划、设计、录制、研发，再通过专门的慕课平台发布的，只有这些成系列的课程，才能称得上是慕课。

慕课比微课受众更广，微课往往是教师录制给本班学生观看的，而慕课尊崇创用共享的精神，课程必须是开放、面向所有学习者的。

3. 微课、慕课是翻转课堂的基础

翻转课堂的实施，必须要针对学生特点和学习目标，制作一个个微课视频，或者系列化的慕课，由学生先自行学习，再到课堂上进行交流。因此微课、慕课是翻转课堂实施的基础。

近年来，越来越多的大学打造精品课程，上传到慕课平台，配合课程管理平台，高效地辅助了翻转课堂的实施。学生可以在慕课平台上选修课程、学习微课、完成练习和考试，在上课时，再与教师交流关键问题、解决难点问题，大大提高了学习效率。

随着大数据和人工智能技术的发展，将使得翻转课堂实施过程更加智能、评价反馈更加精准，进一步推动翻转课堂模式的应用。

1.1.4 翻转课堂的实施

翻转课堂的实施改变了传统教学模式，分为课前以学生为主的自我学习阶段、课上与教师讨论的答疑阶段及课后的知识消化阶段，让不同的学生在原有的基础上都能得到不同程度的发展，全面提高学生的综合素质，加深对优化课堂教学过程的认识。

1. 课前准备

翻转课堂教学实施前，教师需要准备好微课和学习任务单，并传送给学生，学生需要在课前对照学习任务单学习微课和其他相关资料，对主要知识点有基本理解，完成检测，总结学习收获，并思考对于知识点的困惑，以待课堂上师生共同解决。

- 教师准备：教师需借助信息技术认真设计制作清晰的学习任务单，收集相关微课素材，根据学情制作或选择高质量的微课，同时可制作如图1-3所示的微课知识点清单，加入微课片头中，帮助学生了解本微课的具体知识点内容。家庭和学校要合作共建，为学生课前和课中学习微课视频提供保障。

图1-3　微课知识点清单

- 学生准备：学生课前学习，突显出自主性。在学习指导单的帮助下自学视频和其他资料，完成简单的检测作业，总结自学后的收获，并思考对于知识点理解上的困惑或困难，可按照图1-4所示的步骤逐步完成。

图1-4　学生课前学习步骤

2. 师生共同确定探究问题

根据课前学习情况，让学生根据知识点掌握情况进行适当的拓展探究，夯实基础，解决疑难问题并动手实践，将课堂变成研讨交流、拓展思维、突破重难点、提升学科素养的过程，从而培养学生的综合素质。

课堂探究的问题需要师生共同确定。从教师的角度，教师需要根据教学内容的重难点提出一些问题；从学生的角度，学生根据自己在课前观看教学视频、进行课前针对性练习时发现的疑问及同学交流中未解决的困难提出一些问题。综合两方面来确定用于课堂探究的问题。

3. 学生独立解决问题

每个学生都有独立的要求，整个学习过程就是一个争取独立和日益独立的过程。在翻转课堂的活动设计中，教师应该注重培养学生的独立学习能力，让学生根据自己的兴趣自主选择相应的探究题目进行独立解决。只有当学生能独立地思考探究，去解决问题，才能有效地将知识内化，从而系统地构建出自己的知识体系。

通过调查得到的数据表明，学生在翻转课堂环境中，通过独立看视频、做练习等自我学习，比传统课堂环境中的学习效果更好。如图1-5所示为知识讲授方式调查分析。

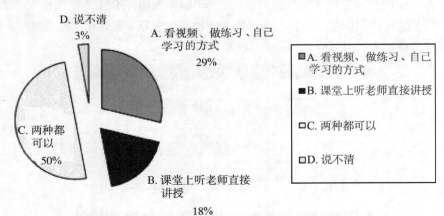

图1-5　知识讲授方式调查分析

4. 开展小组合作探究学习

教师根据学生的不同特点进行异质分组,并分配给每个小组探究式题目,每组规模一般控制在 5 人左右,在每组中推选出一位组长,用于组织该小组的探究活动。小组中的每个成员都要积极地参与探究活动,随时提出自己的观点和想法。

小组成员之间通过交流、协作共同完成学习目标。在此过程中教师需要随时捕捉各小组的探究动态并及时加以指导,同时根据实际情况选择恰当的小组学习策略,如头脑风暴、小组讨论等。如图 1-6 所示为小组合作探究学习。

图1-6　小组合作探究学习

5. 学生进行成果展示与交流

学生经过独立解决问题、小组间开展合作探究活动之后,要将个人及小组的成果在课堂上进行展示,如图 1-7 所示,采取的形式有演讲型、成果演示型、小型比赛等,并且各小组之间要进行交流与评论及分享学习收获。

图1-7　展示小组成果

6. 进行学习评价与反馈

翻转课堂中的评价体制是多维度、多方式的,体现在以下两方面:①评价人员的多元化,评价不再单纯由教师完成,还包括自己、同学及家长等的参与;②评价内容的多元化,包括针对性练习的成绩、提出问题的情况、课堂独立解决问题的表现、在小组协作探究式活动中的表现、成果展示等方面。

教师根据这些反馈的评价结果制订下一步的教学计划和确定下一节课的探究问题。课堂中的探究也是基于课堂数据分析学情，教师进行二次备课的过程，让学生更好地在课堂上进行知识点的创造、分析及应用。翻转课堂的知识转化水平，如图1-8所示。

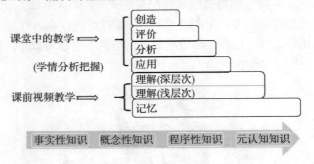

图1-8　翻转课堂的知识转化水平

课中教学的困难也显而易见：若课前自学不足，则"翻"不过来；课前、课中教学关联不大，就会降低效率；有些学生的学习个性化需求难以得到满足；课堂上学生自由讨论时间较多，也加大了教师课堂的掌握难度，教师的课堂驾驭能力也要逐步提高。

1.2　了解慕课

慕课(massive open online courses，MOOC)，即大规模开放在线课程，2012年，慕课浪潮席卷全球，获得了极高的媒体关注度，有人甚至预测"慕课将完全取代大学"。2020年12月，在清华大学举行的世界慕课大会上，世界慕课联盟正式成立，《慕课发展北京宣言》同期发布。联盟首批20位成员包括康奈尔大学、清华大学等。2021年，世界慕课与在线教育大会上将"世界慕课联盟"更名为"世界慕课与在线教育联盟"。

1.2.1　慕课的基本知识

慕课是"互联网+教育"的产物，是一种在线课程开发模式，它以兴趣为导向，凡是想学习的人，都可以进来学，不受时空限制，因此吸引了大规模的学生进行学习。

1. 慕课的概念

慕课平台中的主要元素是有组织的微课，并配以小测试和实时解答，有时还有期中和期末考试，在系统完善性方面体现了慕课的特征。在课程与课程之间设置了许多进阶式小问题、小测验，只有全部答对才能继续听课；学生如果有疑问，可以在平台上直接提出，无论是同步还是异步，最终会有教师或学习伙伴来解答。

2. 慕课的发展现状

近几年，国内外的慕课项目发展迅速，在网络市场上占有明显的优势，慕课平台规模进一步扩大，在世界范围内的知名慕课平台有 Coursera、Udacity 和 edX。2013 年，是中国的"慕课元年"。经过多年的发展，截至 2022 年，教育部发布我国上线慕课数量超过 5 万门，选课人次近 8 亿，在校生获得慕课学分人次超过 3 亿，慕课数量和学习人数均居世界第一。

通过慕课的方式进行学习，会产生大量的数据，慕课平台记录着与学习者相关的大量的学习行为，结合人工智能技术，对这些数据进行有效利用，可以用来进行学术评估、未来预测等，从而找出数据设计深层的学习模式。未来，慕课可能会成为一种全球范围的网络课程的文化产业。

3. 慕课的优势

慕课通过现代化的网络在线技术，让很多边远地区的孩子或一般学校的学生能够接收到更优秀的教育资源，聆听世界著名大学的教授授课，这样的机会恰恰是传统教育资源垄断的弊端之一。

- 资源利用最大化：最大化地重新分配了人类的教育资源，让更多的人能够感受到教育的意义和价值。慕课把很多曾经"只闻其名，不见其形"的大学教授、名师和大师的授课课程呈现给全球的学生，可以最大程度上帮助普惠教育资源。
- 知识理解简单化：慕课技术采用大规模的现代科学技术，通过视频的视觉形象、音乐互动，能够加深感官印象，帮助学生学习和记忆知识。
- 学习对象主体化：慕课教学和学习过程非常好地体现了如图1-9所示的5个方面，真正做到以学生为中心的教学互动。

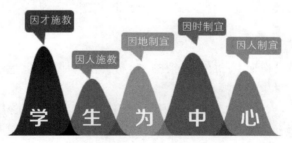

图1-9　以学生为中心的教学互动

- 学习方式变革化：在慕课课堂，学生完全可以根据自己的进度、要求、水平、兴趣来学习自己感兴趣的知识，彻底改变人们一直以来"以教师为中心"的教学方式。因此，这也是慕课比较受欢迎、具有挑战性的方面。

1.2.2 慕课的特点

慕课迅速席卷全球的原因是，经过二十多年的网络教育实践，终于找到了切入点和应用模式，也就是如图 1-10 所示的慕课四大核心理念。

图1-10 慕课四大核心理念

1. 教师适当引导

慕课中要求由教师引导上课，不是单纯依靠学生自学。每门课程持续时间为5～20周，每教学周分模块、分知识点进行，每周都要交作业，给学生足够的练习机会。

2. 碎片化学习

该教学方式以碎片式课件、闯关式学习为主，实行片段化教学，可做学习流程管理。根据心理学的研究，人的高效专注时间长度在15～20分钟，慕课课程内容通常按照该时长编排视频，方便学习者利用碎片时间进行高效学习。

学生如有疑问，可反复观看视频直到理解，这在面授课堂上几乎是不可能的。在线观看视频时，经常会有插入的随堂测试题，以检验学习者的理解程度，而课后的在线测试可以及时对学习者的答题情况进行反馈，这符合学习理论中反馈律的要求。

3. 多媒体教学

该教学内容以视频录像为主，每个视频5～20分钟，同时辅以其他图文声像学习资料，其间穿插小测试，以检验学生的掌握程度。

现代科学研究表明，人从视觉获得的知识能够记住25%，从听觉获得的知识能够记住15%，若把视觉与听觉结合起来，能够记住65%，如图1-11所示。如果再加上动觉的参与，即"手到"，进行练习和实践，则记忆效果会更好。

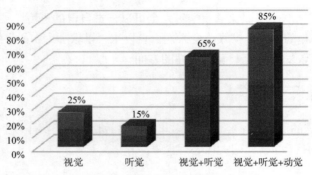

图1-11 知识获取途径与记忆力的关系

4. 双向互动教学

该教学方式强调交互，包括教师和学生之间的交互、学生与学生之间的交互。鼓励学生互助互学，通过互相评价、互助答疑解决学习中存在的评价量大和疑难多的问题。通过论坛投票对问题排序，让教师重点回答大家普遍存在的疑难问题。

有专家做过分析，当学生单向接收课程时接受知识的保持率大概只有 5%，当学生进行教学互动讨论时接受知识的保持率是 50%，当学生自己讲出来时知识的保持率是 90%。因此，我们要促进教学的互动，把视觉、听觉等各方面调动起来，让学生的头脑活跃起来。

1.2.3 慕课建设与分享

慕课已经从一种新生的教育形式变成了被广为关注的一种社会现象，如何建设优质的慕课更好地促进教育和教学，成为我们关注的问题。

1. 慕课建设流程

慕课建设必须按照规范的流程进行，才能保证其建设的质量和进度。慕课建设的整个流程可划分为以下 5 个部分。

- 平台的建设和确立：首先要选择投放课程的平台，也就是常说的"架服务器"，要建设在线课程，服务器的准备是必不可少的。作为以高清视频为主且访问量比较大的慕课，除了要考虑课程本身的主服务器，还要考虑存放课程视频内容的网络服务提供商。
- 授课教师的抉择：在学校确定了慕课平台之后，教师应该要自我审视一下，确认自己讲授的课程是否值得，是否应该投放至该平台。考虑建设慕课比以往评选精品课所需的工作力度和周期都要大很多，因此是否值得耗费巨大的代价去放手一搏，教师要仔细权衡如图1-12所示的三大因素。
- 课程对象的设定：只有在说明和确定了所针对学习者的层次和基础之后，才便于修订授课内容、制定课表和选用教材。每位准备参与慕课授课的教师都要填写表格，明确说明课程的定位、授课时长(周数)、授课深度，以及预期学习者的收获、课程是否收费等信息。

图1-12 教师权衡三大因素

- 课程的审定:在教师填完必要的申请表格后,校方会要求教师为自己的课程制作一个2~5分钟的宣传视频。该宣传视频要体现教师讲课的风采,让人感受到课程的精彩。在此之后,集中审看各位教师制作的宣传视频和课程初样。
- 课程的上线与修改:在经过初步审定之后,慕课课程就可以上线了。上线时将贴出课程开放的时间段、课程的各方面信息、课程证书的发放机制、优秀成绩的评价机制及宣传视频,以便让学习者能够去注册选课。

2. 优秀慕课平台

目前慕课平台最优秀的三巨头就是国外的 Coursera、edX 和 Udacity。Coursera 是目前发展最大的慕课平台,拥有来自世界各地大学的课程,门类丰富,不过质量也参差不齐;edX 是哈佛大学与麻省理工学院(MIT)共同出资组建的非营利性组织,与全球顶级高校结盟,系统源代码开放,课程形式设计更自由灵活;Udacity 成立的时间最早,以计算机类课程为主,课程数量不多,却极为精致,许多细节专为在线授课而设计。国外各大慕课平台的基本情况如表 1-1 所示。

表1-1 国外各大慕课平台的基本情况

序号	MOOC平台	基本情况	优势
1	Coursera	由斯坦福大学教授创立的营利性网站,该平台涉及学科广泛,是目前世界上学科最全、课程最多的 MOOC 平台	名校资源,自定义进度
2	edX	名校官方网课的集合,是由哈佛大学和麻省理工学院建立的著名在线学习网站,与世界各地超过 120 所名校和机构合作,课程涵盖的领域广泛	名校资源,质量优,性价比高
3	Udacity	Udacity 是由 Google、Facebook 等行业巨头共同开发的、提供专业的在线课程、注重实践的网站。它涵盖商业、计算机科学、数学、物理和心理学 5 个类别	纳米学位,行业认可,有中文网站

国内的优秀慕课平台"中国大学慕课"聚集了国内 800 所高校的优秀课程,由网易与高等教育出版社携手推出的在线教育平台,承接教育部国家精品开放课程任务,向大众提供中国知名高校的慕课课程。在这里,每一个有意愿提升自己的人都可以免费获得更优质的高等教育。

"MOOC 学院"是最大的中文慕课学习社区,收录了主流的三大课程提供商 Coursera、edX、Udacity 的所有课程,并将大部分课程的课程简介翻译成中文。用户可以在"MOOC 学院"给上过的 MOOC 课程点评打分,学习过程中可以与同学讨论课程问题,记录自己的上课笔记。国内各大慕课平台的基本情况如表 1-2 所示。

表1-2　国内各大慕课平台的基本情况

序号	MOOC平台	基本情况	优势
1	学堂在线	清华大学于2013年发起并建设的慕课平台,是教育部在线教育研究中心研究交流和成果的应用平台	资源丰富、免费
2	MOOC中国	一家从事互联网免费教学的网络教育公司。秉承"开拓、创新、公平、分享"的精神,将互联网特性全面地应用在教育领域,致力于为教育机构及求学者打造一站式互动在线教育品牌	页面设计友好,在线资源丰富、有搜索功能,学习比较自由
3	中国大学MOOC	每门课程有老师设置的考核标准,可免费获取由学校主讲老师签署的合格证书	个性化设计,资源相对丰富
4	华文慕课	由北京大学主办、阿里巴巴和阿里云战略合作推出的中文MOOC平台,秉承公益、开放的原则,有教无类,并通过先进技术的支持,追求因材施教	内容丰富,综合程度高,系统性强
5	慕课网	IT编程培训MOOC公开课平台	涵盖的计算机语言广泛,更新快速,可以随时学习

1.2.4　慕课面临的挑战

慕课是基于互联网对大众开放的课程,不局限于某个学校或机构的正式学习者,无须交费也可以学习。传统的网络课程学习者人数往往不多,以正式学习者为主,慕课则来者不拒,人数动辄几千上万,除了正式学习者,也包含各种"打酱油"的临时学习者。

1. 慕课对传统课堂的挑战

慕课与传统课堂相比,具有以下三方面的挑战:一是对传统课堂模式下的教授方式的挑战,提倡以"学"为主;二是对传统课堂死板教学模式的挑战,主要以调动学生的学习兴趣为主;三是对传统课堂人才培养的挑战,为教师和教师之间、教师和学生之间建立起了一个良好的沟通交流平台。

综上所述,慕课对传统课堂的挑战力度是十分强大的,在慕课模式下,学生不仅可以通过兴趣爱好学习想要学的知识,并且能够根据自己的能力进行主动学习和交流。慕课可以从不同方面激发学生的各种潜能,以便培养出全面发展的高素质人才。

2. 慕课推动教学改革

过去几个世纪以来,课堂教育一直没有发生太大的变化:学生上课、记笔记、做作业;教师讲课,时不时来个考试;学生拿到分数,然后进入下一课题的学习。

现在,教育领域中的这些传统元素正在呈现变革之势,传统课堂也不再是学生独一无二的选择。只要能接入互联网,任何人都可以在网上课堂学习,这些高水平的网上课程一般都是由高科技企业和非营利机构提供的。这场数字革命背后的推力何在?其中一个因素便是,越来越多的学生竞相追求更高水平的教育。

表面上看，慕课几乎沿袭了传统教学管理流程的一切。而"骨子"里，慕课却几乎颠覆了传统教学的全部。

- 教师地位：慕课的教师也要按进度授课，但授课对象却穿越校园、穿越国度，大规模地面向世界任何角落的求知者。
- 学生地位：慕课的学生也要按时完成作业，但这是在智能化自适应学习系统的帮助下、在互联网这座"教室"里与其他学生互助交流下完成。
- 自主服务：慕课也要考试，甚至颁发相应证书或文凭，但这些服务像慕课的其他教育服务一样，由学习者自主选择。

3. 慕课面对现实的困境

"慕课"与现行的教学模式相比，有着显著优势，但也逐渐显露出了更多的现实困境，更值得引起重视和关注，如图 1-13 所示。

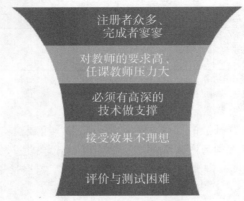

图1-13　慕课面临的困境

- 注册者众多、完成者寥寥：一组数字颇能说明问题，杜克大学开始了一门"生物电学"，当时有12 725名学生注册，但只有7761名学生观看了教学录像，参加测验时，人数又少了将近一半，等到最后考试时，就仅剩345人了，而通过考试者只有313人。
- 对教师的要求高、任课教师压力大：2013年，《美国高等教育纪事》采访了103位教授，他们都提到在课程开始之前，教授在该课程上所花费的时间都在100小时以上，开课后，每周还要再花费8～10小时。从教师面对镜头的表现，到对录像现场教学的把握，再到对现场学生交流状况的掌控等，我们不难得出结论——不是所有"慕课"课程都引人入胜，也不是所有教师都适合担任"慕课"课程的教学。
- 必须有高深的技术做支撑：即便是适合出任"慕课"课程的教师，也不可能单枪匹马地做成一门"慕课"课程，他们需要摄影师、教学设计师等的积极配合。
- 接受效果不理想：有人总结出了学生"退学"的十大原因，包括课程投入时间太多、课程难度过高或过低、课程讲授无趣等。
- 评价与测试困难："慕课"课程的学习过程评价往往只能通过视频观看进度来评价，虽然可能进行线上考试，但信用效度不高，因此很难真正检测学习效果。

虽然面临着众多的现实困境与挑战，但毫无疑问，处于成长过程中的"慕课"正在改变着高等教育，也必将在未来的高等教育发展中发挥更加重要的作用。

4．慕课引发的思考

慕课的发展经历了从悄无声息到井喷式的变化。在我国大学教育将实现跨越式发展的特殊背景下，慕课的"风暴"式冲击，更加凸显了融入这一潮流以应对更多挑战的紧迫性，社会各界理应按图1-14所示的4个方面不断努力。

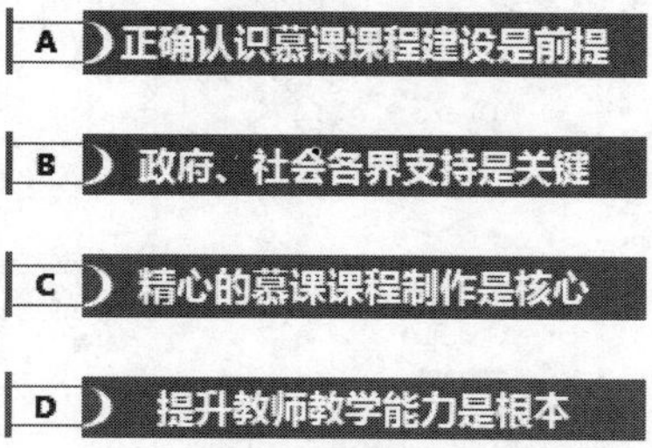

A）正确认识慕课课程建设是前提
B）政府、社会各界支持是关键
C）精心的慕课课程制作是核心
D）提升教师教学能力是根本

图1-14　慕课引发的思考

慕课时代的大幕已经开启，传统的教育必须顺应时代发展的潮流，随之做出改变。我们要紧紧抓住信息技术高速发展的历史机遇，从国情出发，充分调动学校和全社会的积极性，在学习国外慕课建设经验的同时，积极进行相关的教育研究和变革探索，建立自己的特色慕课，推动我国教育事业的跨越式发展。

1.3　了解微课

微课是教师围绕单一的学习主题，以知识点讲解、教学重难点和典型问题解决、技能操作和实验过程演示等为主要内容，使用摄录设备、录屏软件等拍摄制作的视频教学资源。

1.3.1　微课的组成

Educause是美国一个教育信息化专业研究机构，专门研究高等教育中的信息技术使用情况。根据Educause报告的定义，微课是具有单一教学主题的简短教学音频或视频，但微课不仅是微视频，还应当包括学习任务单和进阶练习等学习资源。

1．微视频

微视频是以简短形式呈现的视频课程，便于学生在短时间内聚焦单一主题，防止学生分散注意力。而且由于学生可以自主掌握音视频的播放进度，所以他们可以根据自己的需求来重点、重复地观看视频片段。

微课的定义纷繁复杂，但我们必须把握如图1-15所示的微课存在的核心元素，凡是符合这些核心元素的，我们都称为微课。

微课的制作需要借助教学技术，包括多媒体等硬技术和教学设计等软技术。随后使用摄像头和麦克风来完成微课的录制过程。教师可以出现在微课的视频中进行讲解，或者是只出现一些视觉信息如 PowerPoint、动画、解题过程的录制，伴随着教师的声音讲解。制成微课以后可以上传到教学管理系统或一些公共的视频网站，供学生使用。

图1-15 微课存在的核心元素

2. 学习任务单

学习任务单是教师设计提供给学生进行自主学习以达成学习目的的一种"支架"，如果学生只是观看微视频，则仍然是被动地学习，效率是比较低的，特别是中小学生的学习习惯、学习能力的培养是非常重要的。给学生提供清晰的学习任务单，有利于指引学生用好微课视频、自主开展学习活动。因此学习任务单是微课配套的必要学习资源。

设计学习任务单，一定要从学生的角度出发，对学生的学情做细致分析，各种指导语要清晰明确。学习目标的确定既要把握重点、难点、易错点，又要符合学生的学情；学习资源不局限于微课程和教材的范围，可以引导学生利用其他资源；学习方法要明确告诉学生如何学习微课程；学习任务要适度，有针对性，应包括学习活动和学习评价，如学完微视频后的测试题、操作任务、思考题等；学习反思一定要让学生及时、如实填写；好的学习任务单还可对微课程学习完成后的后续学习课程进行预告。

3. 进阶练习

进阶练习是在学习完微课之后，即时巩固提升，学以致用的过程，完整的微课作品应当设计恰当的进阶练习。进阶练习的设计应注意目标定位要准确，要能提供不同层次的选择，还要注重考查素养的提升。

进阶练习可以根据学情对应设计基础巩固、能力发展、拓展提升三类难度依次递增的练习，供不同层次学生选择。基础巩固类练习围绕巩固知识、熟练技能等目标进行设计，注重基础知识、基本技能、基本思想和方法的训练，限定完成时间，要求中等以下水平学生全部完成，中等以上学生选择完成，为教师及时掌握学生学习效果、发现共性问题、开展针对性辅导、改进教学提供参考，为学生打好发展基础提供帮助；能力发展类练习围绕思维品质训练、关键能力发展等目标进行设计，规定完成时间，要有明确的活动任务，注重问题探究和综合学习，供学有余力的学生独立完成或小组合作完成，以满足学生的特长发展，丰富学习体验；拓展提升类练习围绕拓展实践、运用提升等目标来设计，重视反馈学生在实践运用过程中的表现和情感态度，以项目活动为主要形式，时间相对较长，突出对学生具体活动的建议和帮助，重视学习成果展示和激励性评价，旨在培养学生问题解决能力、创新精神与实践能力。

1.3.2 微课的特点

微课讲授的内容呈"点"状、"碎片化"，有教法精讲、考点归纳，也有学习方法、经验技能等方面的讲解和展示。

1. 微课的一般特征

微课能够通过视频全面、真实地进行课前翻转、课中强化、课后巩固教学。另外，10分钟左右的时长符合当今网络时代信息碎片化的阅读方式。微课的特点非常具体鲜明，如图1-16所示。

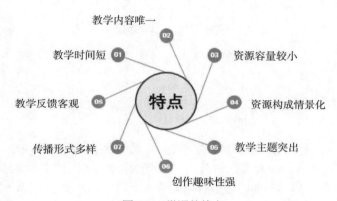

图1-16　微课的特点

- 教学时间短：教学视频是微课的核心组成内容。根据中小学生的认知特点和学习规律，"微课"的时长一般为5~8分钟，最长不宜超过10分钟。
- 教学内容唯一：相对于较宽泛的传统课堂，"微课"的问题聚集，主题突出，更适合创新教学的需要。"微课"主要是为了突出课堂教学中某个学科知识点的教学，内容更加精简。
- 资源容量较小：微课视频及配套辅助资源的总容量一般在几十兆(MB)左右，视频格式需是支持网络在线播放的流媒体格式(如.mp4、.wmv、.flv等)，师生可流畅地在线观摩，也可灵活方便地将其下载保存到终端设备上实现移动学习、泛在学习，非常适用于教师的观摩、评课、反思和研究。
- 资源构成情景化：微课选取的教学内容一般要求主题突出、指向明确、相对完整。它以教学视频片段为主线"统整"教学设计、多媒体素材和课件、教学反思、学生反馈及专家点评等相关教学资源，构成了一个主题鲜明的"主题单元资源包"，营造出一个真实的"微教学资源环境"。
- 教学主题突出：一个课程就一个主题，研究来源于教育教学实践中真实、具体的问题。
- 创作趣味性强：因为课程内容的微小，所以人人都可以成为微课的创作者；创作内容一定是教师自己熟悉的、感兴趣的、有能力解决问题的，并且能够结合学生的学龄段融入一些趣味性的元素，激发学生观看兴趣。

- 传播形式多样：由于课程容量微小、用时简短，因此其传播形式多样，可通过网络视频、手机、微博讨论等形式传播。
- 教学反馈客观：由于在较短的时间内集中开展"无生上课"活动，所以参加者能及时听到他人对自己教学行为的评价，获得反馈信息。这在一定程度上减轻了教师的心理压力，不会担心教学的"失败"，不会顾虑评价的"得罪人"，较之常态的评课就会更加客观。

2. 经典微课的特点

当前中国微课发展势头迅猛，但是不自觉地又陷入了"课件时代"的泥淖：行政推动，一哄而上；数量庞杂，标准不一；参差不齐，重建轻用；应用方式单一，效果不容乐观。因此要制作如图 1-17 所示的高质量微课，才能获得好的学习体验和学习效果。

图1-17 高质量微课的特点

- 标题精简：好的微课标题会让人眼前一亮，是微课的"门面"与心灵的"窗户"。标题取得有新意，有内容和特点的概括，更能吸引学习者的好奇与继续学习探究的愿望。
- 幽默风趣：现在的微课多以知识讲授为主，语言单调，平铺直叙，令人乏味。可以这么说，没有一点儿幽默的微课，不能让学生偶尔会心一笑、轻松一刻的微课不是完美的微课。
- 分享激情：微课是"只闻其声不见其人"的，只有教师的讲解和教学内容的呈现、分析、讲解、演示等过程，所以教师的声音就显得非常重要。有激情的教师执教的微课，充满感情、节奏得当、科学准确、生动形象，能够吸引学生的注意力，也能够感染到学生，学生愿意随着老师的讲解提示，分析演示学习内容并进行同步互动的思考。
- 分享故事：微课虽短，但仍然需要故事、情景、案例、问题、活动等"情景化"的设计与营造，融入"情景"中的重难点知识是学生最容易也是最喜欢接受的，能够达到"随风潜入夜，润物细无声"的效果。
- 多加练习：微课不是一个单纯的视频，而是包括视频在内的微课件、微学案、微练习(思考题)等。一个没有设计练习、提出问题的微课，其学习效果只能是满足学生的视觉感官的愉悦，而没有深度、互动、思考的学习，因此练习要适当设计，最好分层次。
- 10分钟定律：微课之"微"，首先在于时间之短，同时也是碎片化与完整化的相对统一体，而不能顾此失彼。10分钟左右的时间精准性是微课的一个重要指标。
- 不装样子：这一点对微课也很重要。体现在微课的教学环境要像是"一对一"辅导，语言要生动形象、态度要真切诚恳、教学时要做到"目中有人"，如语言体系也要从班级教学转化成个性化辅导，不能说"大家好""同学们好"，而应该变成"你好""亲"等个性化亲切的语言。

1.3.3 微课的类型

由于现代教育教学理论的不断发展,教学方法和手段的不断变革,微课类型也呈现出多样性,需要教师在教学实践中不断发展和创新。

1. 按课堂教学方法分类

根据李秉德教授对我国中小学教学活动中常用的教学方法的分类总结,同时也为便于一线教师对微课分类的理解和实践开发的可操作性,初步将微课划分为 11 类,如表 1-3 所示。

表1-3 微课的分类及适用范围

依据	教学方法	类型	适用范围
以语言传递信息为主	讲授法	讲授类	适用于教师运用口头语言向学生传授知识(如描绘情境、叙述事实、解释概念、论证原理和阐明规律)。这是中小学最常见、最主要的一种微课类型
	问答法	问答类	适用于教师按一定的教学要求向学生提出问题,要求学生回答,并通过问答的形式来引导学生获取或巩固检查知识
	启发法	启发类	适用于教师在教学过程中根据教学任务和学习的客观规律,从学生的实际出发,采用多种方式,以启发学生的思维为核心,调动学生的学习主动性和积极性,促使他们生动活泼地学习
	讨论法	讨论类	适用于在教师指导下,由全班或小组围绕某一中心问题通过发表各自意见和看法,共同研讨,相互启发,集思广益地进行学习
以直接感知为主	演示法	演示类	适用于教师在课堂教学时,把实物或直观教具展示给学生看,或者做示范性的实验,或者通过现代教学手段,通过实际观察获得感性知识以说明和印证所传授的知识
以实际训练为主	练习法	练习类	适用于学生在教师的指导下,依靠自觉的控制和校正,反复地完成一定动作或活动方式,借以形成技能、技巧或行为习惯。尤其适合工具性学科(如语文、外语、数学等)和技能性学科(如体育、音乐、美术等)
	实验法	实验类	适用于学生在教师的指导下,使用一定的设备和材料,通过控制条件的操作过程,引起实验对象的某些变化,从观察这些现象的变化中获取新知识或验证知识。在物理、化学、生物、地理和自然常识等学科的教学中,实验类微课较为常见
以欣赏活动为主	表演法	表演类	适用于在教师的引导下,组织学生对教学内容进行戏剧化的模仿表演和再现,以达到学习交流和娱乐的目的,促进审美感受和提高学习兴趣。一般分为教师的示范表演和学生的自我表演两种

(续表)

依据	教学方法	类型	适用范围
以引导探究为主	自主学习法	自主学习类	适用于以学生作为学习的主体，通过学生独立分析、探索、实践、质疑、创造等方法来实现学习目标
	合作学习法	合作学习类	合作学习是一种通过小组或团队的形式组织学生进行学习的一种策略
	探究学习法	探究学习类	适用于学生在主动参与的前提下，根据自己的猜想或假设，运用科学的方法对问题进行研究，在研究过程中获得创新实践能力和思维发展，自主构建知识体系的一种学习方式

2. 按微课开发技术分类

开发微课的技术多种多样，可以根据不同的设计需求选择适合的开发技术，其中录像类和录屏类微课比较常见。

- 录像类微课：使用录像设备，摄录教师根据微课设计要求所进行的讲解内容影像，并对其进行后期剪辑形成的视频，如图1-18所示。
- 录屏类微课：通过录屏软件，录制教师对着计算机屏幕讲解、分析并演示的过程，如图1-19所示。

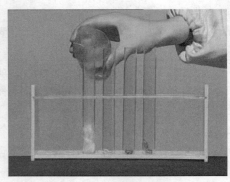
图 1-18　录像类微课画面

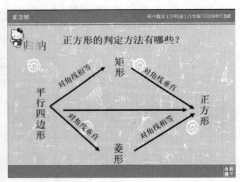
图 1-19　录屏类微课画面

- 动画类微课：运用图像、动画或视频制作软件，通过微课脚本设计、技术合成后输出的教学视频短片，如图1-20所示。

图1-20　动画类微课画面

- 演示类微课：通过手写板和画图工具对教学过程进行讲解演示，并使用屏幕录像软件录制，如图1-21所示。

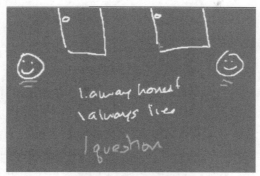

图1-21 演示类微课画面

- 混合类微课：运用多种视频制作途径(如拍摄、录屏、软件合成等方式)编辑合成的微课视频。这种方式的微课视频需要较高的技术支持和视频编辑水平，花费的时间较多，但微课的质量(技术体现、学习支持等)会更高。

1.3.4 微课的评价

近年来，国家高度重视教师信息化水平的提升，先后开展了"中小学教师信息技术应用能力提升工程"及"全国师生信息素养提升实践活动"，将微课制作列为每个教师必备的"能力点"，开展微课大赛。在这些活动中涌现出大量优秀的微课作品，观察这些作品，可以发现优秀的微课具备选题精准、内容清晰、设计新颖、视频规范、即时反馈等特点。

1. 选题精准

微课的教学选题要简明、典型，能够聚焦教与学过程中的重点、难点、疑点等问题。

- 选题简明：利于教学，选题设计必须紧扣教学大纲，围绕某个知识点、教学环节、实验活动等展开，选题简洁，目标明确。
- 选题典型：解疑定位精准，有个性和特色，应围绕日常教学或学习中的常见、典型、有代表性的问题或内容进行设计。
- 选题聚焦：微课是要在很短的时间内把问题讲清楚，应当选择小的入口，解决教与学过程中的关键问题，切忌空洞冗长。

2. 内容清晰

微课的教学内容不但要符合正确的科学逻辑，还要结构完整有序，并且整个微课讲解过程中思路逻辑清晰。

- 科学正确：概念描述科学严谨，文字、符号、单位和公式等符合国家标准，符合出版规范；作品无著作权侵权行为，无敏感性内容导向。
- 结构完整：作品必须是微课视频，可以提供与选题相关的辅助扩展资料(如微教案、微习题、微课件、微反思等)。

- 逻辑清晰：教学内容的组织与编排要符合当前中小学生的认知逻辑规律，设置合理，逻辑性强，明了易懂。

3. 设计新颖

微课中所体现的教学活动符合学生教学目标，通过丰富新颖的形式进行构思，并且精彩有趣，能够充分激发学生的学习兴趣。

- 目标达成：达成符合学生自主学习、方便教师教学使用的目标，通用性好，交互性强，能够有效解决实际学习及教学问题，高效完成设定的教学目标，促进学习者思维的提升、能力的提高。
- 精彩有趣：符合创新教育理念，体现新教材教学方法，教学过程深入浅出，形象生动，精彩有趣，启发引导性强，有利于提升学生的学习积极性和主动性。
- 形式活泼：微课构思新颖，富有创意，类型丰富(讲授类、解题类、答疑类、实验类、其他类)。

4. 视频规范

微课视频中体现的内容必须规范，技术上无差错，语言上清晰、标准；微课视频一般不超过 10 分钟。

- 技术规范：微课视频录制方法与设备灵活多样(可采用DV摄像机、数码摄像头、录屏软件等)。视频画面清晰、图像稳定、构图合理、声画同步，能全面真实地反映教学情景。
- 语言规范：使用规范语言，普通话或英语需标准，声音清晰，语言富有感染力。

5. 即时反馈

微课作品上传网络后，学生学习时不只是看视频，应当根据学习任务单，完成视频观看和学习活动，同时完成相应的同步练习，获得即时反馈。在微课资源逐步形成体系之后，还可以利用大数据和人工智能技术，根据练习反馈的情况，绘制学生的知识图谱，精准推送最合适的练习，进而帮助老师和学生更加精准地了解学习状况，更好地组织交流答疑活动。

另外，微课平台也应当统计学生完成微课的情况及教师开展交流活动的情况，展示并提供给学生学习和教师教学应用，根据线上的观看点击率及反馈情况等产生综合评价，全面考核微课的高效性。

1.4 微课的开发过程

开发制作微课的方法多种多样，不论用何种方式录制，其开发过程主要概括为如图 1-22 所示的五大步骤。

图1-22 微课开发的主要步骤

1.4.1 微课的录制准备

微课在录制前必须做好充分准备,如表1-4所示,首先要确定选题和微课类型,然后明确制作形式后开始准备相关场地、设备和素材。

表1-4 微课录制前的准备内容

课题名称	"对称的美"
教学目标	知识与技能:让学生进一步了解有关"对称"的知识。 过程与方法:教会学生运用"对称"的形式原理创作剪纸作品。 情感态度与价值观:体验剪纸创作的乐趣,培养创新精神,懂得艺术作品的创作源于生活,培养学生的动手实践能力和视觉感悟能力
知识类型	☑理论讲授型 □推理演算型 ☑技能训练型 □实验操作型 □答疑解惑型 □情感感悟型 □其他
实施途径	☑课前自主学习 □课内自主学习 □课后辅导 □其他(请说明)
教学特点	☑概念讲解 □问题解决 ☑作品欣赏 ☑操作 □其他(请说明)
制作方式	☑屏幕录像 ☑拍摄 ☑课件+配音 □动画 □其他(请说明)
时长控制	6分钟以内(不包括片头、片尾)

1. 确定选题

微课的选题是微课制作最关键的起始点,可以根据微课使用对象的特性入手,如年级、知识掌握的难易点等方面。

2. 确定微课类型

根据课堂教学的组织形式和教师应用的教学方法不同,微课可分成演示型、实验型、练习型、讨论型、启发型和探究型等。录制不同类型的微课,方法略有不同,所需准备的软硬件环境也不尽相同,因此,明确微课类型很重要。下面介绍其中的几种微课类型。

- 演示型:演示型微课适用于教师在课堂教学时,把知识演示给学生看,获得感性知识以说明和印证所传授的知识。如图1-23所示为小学美术"对称的美"演示型微课。

- 实验型：实验型微课适用于教师通过做实验的过程讲解，让学生体会实验过程中的知识点。如图1-24所示为初中化学"金属活动"实验型微课。
- 启发型：启发型微课适用于教师在教学过程中根据教学任务和学习的客观规律，从学生的实际出发，采用多种方式，以启发学生的思维为核心，调动学生的学习主动性和积极性，促使他们生动活泼地学习。如图1-25所示为小学数学"除法的初步认识"启发型微课中，使用动画展现平均分的过程，启发学生理解除法，列出算式。

图1-23　演示型微课画面

图1-24　实验型微课画面

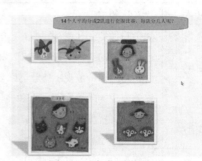

图1-25　启发型微课画面

3. 明确微课制作形式

制作形式服务于教学内容和教学方式，其合理性直接决定着微课的质量和学习效果。目前微课的制作形式多种多样，可以使用手机、数码相机、DV等摄像设备拍摄和录制，也可以使用录屏软件录制音频、视频，形式不限。

- PowerPoint课件+录屏软件：针对所选定的教学主题，搜集素材，制作PowerPoint课件，执教者戴好耳麦，一边演示一边讲解，同时，利用录屏软件将教学过程录制下来，最后进行适当的编辑和美化。这是目前最常用、最方便的微课制作形式之一。
- 白纸+手机：用笔在白纸上通过演算、书写，结合讲解展现出的教学过程，如图1-26所示，可以有画图、书写、标记等行为，用手机将整个教学过程拍摄下来。

图1-26　白纸+手机拍摄的微课场景图

- 录屏录制软件+手写板+制图工具：此类制作形式又称为可汗学院模式，通过手写板、麦克风和制图工具对教学过程进行讲解演示，并使用屏幕录制软件录制，如图1-27所示。

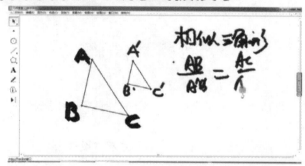

图1-27　录屏录制软件+手写板+制图工具拍摄的微课画面

4. 场地、设备和素材准备

明确了微课的制作形式后，就要按照相应的制作形式和微课类型准备场地、设备和相关素材。

- 场地：根据现有教学场地和教师教学实际需求来安排和确定微课拍摄场地，通过PowerPoint课件演示并讲解的部分集中在多媒体教室现场录制；软件操作类课程以屏幕录像为主，体现操作和制作的步骤，并辅以教学现场的全景画面，使观众具有更加真实的临场参与感；实践教学环节需要来到各实践场地，并根据实践操作过程，做到拍摄目标明确、重点突出、画面变换合理，如实反映实验操作的步骤、实验结果及学生的操作情况等，需要特殊效果的课程可以利用虚拟演播技术安排在具有蓝屏的专业演播室进行。
- 设备：检查安装录制软件的计算机是否正常、拍摄使用的摄像器材有无故障、电池电量是否充足等。调整摄像参数也是非常重要的一个环节，具体包括白平衡调整、快门光圈调整、录像格式调整、画幅调整和音量调整等项目，还要带上三脚架、白板、灯光、电源适配器、插线板、话筒等摄像辅助设备。
- 素材：准备好微课制作中所需要的图片、视频、音乐等，可从网站搜索或教学资源中获取。

1.4.2 微课的教学设计

高质量的教学设计有助于微课的开发。微课的教学设计要从导入、教学内容、配套资源等方面进行设计,这样才会让教师在较短的时间内运用最恰当的教学方法讲清、讲透一个知识点,让学生在最短的时间内按自己的学习方法掌握和理解一个知识点。教学设计是微课开发过程中最核心的环节。

1. 导入设计

由于微课时间较短,所以在设计微课的导入时,要注意切入课题的方法和途径。力求切入课题新颖、迅速,而且要与题目关联紧凑,以便把更多的时间分配给内容的讲授。微课导入的方法,如图1-28所示。

图1-28 微课导入的方法

2. 教学内容设计

微课教学内容设计包括对微课教学方案和微课录制脚本的设计。

1) 微课教学方案设计

如表1-5所示,在小学数学"比大小"微课教学方案设计中,需要从学习目标、学习准备、学法指导、学习效果、存在问题等方面进行设计。

表1-5 微课教学方案设计

	学习内容	北师大版小学数学第8册第一单元"小数意义和加减法中的'比大小'"
学习要求	学习目标	(1) 结合小数的意义,探索比较小数大小的方法,积累数学活动经验 (2) 会比较小数的大小,并能在数线上表示它们的位置 (3) 在解决实际问题过程中感受数学与生活的联系
	学习准备	钢笔、彩笔及相关文具
	学法指导	学生观看微课程的同时,参与学习过程,如可以用彩笔涂颜色,直观体验小数的大小。学生一边观看,一边思考,在微课程的引导下,要有自己的思考,不可以完全依赖、被动接受,只有积极参与,才能有效地学习
学习结果	学习效果	(1) 通过例题,学生观察、思考、探究,充分感知并掌握小数大小比较方法 (2) 通过课本中练一练第1题,引导学生从小数的意义角度及时回顾比大小的方法 (3) 通过练一练第2题,引导学生进一步理解掌握小数比大小的方法,设计的题目中精选了几题,便于突破知识难点 (4) 通过课后练习,让学生进行知识的延伸与拓展,巩固提升学生对于比大小的掌握
	存在问题	教师无法了解学生自主性、参与度情况和对于学生被动接受的知识问题的思考与解决

2) 微课录制脚本设计

微课的脚本设计将微课的每个内容环节都明确细化,在较短的时间内,运用恰当的教学方法和策略讲清、讲透一个知识点,让学生在最短的时间内按照自己的需求,掌握和理解知识点。

3. 微课配套资源设计

微课需要有学习任务单来引导学生完成学习,其需要教师在微课录制之前设计好。一般学习任务单包括学习指南、学习任务、问题与困惑等内容。学习指南包括课题名称、学习目标、方法建议等;学习任务应从学生视角,清晰列出学习过程中应完成的活动任务,给出学习方法的指导;问题与困惑用于记录学生在学习过程中产生的疑惑、需要带到课上交流解决的问题等。

微课还需要有配套的进阶练习和恰当的巩固练习,并即时得到反馈,能够有效激励学习者,增加成就感,使学习效率更高。设计进阶练习需要特别注意的是针对性和层次性。针对性主要是指练习要针对微课中的重点、难点、易错点,引发学生更深入地思考;层次性是指设计的练习应当有梯度,让不同层次的学生都有所收获。

1.4.3 微课的课件制作

使用课件能充分创造出一个图文并茂、有声有色、生动逼真的教学环境,为教师教学的顺利实施提供形象的表达工具,能有效地突破教学难点,激发学生的学习兴趣。因此,在设计微课的过程中,制作实用、有效的课件是必不可少的环节。

1. 微课课件主题设计

课件是由文字、图形、图像、动画等视觉元素构成的,不同元素之间的安排构成不同的画面形式,好的画面形式有利于突出主题,更好地服务于主题,从而能使学习者在观看画面时立刻注意到主题,并对其进行理解和识记。微课课件主题设计流程,如图1-29所示。

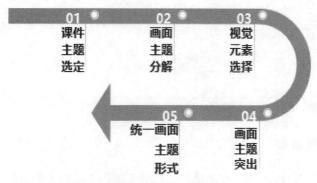

图1-29 微课课件主题设计流程

2. 微课课件风格设计

一个具有风格统一、界面美观的微课课件不仅能激发学生的学习兴趣,取得良好的教学效果,而且能使人赏心悦目,获得美的享受。因此,在制作课件时,风格的设计显得尤为重要,而要做到风格统一化,可以在设计中进行统一化设计,如图 1-30 所示。

图1-30　微课课件风格设计

3. 微课课件模板设计

创建课件模板，最有效的方法是创建个性化的母版，在母版中设置背景、自选图形、字体、字号、颜色、动画方法等。如图1-31所示的课件将所有的导航按钮都安排在母版中，这样使得所有幻灯片中都有导航按钮，且样式、位置统一，便于修改。

图1-31　微课课件模板设计

1.4.4　微课的视频录制

根据选择的技术、手段不同，微课视频的录制形式也不一样，如录屏型微课，借助屏幕录制软件，在设置好音频和摄像头、屏幕分辨率、灯光设计、环境适宜、熟悉讲稿、厘清思路等准备工作后，教师只需按下"录制键"就可以完成微课的录制。

1. 微课视频录制的技巧

为了微课画面的高品质，在录制微课视频时需要注意以下一些技巧。
- 背景无干扰：录制背景最好是白色或浅色，不要出现其他杂物。
- 画面声音合理：声音大小合理，摄像头不朦胧，摄像角度最好是正面；如果不习惯，可以让一个学生坐在对面，就好像是给他辅导一样。
- 非课堂实录：画面中不能出现学生，不要录制课堂教学过程。
- 光线柔和：远离强光刺激，不背光，适当打光，确保光线充足。
- 视频比例合理：录制时调整屏幕分辨率。
- 语言规范：语言口语化，不照本宣科，不将课件内容当演讲稿，语调抑扬顿挫有节奏感。
- 特殊对待：特殊人群(如教授聋哑学生)则可以采用特殊的录制方式。

2. 微课录制视频的基本格式

微课视频录制后，画面的大小推荐为 1024×768 像素，也可根据教学内容要求适当调整屏幕大小，总体布局要美观大方，不要小于 640×480 像素；视频格式可以为常用的 FLV、MP4 等，大小尽量不要超过 100MB。

1.4.5 微课的后期处理

经过加工制作后的微课视频时长在 5～8 分钟，最长不超过 10 分钟。微课除了主体部分，为统一微课形式，其主要元素必须具备，如片头、知识点清单、目录、内容页、片尾等，画面内容可根据微课本身做适当美化。

1. 微课片头

微课片头不超过 5 秒钟，应包括模块名称、微课名称、主讲教师单位和姓名等信息，如图 1-32 所示。

图1-32　微课片头

2. 微课知识点清单

如图 1-33 所示，在微课开始之前展示本微课的知识点清单，使学习者心中有数，带着知识框架去学习，效果更好。

3. 微课目录

如图 1-34 所示，微课目录主要是呈现微课教学的目录，可以列出主要内容，也可以起到突出重点的作用。

对应模块	Flash模块
对应学段	初中
知识点	Flash遮罩动画
微课名称	Flash遮罩动画的制作
具体知识点	理解遮罩动画的制作原理 学会制作遮罩动画 分清遮罩层和被遮罩层的关系
具体内容	分析遮罩动画原理 制作遮罩层运动动画 制作被遮罩层运动动画

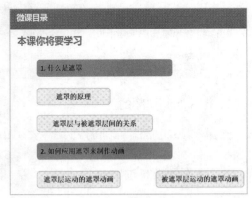

图1-33　微课知识点清单　　　　　　图1-34　微课目录

4. 微课内容页

如图 1-35 所示，内容页主要是呈现微课教学的具体内容，需显现微课的名称、模块与知识点信息，具体的显示内容可以自定。

图1-35　微课内容页

5. 微课片尾

如图 1-36 所示，片尾主要是呈现微课的联系方式等信息，希望能对微课提出宝贵意见，并对观看表示感谢，时间长度一般在 5 秒钟内。

图1-36　微课片尾

6. 微课后期制作

微课后期制作合成时，应适当注意一些技巧，避免观看中出现唐突画面，影响微课播放效果。

- 提示恰当：微课内容中的提示性信息(如线条、图形、说明文字等)大小合适、颜色与正文颜色对比明显。
- 字幕规范：字幕清晰美观，使用符合国家标准的规范字，不出现繁体字、异体字、错别字，能正确有效地传达信息；字幕的字体、大小、色彩搭配、摆放位置、停留时间、出入屏方式力求与视频中其他要素(画面、声音、背景音)配合得恰到好处，不能破坏原有画面。
- 画面稳定：整个微课图像同步性能稳定，无画面中断现象，图像无抖动跳跃，色彩无突变，编辑点处图像稳定。
- 分辨率统一：同一视频中，各节点视频分辨率统一，不得将标清和高清混用；多机位拍摄的镜头衔接处无明显色差。
- 音视频同步：音频与视频图像有良好的同步，无交流声或其他杂音，声音应无明显失真和放音过冲、过弱。
- 声音合适：伴音清晰、饱满、圆润，无失真、噪声杂音干扰、音量忽大忽小现象。解说声与现场声、背景音乐无明显比例失调。
- 素材规范：微课资源中使用到的各类素材资源的技术指标应符合国家《教育资源建设技术规范》。

1.5　小结和习题

1.5.1　本章小结

本章首先回顾了翻转课堂的起源和发展，讨论了翻转课堂与慕课、微课三者之间的关系，翻转课堂的实施；其次学习了慕课的基本知识、特点，慕课的建设及面临的挑战；再次了解了微课的组成、特点、类型及评价；最后通过实例学习了微课开发的一般过程，包括录制准备、教学设计、课件制作、视频录制、后期处理等，为本书后续章节的学习打下理论基础。
- **了解翻转课堂**：学生在家完成知识的学习，而课堂变成了教师与学生之间、学生与学生之间互动的场所，包括答疑解惑、知识的运用等，从而达到更好的教学效果。翻转课堂具有教学视频短小精悍、教学过程清晰明确、学习流程重新建构、复习检测方便快捷、优质资源广泛共享等特点；微课作为新型教学资源，是慕课的基础，也是实现翻转课堂的基础。
- **了解慕课**：慕课即大规模开放在线课程，慕课平台记录着与学习者相关的大量的学习行为，结合大数据、人工智能技术，可以实现更加智能的自主学习。慕课将成为在线学习的主要手段，带来教与学的方式的巨大变化，使得自主学习、终身学习成为常态。
- **了解微课**：微课是指为使学习者自主学习获得最佳效果，经过精心的信息化教学设计，以视频形式展示的围绕某个知识点或教学环节开展的简短、完整的教学活动的新型教学资源。微课不只是微视频，还应包括学习任务单和进阶练习等学习资源。
- **微课的开发过程**：微课开发一般需要经过录制前准备、撰写教学设计、课件制作、视频录制、后期制作5个步骤。

1.5.2 强化练习

一、选择题

1. 以微课慕课为基础的翻转课堂带来了教学模式的变革，下列关于翻转课堂的描述中错误的是(　　)。
    A. 翻转课堂将学生的学习过程移到课前，主要是为了减轻教师的负担
    B. 翻转课堂的教学模式需要制作大量的、体系化的微课资源，设计学习任务单和进阶练习，并没有减轻教师的负担
    C. 翻转课堂充分发挥了学生学习的自主性
    D. 翻转课堂改变了教的模式，也改变了学习的模式，对学生学习能力的培养很有好处
2. 下面关于微课、慕课及翻转课堂三者之间的关系中描述正确的是(　　)。
    A. 翻转课堂最关键的是改变课堂的组织形式，有没有微课不重要
    B. 某学校把全校老师制作的一百多节微课放到网上，供学生浏览，这就是慕课
    C. 微课和慕课是翻转课堂得以实现的基础
    D. 慕课平台是开放的，所以任何人都可以免费观看所有的课程
3. 翻转课堂将学生学习知识的过程移到了课前，而把交流讨论合作探究等放到了课堂上。在翻转课堂模式下，以下教学活动中不属于课堂上进行的是(　　)。
    A. 小组合作探究学习
    B. 成果展示与交流
    C. 学习评价与反馈
    D. 观看教师讲解的微课视频
4. 微课不只是微视频，还应有一些配套的资源，下面属于微课基本组成部分的有(　　)。
    A. 学习任务单　　　　　　　　　　B. 在线课程管理平台
    C. 微视频　　　　　　　　　　　　D. 进阶练习

5. 微课的设计与开发过程中,最核心的过程是(　　)。
   A. 录制准备　　　　　　　　　　B. 教学设计
   C. 微课录制　　　　　　　　　　D. 后期处理

二、判断题

1. 在翻转课堂的教学模式下,课前的微课是学生学习知识的主要途径,课堂是学生形成能力、发展素养的主要途径。　　　　　　　　　　　　　　　　　　　　　　(　　)
2. 微课的教学设计与课堂教学设计并没有什么区别,只是内容少一点儿。　(　　)
3. 微课的进阶练习是给学有余力的学生自我提升设计的,并不是必备的资源。(　　)
4. 微课视频需要在互联网上传播,应选择流媒体格式,文件大小应尽可能小。(　　)
5. 在中国大学 MOOC 网上学习慕课课程,也可以获得课程合格证书。　　(　　)

第 2 章　微课选题设计与慕课设计

　　一节微课能否设计得好、教学效果是否佳，知识点的选择和分析处理非常重要。因此，在设计每一节微课时，首先要慎重选择知识点，并对相关的知识点进行科学的分析和处理，使它们更符合教学的认知规律，学习起来才能达到事半功倍的效果。一节慕课能否让学习者持续学习，也要遵循一定的原则和评价标准来进行有效设计。

　　良好的教学设计有助于更好地指导微课程教学资源的开发。在本章紧紧抓住"让教师在较短的时间内运用最恰当的教学方法和策略讲清、讲透一个知识点，让学生在最短的时间内通过自主学习完全掌握和理解一个有价值的知识点"的微课设计制作理念，主要介绍微课选题设计与慕课设计，希望读者能够举一反三，选择合适的课题，并经过分析撰写出合理的脚本，确保微课程能够满足学习者的实用、易用和想用的直接需求。

■ **本章内容**
- 微课的选题
- 微课教学设计
- 微课脚本设计
- 慕课设计与评价

2.1 微课的选题

微课的选题是微课制作最关键的一环，好的选题可以使教师事半功倍地进行讲解、录制，不好的选题则使微课变得平凡乃至平庸。

2.1.1 选题依据

微课制作之前，选题是第一步，也是关键的一步，微课的主题决定着教学方式和学习的效果。选题必须要有一定的依据，不可随意选择，一般要考虑以下几个方面。

1. 抓住四"点"

常见的微课选题一般从教学内容的重点、难点、疑点、热点4个方面进行选择。一节微课只讲授一个知识点，对于这个知识点的选择，关乎知识结构的设计，因此"点"要来自教育教学实践，能够对学习者解决实际问题起到借鉴和参考作用，具有一定的实际意义。微课往往作为传统课堂突破重难点的重要手段，对教学中的重点、难点制作微课，是一个较好的选择，较为符合微课制作的初衷：教学资源共享、为学生(教师)解惑、启发教学。对于教学内容中的疑点和热点也是微课选题的重要方面，微课可以通过多媒体等信息化手段将一些疑点通俗化、清晰化。另外，微课可以方便学习者反复观看，从而突破疑点，加深对知识点的理解。选择热点问题制作微课，能够吸引学习者观看，方便学习者对该点问题更清晰、更系统的理解。

微课选题还要注意知识结构设计：首先要明确微课内容在整体教学设计中的地位，是课前预习、课中讲解还是课后复习；其次要认真分析教材和学生，选择合适的课题制作微课。课前预习选题一般选择简单的知识点，课中讲解就要选择重点或难点，如果是课后复习最好选用易错点和易混淆点。

2. 适合多媒体表达

微课中，最主要的内容是微课视频，所以内容的设计要适宜使用多媒体特性，对于不适宜使用多媒体表达的内容，制作的结果也许是徒劳的，因为可能使用黑板教学或进行活动实践的教学效果更佳。同时也会使教学过程平庸无奇，令观看者失去学习欲望。因而微课选题要适宜使用多媒体表达，以及适宜加入丰富的图形图像、多姿的动画、声色兼有的视频。

3. 把握一个中心

在微课选题过程中，要紧紧把握"一个中心"的原则——以学生为中心，想一想学生需要看什么、听什么，这样的表达他们能否听懂。微课的核心是教师，是知识的传播者，学生是认知过程的主体，是知识意义的主动建构者，不是教师灌输的对象。因此微课不仅要能体现以学生为中心的教学理念，而且要能体现学生的主体地位，能让学生体会到探究的魅力，体验到成功的喜悦。

4. 知识点精细

微课知识点的选择要精细，一定要围绕一个完整的知识点或技能点，其中技能点要聚焦小妙招、小技巧、小绝活等。"点"要来自教育教学实践，能够对学习者解决实际问题起到借鉴和参考作用，具有一定的实际意义。另外时间上要符合学生的认知特点和学习规律，一般控制在5～10分钟，这样便于人们浏览、学习、交流和共享，更易于移动学习和碎片化学习。

2.1.2 选题目的

制作微课是为了辅助教学，解决实际问题，促进教学效果提升，所以制作微课前必须明确选题目的和主题的价值性。一个有价值的主题必须符合学生的现状，符合现有的教学内容，符合学生的最近发展区，当选择适合且有价值的课题时，微课的目标就会变得清晰明了。

1. 促进学生有效自主学习

微课以网络教育作为主要开展形式，具有自身独特的优势，成为获取知识、提升能力、完善素养等自主学习的新途径。教师把学习中的重点和疑难问题等制作成微课，上传到网上，学生便可以随时随地根据需求学习。

- 适宜学生自学：微课短小精悍，一个议题，一个重点，都是针对学生学习中的疑难问题设计，非常适宜学生自学。
- 突破时空约束：时间和地点可以选择，有很大的自主空间，只要有学习的愿望即可实现。
- 自我掌控：适应不同的学生，视频播放速度可经过调节，让不同程度的学生根据自己的基础和接受程度控制视频的快慢。
- 反复学习：由于视频可以反复播放，使那些平时反应慢又羞于发问的学生能够从容地反复观看，较好地解决了后进生的转化问题。

2. 提高新授课的上课效率

微课是换一种思维方式，将教学重点、难点、考点、疑点等内容，采用录制微课的形式，作为教学资源提供给学生，方便学生课前预习、课中交流、课后巩固相关知识。而且微课主要是5～8分钟、50MB左右的简短视频，能重复使用，利用率高，较好地满足了师生的个性化教学和学习需求。

- 课前复习：根据学生已有的知识基础和新知识所需的衔接知识点设计制作好微课，可以让学生在课下先看此微课，为新课做好准备。
- 新课导入：教师根据新课知识点设计新颖的问题，吸引学生的注意力，为新课的讲解做好铺垫以制作此微课。在开始上课后先让学生看此视频。
- 知识理解：教师对本节重难点做点拨，典型例题引导学生探究规律。在学生自主探究或合作探究后一起看此视频。
- 练习巩固：教师设计好少而精的习题并制作好微课，用于巩固本节知识。
- 小结拓展：引导学生总结本节重点及规律，让学生将知识纳入已有的知识体系，再适当设计一些适应不同层次学生拓展延伸练习。此视频用于结束本课前播放。

2.1.3 选题分析

在进行微课选题设计前，还要做好选题分析，包括学习需求分析、学习对象分析、学习内容分析三部分。

1. 学习需求分析

若想开发的微课实用、有价值，首先要明确学习的需求。需求即问题，这是学习者使用微课的原因和动机，也是开发微课的起点。制作微课时，可从以下三方面确定学习者的学习需求：一是直接来源于教师的教学经验；二是来源于教师对学生学习情况的分析，找出学生的问题与需求；三是通过问卷调查及访谈等形式确定。

2. 学习对象分析

开发的微课最终是呈现给学习者观看的。在微课分析时需要思考：这个微课的学习者是谁？怎样设计微课才能使这类学习者愿学、乐学？能够解决以上两个问题的有效途径就是对学习者特征进行分析。学习者特征分析一般包括基本特征分析、学习风格分析和起点水平分析，在"互联网+"时代，对于学习者的分析还需考虑网络环境下的学习者特点。因此，教师要解读学生，读懂学生。

3. 学习内容分析

对于学习内容不仅要从宏观上把握，更要从微观上具体分析，将庞杂的学习内容进行系统的、精细化的知识点切片，做好学习内容的选取、组织、开发。学习内容在选取上要做到科学、准确、聚焦，最好能做到"一个微课，一个知识点"；在组织上要明确目标，突出重点，控制好时间；在呈现上要注重理论联系实际，将学习内容融于真实情境中，帮助学习者建立与日常生活的联系，促进学习者的有意义学习；根据学习者信息加工的特点，采用视听结合的方式，注重双重通道原理的应用。

2.2 微课教学设计

微课虽然只有短短的数分钟，但也需要进行良好的教学设计。教学设计是进行教学的基础，也是开展教学的蓝图，一个好的教学设计有益于提高教学效率，从而使学习者获得好的学习效果。

2.2.1 微课内容设计

好的教学设计有助于更好地指导微课程教学资源的开发。微课程的设计关键是要从教学目标制定、学习者分析、内容需求分析、教学媒体选择等方面进行设计，让教师在较短的时间内运用最恰当的教学方法和策略讲清、讲透一个知识点，确保微课程能够满足学习者的实用、易用和想用的直接需求。

1. 设计导入环节

导入的方法与传统教学没有太大区别，主要是创设情境、激发兴趣。但特别要注意的是，微课时间短，导入必须精练，不允许在导入环节花费过多时间，一般弱化导入环节，直入正题。但不管采用哪种方法，都要与课堂教学内容紧密关联，并力求做到新颖独到、引人注目。

目标导入教学是采用"对症下药"的步骤，是让大多数学生达到预定的教学目标的重要导入方法。教学中目标导入就是一个展示预定的教学目标的过程，是激发学生对新学习目标的兴趣，是学生学习目标的导向，它可以避免过去教有目标而学无目标的现象。例如，在高中数学微课"指数函数"中，教师采用的就是目标导入教学，如图2-1所示。

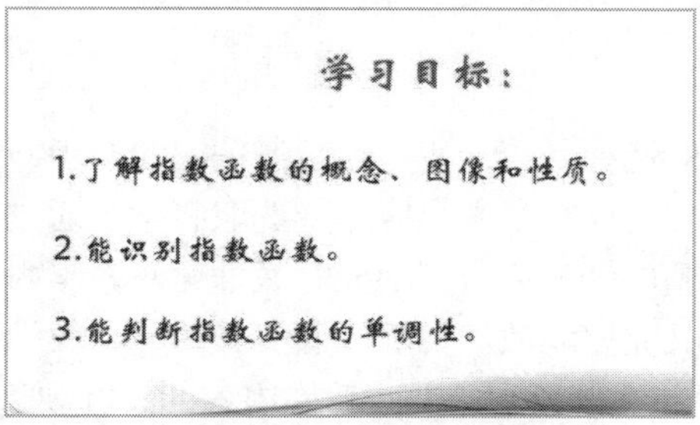

学习目标：

1. 了解指数函数的概念、图像和性质。
2. 能识别指数函数。
3. 能判断指数函数的单调性。

图2-1 微课"指数函数"的导入

情景导入教学是一种通过设置具体的、生动的环境，让学生在课堂教学开始时，就置身于某种与课堂教学内容相关的情景之中，促使学生在形象、直观的氛围中参与课堂教学。实践证明，利用"生活情景导入"进行普通话口语表达教学，更有利于激发学生的探究思维和学习兴趣，完成课堂教育教学目标。例如，在北师大三年级数学上册微课"乘火车——一位数乘三位数乘法"中，教师采用的就是情景导入教学，如图2-2所示。

图2-2 微课"乘火车——一位数乘三位数乘法"的导入

教师提出带有悬念的问题，学生强烈的求知欲被激起由此转入新课。例如，在小学数学四年级上册微课"沏茶问题"中，教师就是设置悬念问题，激发学生的求知欲，如图2-3所示。

 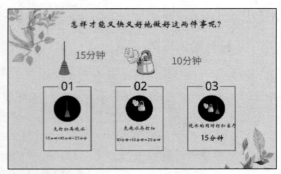

图2-3　微课"沏茶问题"的导入

2. 规划教学内容

微课的设计，教学内容的选择是第一步，也是最关键的一步，它反映了微课是要集中表现或传递给学习对象什么样的内容。教学内容应尽量选取有学生通过自学理解不了、具有较大教育教学价值且相对简短又完整的知识内容。必要时教师可对教学内容进行适当的加工、修改和重组，使其教学内容既精简又完整、教学目标既聚集又单一、教学形式策略多元、表现方式多样化，使其更适合以微课的方式来表达。因此教授内容的选择要遵守以下几个原则。

- 一个中心：牢牢记住以学生为中心，在教学内容的选择上应多思考学生要看什么、听什么、这样表达他听懂了吗。
- 两个原则：教学内容不仅要有用，通俗易懂，满足学习者的要求，让学生看得懂、学得会，同时也要有趣，在教学内容的表现形式上要新颖、吸引人，尽可能抽象概念形象化、枯燥数字可视化，可融入动漫、影视、游戏等元素。

3. 细化教学环节

在选定教学内容的基础上，继而要对其进行微处理。在这个环节，可以精细化设计，去掉不必要的废话，让阐述更精练；反复推敲解说词，让解释更精确；创新方法，从特别的角度来阐述问题，让表达更精彩。

- 积极借鉴优秀资源：可以从网上搜集资源为主题服务，如可将一些视频、动画等借来使用。如果有条件可以借鉴别人的方式，自己录制视频或制作动画等素材来服务自己的微课，直接使用网上他人的作品素材一定要注意版权问题，不可侵犯他人的创作版权。例如，在图2-4所示的中学地理微课"锋与天气"中，教师使用一段Flash动画形象地介绍了锋面，其中的动画就是直接取自网络。

图2-4 微课"锋与天气"中的动画

- 注重基础知识讲解：在教学内容的讲解中，关注基本概念和关键技能的讲解。例如，在小学数学微课"长方体的认识"中，教师采用动画的方式详细地介绍了长方体，如图2-5所示；在小学信息技术微课"巧用格式刷"中，教师仔细地阐述了关键技能格式刷的使用，如图2-6所示。

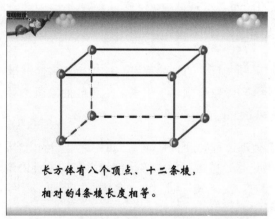
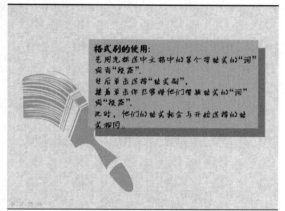

图2-5 微课"长方体的认识"中基础知识讲解　　图2-6 微课"巧用格式刷"中基础知识讲解

- 巧用问题串联课程内容：在一些科目中，可通过一个问题的设置串联整个微课的内容，让整个教学内容有始有终，逻辑清晰明了。例如，在小学数学微课"圆的认识"中，教师从导入小结的整个教学过程中始终使用"车轮为什么是圆形的"这一问题贯穿整个微课，从问题的抛出到问题的解决，让学生感觉思路清晰，轻松认识圆，如图2-7所示。

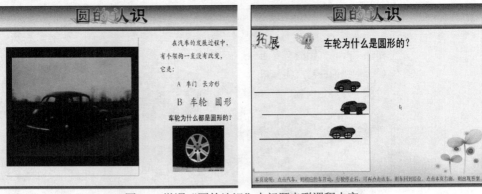

图2-7 微课"圆的认识"中问题串联课程内容

- 做到一对一口语化讲解：在微课的讲解过程中，尽量口语化讲解，尤其是面对低年级学生，对于一些概念理论的讲解，要尽可能地营造一对一的学习气氛。例如，在中学数学微课"角的概念与分类"中，整个微课是对概念的解释，教师基本使用口语化解释，而非书面语的理论解释，让学生更容易理解，如图2-8所示。

图2-8 微课"角的概念与分类"中口语化讲解

- 合理使用提示性信息：在微课的教学内容处理过程中，面对有些"重中之重"的内容，教师可给学生提示性的信息，如画线、做记号、关键词放大等。例如，在初中英语微课"定语从句"中，教师在讲解定语从句时，对"先行词"这一名词通过下画线和红色字体进行加重，提醒学生，如图2-9所示。

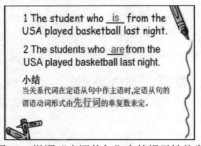

图2-9 微课"定语从句"中的提示性信息

- 适当采用字幕式补充：由于微课时间很短，因此可用字幕方式补充微课程不容易说清楚的地方，加强对知识点的解释。例如，在中学信息技术微课"规范英文输入"中，教师在讲解找基准键时，就采用了字幕补充的方式，让学生能够更快、更准地记住键盘的基准键，如图2-10所示。

图2-10　微课"规范英文输入"中的字幕

- 加强内容的交互设计：微课的内容精、时间短，但是在教学内容的处理过程中，要注意人与资源的互动，注重学生的思维参与。学习者往往希望添加交互设计，增强与教师及其他学习者之间的交流互动，不只是做看客。因此，在微课设计与制作中应加强内容的交互设计，让学习者与学习内容进行互动，使学习变为双向交流与互动的过程。例如，在小学信息技术微课"申请邮箱报收获"中，教师在讲解怎样设置合适的电子邮箱用户名时，推荐几个常用用户名组合，从学生的学习生活出发，与学生息息相关，不仅注重了学生与资源的互动，而且让学生自动参与思考，达到最佳的上课效果，如图2-11所示。

图2-11　微课"申请邮箱报收获"中的互动内容

4. 微课小结提升

一节微课只有5～10分钟，有的学生会因为总结能力弱而忽视了知识之间的联系，教师应在微课的最后，通过简短的语言或思维导图的方式，帮助学生回忆整节课的内容，这样可以帮助学生在脑海中建立起完整的知识体系。

在微课的设计中，小结是必不可少的，它是内容要点的归纳。好的微课小结可以起到画龙点睛的作用，可以加深学生对所学内容的印象，减轻学生的记忆负担。在微课的小结中，因为前面重点内容的讲授占用了较多的时间，所以小结的内容不在于长而在于精，方法要科学、快捷。

2.2.2　学习任务单设计

学习任务单是微课重要的配套资源，是教师指导学生学习的主要载体，是学生完成微课学习的指南，精心设计任务单，能够更好地发挥微课的作用，提高学习的效率。

1. 学习任务单设计原则

学习任务单设计与类似于大单元学习中的"学历案"不同，设计过程中需要在目标导向性、开放性、趣味性及难度适中等方面遵循一些基本的原则。

- 目标导向性原则：学习任务单给予学生预习必要的目标导向，让学生的预习有明确的目标，而不是由着学生停留在课文内容的表层。学习任务单在某种程度上来讲，是教学目标与学生实际情况的交叉产物，提高学习任务单与学生的契合程度、学习任务单与教学目标的契合程度，能够帮助学生更好地完成预习。
- 开放性原则：学习任务单不仅包括学习任务单内容的开放，还包括任务单形式的开放。学习任务单存在的意义是引导学生思考，如果所有的问题和任务都是封闭的，那么学生的思维怎么能得到更好的引导和展示呢？而且，学习任务单的内容不应局限于某一部分内容，听、说、读、写应结合在一起，帮助学生构建起对课文的全面认知。因此，教师在设计学习任务单时，可以为学生安排一些并没有固定答案的问题，引导学生去阅读课文、深入思考，而不是被固定的答案限制住。
- 趣味性原则：学习任务单是学生获得学习乐趣的重要途径，也是学生持续进行学习、思考的关键。如果在学习的过程中无法获得趣味，那么学生很难对学习保持稳定的心态和持久的目标感，因为困难和枯燥感会持续消磨学生的学习兴趣、积极性。内容设计在精而不在多，预习阶段设计太多的任务容易给学生增加负担，占据太多的课余时间，影响学生对预习的认识。学习任务单上的内容过多也会让学生产生负面情绪，引起学生的挫败感。
- 难度适中原则：学习任务单中的内容需要根据学生的情况来设计，不宜太难也不宜太简单，不同层次的学生应当有不同的任务内容。如果教师不打算给不同层次的学生设计相应的任务单进行分别下发，选择设计成面向全体学生的统一任务单，也可以通过问题组的方式来体现出层次感。而且，将学习任务单内容精简还能够帮助学生集中精神思考问题，而不是将更多时间花费在回答一个个题目上。

2. 学习任务单设计模板

学习任务单是和微课程配套的学案，主要包括学习目标、学习资源、学习方法、学习任务、学习反思、后续学习预告等，它是从学生角度出发，所以指导语要清晰明确。课前"自主学习任务单"设计模板，如表2-1所示。

表2-1　课前"自主学习任务单"设计模板

一、学习指南
1. 课题名称 (提示：用"版本+年级+册+学科名+内容名"表示)
2. 学习资源 (提示：是微课程以外的学习资源)

(续表)

一、学习指南
3．达成目标
(提示：达成目标不同于教学目标。请用"通过观看教学视频(或阅读教材或分析相关学习资源)和完成《自主学习任务单》规定的任务+谓语+宾语"表述；旨在让学生明确预习任务)
4．学习方法建议
(提示：指主要指导学生如何学习微课程，注意有就写，没有就不写，不要"喧宾"夺了"任务"之"主")
5．课堂学习形式预告
(提示：简要说明课堂教学组织形式，也可用流程图代替。其目的是使学生明确自主学习知识与课堂内化知识的关系)
二、学习任务
通过观看教学录像自学，完成下列学习任务。 (提示：学习任务既包括学习活动和学习评价，如学完微课程后的测试题、操作任务、思考题等，也含必要的提示等帮助性信息)
三、学习反思
(提示：此项由学生自主学习之后填写)
备注：1．栏目不够用可以自行扩展； 　　　2．完成"任务单"设计之后，别忘了删除所有提示项

2.2.3　进阶练习设计

　　微课学习是一个学习、评价、诊断、反馈、再学习的过程，微课的学习模型包括交互式微课学习、基于课程标准的进阶练习和单元测试、计算机自适应学习诊断和错误分析、个性化补救练习等环节。

　　进阶练习是基于标准的测试，可以类似游戏通关的在线检测系统，学习一段视频教程后要完成相应的练习题，只有当学习者全部答对一套题目后，才可以进入下一个单元的学习。这种在线检测的设计目的在于帮助学生掌握课程的基本能力要求，便于学生通过"微课视频学习—练习—重复学习微课视频—再练习"，直至全部掌握知识点和知识能力目标。

　　这种在线检测的设计目的在于帮助学生掌握课程的基本能力要求，每一个微课资源的进阶练习应至少提供 4 套配套进阶练习，每套练习至少包含 5 道题。每套题应包括概念辨析、熟练练习和应用拓展 3 种题型，每个进阶练习题均为客观题，每个习题都应包括题文、选项、答案、详解、错析、提示、分值等相关信息，题目设置的各个选项，除了正确答案，应尽可能暴露出学生，特别是学习尚有一定困难的学生容易发生的典型问题和典型错误。

微课程尽管时间短，但是有效适时的教学检测，可让课堂达到事半功倍的效果。例如，在一年级数学微课"两位数加一位数(进位)"中，教师在讲解完两位数加一位数的进位加法后给出几个习题，让学生思考计算，通过学生的完成情况，直接掌握学生的学习情况，如图2-12所示。

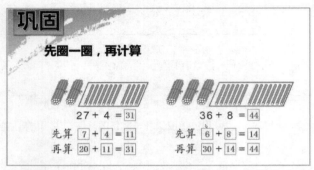

图2-12　微课"两位数加一位数(进位)"中针对性练习

2.3　微课脚本设计

一个完整的微课脚本可以使我们在不需要咨询任何人的情况下就录制出一节微课。那么如何写微课脚本呢？脚本可以非常详尽，包括时长、录制时通过PPT要展示或面向学生操作演练的内容等。另外，脚本可以更像录制表，写一些能够保证录制顺利进行的内容提要，然后根据脚本设计，结合适宜的技术，完成微课录制。

2.3.1　编写微课脚本

一个好的微课脚本是完成一节优秀微课录制的前提保障，是教师录制优秀微课的基础，就像一部好的电影必须拥有一本精彩的剧本。

1. 微课脚本的特点

脚本就像电影的剧本，好的脚本是一堂好课程的基础。因此一个好的脚本设计应该具有以下特点：语言简洁、通俗易懂，这样可以适合各种人群观看；交互性强、情节波折，让观看的人具有持久的兴趣。

2. 微课脚本设计模板

脚本的编写就像写作文，但微课程的脚本是属于微课程的话语体系和表达方式，如何达到最佳的表达效果，建议按照下面流程进行：

题目→导入→过程→梳理总结→片尾

另外，脚本编写可以是Word文本。结合流程，给出一个大致的微课设计模板，如表2-2

所示，各学科可根据实际情况进行适当的增减。

表2-2 微课脚本设计模板

录制时间：	年 月 日		微课时间：5～10分钟
系列名称			
本微课名称			
知识点描述			
知识点来源	□学科： 年级： 教材： 章节： 页码： □不是教学教材知识，自定义：		
基础知识	听本微课之前需了解的知识：		
教学类型	□讲授型 □问答型 □启发型 □讨论型 □演示型 □联系型 □实验型 □表演型 □自主学习型 □合作学习型 □探究学习型 □其他		
适用对象	学生：本微课适用于哪一类学生？ 　　　□成绩优秀　　□成绩中等　　□成绩薄弱 教师：□班主任　　□幼儿教师　　□普通任课教师　　□其他 其他：□软件技术　　□生活经验　　□家教　　　　　□其他		
设计思路			
教学过程			
环节	内容	画面	时间
片头 (20秒以内)	你好，这节微课重点讲解…… (注：微课面对个体，不面对群体，用"你好"不用"大家好")	第　至　张幻灯片	20秒以内
正文讲解 (4分20秒左右)	第一节：	第　至　张幻灯片	秒
	第二节：	第　至　张幻灯片	秒
	第三节：	第　至　张幻灯片	秒
片尾 (20秒以内)	感谢你认真听完这个微课，下一节微课将讲解…… (注：1. 微课的单位为"节"； 2. 微课的真正意义以"系列微课"体现，结尾应宣传你的下一节微课)	第　至　张幻灯片	20秒以内
教学反思 (自我评价)			

实例1 微课"Writing about yourself"的脚本设计

初中英语微课"Writing about yourself"的脚本设计，体现了教师扎实的基本功，采用幽默的情景图片，让学习更轻松易懂，让学生想去学，同时渗透了有效的学习策略，让学生的写作变得更容易，如表2-3所示。

表2-3 微课"Writing about yourself"的脚本设计

设计人：			微课时间：5分钟	
系列名称	初中英语书面表达系列指导1			
本微课名称	"Writing about yourself"(为自己写一个简介)			
知识点描述	学生将知道选取什么词汇、用哪些句子结构、从哪几个方面来写一个简介以介绍自己			
知识点来源	学科：英语　年级：初一　教材：江苏牛津　章节：7A Unit 1			
基础知识	听本微课之前需了解的知识：小学英语毕业水平			
教学类型	□启发型　　□自主学习型			
适用对象	学生：本微课是针对本学科初一上学期学生 教师：普通任课教师			
设计思路	Main task 是对本单元所学知识的系统性呈现，要求学生使用一般现在时态以第一人称写一个简介来介绍自己。采用"基于系统设计的碎片化学习方式"这一模式，帮助学生更准确地把握知识间的关系，弄清知识结构；根据输入输出理论，写与说属于输出的过程，听与读属于输入的过程，要输出必然先有足够的输入，所以我采用先听读后写的教学策略，并且按程序进行了词、句、段落和篇章的准备			
教学过程				
环节	内容		画面	时间
片头 (20秒以内)	这节微课重点讲解如何写简介来介绍自己 After listening to this microlecture, you will be able to use what you have learned to write a profile to introduce yourself.		第1张 幻灯片	20秒 以内
正文讲解 (4分20秒 左右)	第一节：了解写作要点 听 Millie 的简介回答问题 读 Daniel 的简介来总结写作要点 Listen to Millie's profile and answer some questions. Read Daniel's profile to summarize a few key points of writing about yourself.		第2~4张 幻灯片	60秒
	第二节：明确写作步骤 1. 你的第一步是去做大脑风暴，把你知道的有关外貌、爱好和性格的单词尽可能多地列出来，然后选择几条你最喜欢的 Your first step is to brainstorm words about your appearance、hobbies and character by making the lists as long as possible，and choose what you like best.		第5~7张 幻灯片	70秒

(续表)

环节	教学过程		
	内容	画面	时间
正文讲解 (4分20秒 左右)	2. 你的第二步是要会用三种常用句子结构造句(主系表，主谓，主谓宾结构) Your second step is to learn how to use some sentence structures to make sentences. 3. 你的第三步是要知道如何分段 Your third step is to know how to divide your passage into several paragraphs.	第5～7张幻灯片	70秒
	第三节：实施写作 Have a try.	第8～14张幻灯片	120秒以内
片尾 (20秒以内)	感谢你认真听完这节微课，下一节微课将讲解如何描写自己的一天 Thank you for listening to this microlecture, next microlecture will teach you how to write a passage about your day.	第15张幻灯片	20秒以内
教学小结	1. 选取写作让大多数学生觉得值得学的教学目标，始终围绕课程标准。借助于系统设计，帮助学生更准确地把握选词方式、句子结构，使写作学习变得更有意义。 2. 采用幽默的情景图片让学习更轻松易懂，让学生想去学。 3. 渗透了学习策略的指导，如词汇归类头脑风暴记忆法、句子结构等，让原本难度大的写作变得容易学		

实例2 微课"简单电路"的脚本设计

小学科学微课"简单电路"的脚本设计，体现了教师扎实的基本功，采用问题导入，激发学生对科学的探索兴趣，让学生想去学；采用实验操作的演示方法，学会连接一个简单的电路，让学习更轻松易懂，如表2-4所示。

表2-4　微课"简单电路"的脚本设计

设计人：　　　　　　　　　　　　　　　　微课时间：7分钟

系列名称	探究性微课
本微课名称	苏教版小学科学五年级上册第三单元第一课
知识点描述	简单电路的基本元件是：灯泡、电池、导线、开关；灯泡能连亮的条件是电路元件必须形成一个闭合的电路
知识点来源	学科：科学　　年级：五年级　　教材：苏教版　　章节：上册第三单元第一课　　页码：30～32
基础知识	听本微课之前需了解的知识：有一定的科学探究能力，善于观察和思考
教学类型	□讲授型　　□问答型　　□启发型　　□讨论型　　□演示型　　□联系型 □实验型　　□表演型　　☑自主学习型　　□合作学习型　　□探究学习型　　□其他型

(续表)

适用对象	学生：本微课适用于哪一类学生？ 　　　　□成绩优秀　　☑成绩中等　　□成绩薄弱 教师：□班主任　　　□幼儿教师　　☑普通任课教师　　□其他 其他：□软件技术　　□生活经验　　□家教　　　　　　□其他
设计思路	通过连亮灯泡的探究活动，认识到电池、导线、灯泡是简单电路的组成元件，灯泡能连亮的条件是3个电路元件必须形成一个闭合的电路，电流从电池的正极出发，经过导线、灯泡，回到电池的负极

教学过程			
环节	内容	画面	时间
片头 呈现学习目标 (20秒以内)	苏教版小学科学五年级上册"简单电路" (学习连亮一个灯泡，认识简单电路)	第1张 幻灯片	5秒 以内
正文讲解 (7分20秒左右)	第一节：提出问题，导入新课 请看，老师这里有一个灯泡，你有办法点亮它吗	第2张幻灯片	15秒 以内
	第二节：实验探究 1. 观察灯泡、导线、电池的结构后寻找连亮小灯泡的方法。 2. 从3种不同的连接方法中知道连亮灯泡的原因。 灯泡的两个连接点要分别和电池的正、负极连接起来，这样使得电池、导线、灯泡连成一个完整的闭合电路，电流从电池的正极出发，流经导线、灯泡，回到电池的负极，这时候灯泡就发亮了	第3~12张幻灯片	250秒 以内
	第三节：实验操作——连接一个能利用开关控制灯泡的亮和灭的电路 将电池的负极接入电池盒有弹簧的一端，灯泡的螺旋部分旋进灯座中，在连接电路之前要先保证开关处于断开的状态。然后利用导线将这些电路元件连接起来，电池座的接线处是两个铁片，夹紧导线的金属部分，灯座和开关都有两个接线柱，稍微旋开接线柱，将导线的金属部分放进去，再拧紧，等电路连接完成之后，闭合开关，这时灯泡就亮起来了，断开开关，灯泡就熄灭了。由电池、灯泡、开关、导线构成的电路是比较基本和简单的，我们称为简单电路	第13~15张幻灯片	130秒 以内
片尾 (20秒以内)	你能画出它的电路连接图吗？下节课将继续探究简单电路及更多的电路知识。再见	第16张 幻灯片	20秒 以内
教学反思 (自我评价)	本微课创设自主学习的环境，实现了"翻转课堂"，通过如何点亮灯泡的探究活动让学生知道灯泡能连亮的条件是必须形成一个闭合电路，以及学会加入开关控制电路的简单电路的连接方法，知道电池、导线、用电器、开关是简单电路的组成元件		

2.3.2 脚本技术实现

优秀的脚本设计完成后，若想将其完美地呈现，则需要多重的技术保障。微课起点很低，制作好 PowerPoint 课件，后期转为视频文件，人人可做，简单易学。

1. 基本技术指标

每一节优秀的微课都有其各自的特点，但通过仔细比较会发现，它们之间有些共同的特点，也就是微课的基本技术指标。

1) 字号

微课中的字号可根据以下标准设置。

- 标题字号：主标题字号为60～80，附标题字号为20～40。
- 正文字号：微课脚本设计字号为40±6(特殊情况除外)。
- 突出字号：如果同页出现大小不同的字，反差控制在±20以内，如小的为40，则最大不得超出60，防止反差过大。

2) 字体

字体的设置一定要醒目，字体粗，看得清。

- 鼓励：微软雅黑、方正综艺体、黑体、方正超粗黑简体等。
- 少用：宋体、隶书、行书等。

3) 字数与速度

微课中的字数与速度的设置标准如表 2-5 所示。

表2-5 字数与速度

字数与速度	课程						
	教师课程	学生课程					其他
		小低	小中	小高	初中	高中	
每页最多字数	35 字	20 字	25 字	30 字	35 字	35 字	如超过，则分批动画呈现或明暗呈现
播放速度(每秒字)	5～6 字	3 内	4	5	6	6	
特殊页面播放速度	思考页面	3～5 秒：如"你知道吗" "思考 5 秒"					
	过渡页面	1～2 秒：如"开始" "接着看" "怎么样"					

4) 模板与背景

微课的模板与背景的颜色需与字体颜色对比鲜明。

- 基本版：纯白底黑字或黑底白字。
- 特殊时：红色、黄色等可用，但不作为主体色。

5) 图画与布局

微课程可分为下面 3 种布局，风格需尽可能统一。

- 画图版：画为主，主要包括以下两种。
  - 绘本版：画中加字，画中套字，适于经典故事。
  - 小人书版：字画分离，上图下字或上字下图，图画占 80%，字占 20%，适合电影故事。

注意，同一页一般不出现两幅图。

- 文字版：字为主，其中包括字画版，即以字为主，有图做点缀。

- 混合版：介于上述两者之间。

2. 录制环境设置

微课根据制作工具的不同，在制作方式上有数码设备拍摄、录屏软件录制、多媒体软件制作类型、混合方式制作，但最终输出的视频为 MP4 格式，适合网络上使用。以下是最简单易学的使用录屏软件制作微课的技术。

1) 硬件准备

完成以下准备可以提高微课的视觉效果。

- 设置麦克风：将麦克风音量控制在90%左右，既可避免音量过小，又可避免系统杂音。
- 调整摄像头：摄像头应在脸部正面，左右偏离不超过30度，头像画面显示出肩膀及头部。
- 调节光源：环境光源应在脸部正面而不是在背面。

2) 计算机设置

以下操作可以减少软件出故障的概率，提高微课质量。

- 设置分辨率：一般根据计算机自身推荐的最佳分辨率即可，无须特别设置。
- 关闭弹窗：录制前尽量清理计算机，关闭各类软件及网页弹窗，避免在录制过程中出现弹窗，影响录制画面。
- 录制测试：正式录制前，先试录一小段，播放试录视频，检查画面及声音是否正常，一切正常后开始正式录制。
- 生成格式：生成的微课视频尽量为MP4格式，尽量不要用AVI等其他格式。

3. 运用视听媒体技术

媒体设计决定微课最终的表现形式，其优劣性直接决定了微课的质量。目前微课视频的媒体呈现形式多样，分别有摄制型微课、录屏型微课、软件合成式微课及混合式微课。笔者认为，该微课更倾向于视听演示，择优选用了软件合成式，即"屏幕录制软件+PowerPoint"的制作组合。用屏幕录制软件可以完整地录制 PowerPoint 课件的内容(包括教师的同步讲解、操作过程、背景音乐等)，在准备精心设计的 PowerPoint 课件，以及设置好音频和摄像头、屏幕像素、灯光设计、环境调适、熟悉讲稿、厘清思路等准备工作后，教师只需要按下"录制键"就可以完成微课视频的自动录制。对部分细节，如间隔太长、时间太短、字幕标题、声音处理、画面镜头变化等问题，可以在该软件中编辑修改，最后合成输出教学视频。

4. 加强艺术表现力

微课作为在线教学视频，也需要满足在线学习者为达到学习目标、完成学习任务的积极情感体验。尤其是现今信息时代，数字化教育资源已颇为丰富，若想提高微课的应用程度，必然要从学习者的角度出发，提高重视可用性设计的意识，主要从以下几方面进行。

(1) 巧妙设计情景性的教学活动，为学习者创设良好的学习情境。例如，在"灰姑娘"微课的开始，精心选用了几幅电影动画片"灰姑娘"中的经典彩色插图，加上一段轻松的背景音乐，构建一个给学习者视听觉带来唯美效果的童话情境，引人入胜，并为下文提问与讲解做铺垫。

(2) 注重 PowerPoint 课件的排版,提高微课的视觉效果。例如,注重动静结合、图文并茂、字体和字号搭配、颜色搭配,以及字行、段距错落有致等 PowerPoint 课件制作的原则与要求。需要说明的是,在图片方面,排版率在 50%~90%,不宜过于花哨,继而,充分利用 PowerPoint 课件的动作效果,对所添加的图片设置不同的动作,增强动态感;在字幕的文字方面,主要采用微软雅黑和宋体的字体搭配,颜色要协调搭配。

(3) 注重教师讲解的专业性和艺术性,结合教学需要,选择适当的讲解节奏,语速流利,尽量避免口头禅的出现等。

2.4 慕课设计与评价

慕课以其学习资源齐全、学习过程完整、学习社区丰富、结业证书激励等优点吸引着越来越多的人。它与传统的课堂教学、远程教育、网络教育、开放教育等最大的不同之处就是教学设计。

2.4.1 慕课设计基本原则

慕课是开放性的网络在线课程,面对的学生成千上万,因此它的教学设计要遵循一定的原则。

1. 汇聚或混合学习资源

汇聚或混合学习资源旨在为分布于互联网各处的海量学习资源提供一个集合点,并将这些学习资源或信息通过网页等形式提供给课程的学习者,形成结构化的或非结构化的课程内容。

2. 促进社会化互动

社会化互动是慕课与传统网络课程的主要差异之一。慕课中侧重于知识传播和复制的在线讨论区,就是用来供学习者在线进行深度交流和分享的区域。

3. 提供自主学习支持

慕课中的自主学习根据理论基础不同可以分为以行为主义为基础的自主学习、以建构主义为基础的自主学习和以关联主义为基础的自主学习。基于行为主义理论的自主学习,可以依据程序教学法的"积极反应""小步子"原则进行设计,如将每个知识点以简短的视频方式呈现,同时视频中穿插各种测验和习题,并进行及时反馈。基于建构主义理论的自主学习则应着重于情境或任务的设置,促进学习者的知识建构。基于关联主义的自主学习需要提供给学习者相应的讨论主题、推送辅助学习材料和知识人际网络,以供其更好地为进行社会化交互做准备。

4. 设置多元的个性化的评价方式

传统的教学评价维度多为成绩本身,而慕课的学习发生在教师和学习者时空分离的网络环境中,因此,学习评价应更加灵活和多元化。例如,增加参与度、满意度、情感体验度等指标,从而使学习者能够持续使用慕课，进而享受到慕课带来的益处。

2.4.2 慕课的教学设计

基于上面的慕课设计原则，可从以下几方面进行教学设计来设计一节慕课，让学习者在慕课学习中受益，感受慕课的别样好处，从而持续使用慕课。

1. 学前分析

学前分析是教学设计的第一个重要环节，包括教的分析与学的分析两大方面。教的分析包括社会需求分析、教学内容分析、教学人员特征分析、现有教学条件分析等；学的分析包括学习者学习动机分析、兴趣爱好分析、起点水平分析、认知风格分析、学习条件分析等。

除了一般的要求，慕课的学前分析一定要重视网络课程与传统课堂教学的不同，不能照搬传统课堂教学的模式。网络课程与面对面课程最大的不同在于教师与学生、学生与学生、学生与资源都处于分离的状态，中间通过一个"机器"作为中介，这个机器就是网络和终端设备的代名词。于是教学内容这个要素被资源所替代和涵盖，而教学方法这个要素更多地转变为教师与学生、学生与学生、学生与资源之间借助机器互动的方法和策略。具体来说，应注意下面几点。

- 慕课的学习者：它的学习者大多是在校大学生，但也有中学生、已工作的成人等，层次参差不齐，动机不一，学习习惯、学习风格差别很大，学习时间趋于碎片化；私播课可以对学习者进行一定的筛选限制，相对平均一点儿。
- 慕课的学习设备：它的学习高度依赖网络和终端，尤其是移动终端设备，如手机、平板电脑等。网络分有线、无线两种，无线又分为Wi-Fi上网和手机流量上网两种。
- 学习互动：由于学习者大都以个别学习的方式来学习慕课，容易产生孤独感，因此，线上线下的交流互动对他们很重要。

2. 目标设计

在学前分析的基础上，应该对一门慕课的教与学目标进行初步的确定。教的目标是指教师对课程最终结果的期望，学习目标是学习者对课程学习结果的期望，在慕课的学习中，这两者可能有不一致之处。慕课的学习者除了部分是为了获得证书和学分，更多的是有较强的个人意愿，希望通过课程学习得到自己想要的东西，而不一定都会按照老师的希望去行动。因此，教师在设计课程目标时，一定要充分考虑这一点，在教的目标与学的目标之间找到一种平衡。

3. 教学策略设计

常见的慕课学习模式有自主学习模式和翻转课堂模式两种。在自主学习模式下，学习者可以根据自身安排选择合适的时间展开学习活动，根据自身需求选择感兴趣的相关课程，并按照一定的规律观看与课程内容相关的视频，进而自主地完成针对性的系统练习，积极地参与课程论坛中的互动讨论，完成课程学习。而在翻转课堂模式下，课程教学视频的观看由学生在课外自主安排时间进行，课堂上则是教师解答疑难、困惑，同伴交流讨论的过程。因此，慕课的教学策略主要分为教学资源建设策略、教学活动策略、教学流程设计三大部分。

- 教学资源建设策略：教学资源中最重要的是视频资源，然后是课件、文本、工具、素材资源等。慕课的教学视频应选择优秀的教师来录制，内容应选择重点、难点和连接点，教师在视频中可以露面，也可以不露面，一切以内容需要来确定，录制的视频一定要清晰、流畅、节奏恰到好处，以突出教学效果、有效沟通为原则，不要故意炫耀技巧、花里胡哨；慕课视频最好能支持手机播放，时间不宜太长，最多不超过20分钟一节，以5～15分钟为佳；要配上字幕，同时提供文字稿本，以供不同习惯的学习者选择；课件、工具、文本、素材等资源应提供上传和下载功能。慕课的平台一般应包含课程通知与课程介绍、教师信息、教学视频、学习资源、讨论区、作业提交与成绩公布、自测习题库、个人作品展示、意见建议、相关链接几大模块。

- 教学活动策略：慕课的教学活动中最重要的是如何开展在线练习、小组协作、作业评改、交流讨论、互动答疑等，线下的活动只能作为补充。如果是局限在校内的私播课，则可以与校内的面对面教学相结合，采用翻转课堂的教学模式，即学生在课外通过网络课程资源自主学习，课上则进行讨论、交流、练习、辅导等活动。由于慕课的学习人数众多，不可能光依靠主讲教师来互动，必须按照一定的比例配备助教。
- 教学流程设计：一门慕课分为开课前的准备阶段、教学实施阶段和评价总结阶段三部分。开课前的准备阶段需要做大量工作，除了要做好课程设计、录制教学视频、在平台上开设课程，还要进行招募学习者的宣传，组织好教学团队及技术支持团队，宣传活动一般应提前数月甚至半年进行。教学实施阶段时间不宜太长，应比传统的学期短，一般控制在两三个月内为宜，时间过长容易引起倦怠，增加辍学率。教学视频的发布一般以周为单位，每周发布一到数段短视频，同时提供教师精选过的学习资源、作业练习、讨论问题、自测试题等，按照课程内容体系由易到难、循序渐进。教学实施后要及时对该课进行有效的评价总结。

4. 教学评价设计

慕课的教学评价可采用多种形式。教学评价包括对学习者的评价和对课程教学本身的评价两部分。

- 对学习者的评价：慕课学习者的学习成绩主要由平时成绩与最后考核两大部分构成。平时成绩所占比例应比传统课堂教学中要大。平时成绩由平时作业和练习完成情况、讨论交流表现等方面评定，最后考核由标准化考试或/和提交论文作品构成。作业的评改包括机改(即计算机系统自动评卷)、教师和助教评改及学员之间的互评等多种方式。主讲教师和助教应通过多种方式对互评活动进行指导、培训、检查和监督。对于需要获得学习证书和学分的学习者，最后考核非常重要，无论是现场考核或在线考核，都必须保证是学习者本人参加，以保证学分和证书发放的权威性。
- 对课程教学本身的评价：对课程的评价可根据平台提供的学习者学习活动的各种数据、对学习者的问卷调查与深度访谈，以及网络和社会对课程的各种反映等多种形式进行，以利于新一轮慕课开课时做出必要的改进与调整。

2.4.3 慕课的评价方法与标准

在线课程是教学资源，同时也是一种在线教学活动过程，不仅重视课程资源建设，还非常强调课程资源教学应用效果。而大规模开放在线课程(MOOC，慕课)就是一种典型的在线课程，为此，对其评价的方法要与现有的教学资源的评价有所区别。

1. 慕课的评价方法

结合 MOOC 平台开发经验、MOOC 建设及在线开展教学组织的实际情况，提出了主观评价与客观评价相结合的综合评价方法。

- 主观评价方法：主要针对课程的教学性、技术性方面，设计了教学设计、教学内容、教师讲授、教学资源、设计规范、媒体展现、课程制作、平台衔接8个技术指标，适用于专家、管理人员等人为主观估分评价，减少了主观评价所占分值比例，主观评价分值占总分的50%，具体可参见表2-6中教学性和技术性的相关内容。
- 客观评价方法：随着技术的不断进步，不论是美国的三大MOOC平台，还是国内的中国大学MOOC、清华大学学堂、在线MOOC等平台，以及国防科技大学面向全军服务的"梦课"学习平台，都能对学生学习行为、教师教学行为、课程资源情况等数据进行完整的记录。针对MOOC建设质量和应用效果，完全可以依托在线教育平台的统计分析功能，采取数据挖掘技术，依据适当的评价算法(包含注册情况、完成情况、交流交互、作业测试四项指标)，自动得到每门课程的教学及应用效果数据，作为课程应用情况的定量评价依据，提升客观评价分值所占比例，一般，客观评价分值占总分的50%。

2. 慕课的评价标准

通过 MOOC 客观评价方法，结合注册情况、完成情况、交流交互、作业测试四项指标的计算，制定慕课综合评价标准，如表 2-6 所示。

表2-6　MOOC综合评价标准表

指标	序号	评价内容		满分	评分	评价方法
教学性	01	教学内容	课程定位准确，教学对象明确，教学内容准确，教学大纲完整，教学要求清楚；选用教材质量好，反映前沿知识和教学改革成果，符合课程标准	7		主观评价
	02	教学设计	教学理念先进，教学策略运用得当；教学方法合理，创意新颖，趣味性强，启发性好；课程内容结构合理，知识点划分准确，关联体系清晰	8		
	03	教师教授	思路清晰，表达流畅，语速适中；重点突出，讲解透彻，启发性强；教学媒体选用恰当，现代教学手段运用熟练	8		
	04	教学资源	媒体资源丰富，重点突出；操作实践类课程提供了适当的与教学内容对应的网上训练与实验功能	7		
技术性	05	设计规范	符合在线课程相关技术规范，兼容性强	5		
	06	媒体展现	媒体表现准确，运行流畅；界面美观协调，图文适合阅读，声音清晰，动画、模拟仿真逼真	5		
	07	课程制作	视频声画同步，内容组接合理流畅，文字醒目；教学课件、动画、仿真实验等简洁美观，表现力强	5		
	08	平台衔接	与教学平台有机衔接，导航结构清晰、准确、完整，界面友好，使用方便	5		

(续表)

指标	序号	评价内容		满分	评分	评价方法
应用效果	09	注册情况	根据课程注册人数、点赞次数等数据统计分析	6		客观评价
	10	完成情况	根据完成课程学习的人数统计分析	6		
	11	交流交互	根据交流、答疑、研讨等方面进行统计分析	10		
	12	作业测试	根据随堂测试、作业布置、教师批改作业等方面进行统计分析	10		
	13	活跃指数	根据课程的点击数量统计分析	8		
	14	题库建设	根据课程题库试题数量、题型分布及难易度等数据进行统计分析	10		
课程总分						

2.5 小结和习题

2.5.1 本章小结

一节微课能否设计得好、教学效果是否佳，知识点的选择和分析处理非常重要。因此，在设计每一节微课时，首先要慎重选择知识点，并对相关知识点进行科学的分析和处理，使它们更符合教学的认知规律，学习起来才能达到事半功倍的效果。一节慕课能否让学习者持续学习，也要遵循一定的原则和评价标准来进行有效设计。

良好的教学设计有助于更好地指导微课程教学资源的开发。本章通过实例的学习和实践，学会选择合适的课题，并经过分析撰写出合理的脚本，确保微课程能够满足学习者的实用、易用和想用的直接需求。

- **微课的选题**：微课选题一般从教学内容的重点、难点、疑点、热点4个方面进行选择。微课最主要的内容是微课视频，所以内容的设计应适宜使用多媒体表达，注重动画、声音、图片、文件等综合呈现。因此，教师应明确微课选题的目的，学会分析选题质量。
- **微课教学设计**：完整的微课包括微视频、学习任务单及进阶练习。内容设计时考虑导入环节、教学内容、教学环节及小结提升；学习任务单要遵循任务单设计制作的原则。
- **微课脚本设计**：脚本是微课制作的指南。一个好的脚本设计应该具有以下特点：语言简洁、通俗易懂，这样可以适合各种观看人群；交互性强、情节波折，让观看的人具有持久的兴趣。通过实例学习微课脚本设计方法。
- **慕课设计与评价**：学习慕课设计的一般原则，学会从学前分析、目标设计、教学策略设计、教学评价设计等维度来撰写慕课教学设计；能够根据评价标准对微课作品进行评价。

2.5.2 强化练习

一、选择题

1. 教师完成微课视频的录制，发给学生学习时，不应只是一个视频文件，最好还应包含（　　）。
   A. 进阶练习　　　B. 学习任务单　　C. 制作脚本　　　D. 教学设计
2. 慕课综合评价标准中列出了3个维度的综合评价指标，其中不包括（　　）。
   A. 教学性　　　　B. 专利性　　　　C. 应用效果　　　D. 技术性
3. 在进行微课选题设计前，还要做好选题分析，以下不属于选题分析内容的是（　　）。
   A. 学习需求分析　B. 学习对象分析　C. 学习效果分析　D. 学习内容分析
4. 在规划微课教学内容时要牢固树立"一个中心"的观念，这里指的是（　　）。
   A. 以学生学习为中心　　　　　　　B. 以教师教学为中心
   C. 以知识技能为中心　　　　　　　D. 以课本为中心
5. 在制作微课之前一般会撰写微课脚本，下面关于微课脚本的理解，错误的是（　　）。
   A. 微课脚本设计同教学设计基本上是一样的
   B. 微课脚本是协调微课制作的行动指南
   C. 微课脚本上需要明确微课的适用对象
   D. 微课的脚本是属于微课的话语体系和表达方式

二、判断题

1. 微课制作需要撰写脚本时，就不需要教学设计了。（　　）
2. 微课区别于课堂实录的主要特征是以学习者为中心，聚焦学习内容，并且满足学习者个性化学习的美好体验。（　　）
3. 只要掌握先进的屏幕录制技术，就可以制作一节好的微课。（　　）
4. 微课也需要有导入环节，而且要与教学内容紧密关联。（　　）
5. 微视频应遵循音画同步、视听一致原则，切忌画面与语音讲解不匹配，视听互相干扰。（　　）

第 3 章　微课素材的获取和处理

制作微课所需用到的素材有文本素材、图片素材、音频素材、视频素材等,不同类型的素材,获取的方法不尽相同,而获取的原始素材,也常常不符合微课制作的具体要求,需要进行一定的加工处理。本章将介绍不同类型微课素材的获取方法,以及利用几款常用的素材处理软件,对微课素材进行简单处理的方法,为制作微课提供条件准备。

■ 本章内容
- 文本的获取与处理
- 图片的获取与处理
- 音频的获取与处理
- 视频的获取与处理

3.1 文本的获取与处理

一个优秀的微课,文本内容不可或缺,如开头的课题、教材版本等信息。在微课中添加字幕说明,符合人们的认知规律,将重点的文字内容以适当形式呈现出来,会提高微课的整体品质。

文本的获取与处理

3.1.1 获取网上文本

微课的文本素材可以自己编辑,也可以从网上获取,从网上获取文本不仅能学习更多的知识,同时也能节省更多的时间,当然,从网上获取文本还应加以甄别,避免获取错误信息,更重要的是要注意网站的版权声明。

实例 1 使用智能工具识别文本

在微课制作中经常需要将网页、图片或视频中出现的文字呈现到微课中,而手动输入效率太低,因此本例介绍使用 QQ 截图工具,识别屏幕上的文字。

跟我学

01 截取图片 打开网页、图片或视频,将需要识别的文字展示到屏幕上,在 QQ 聊天窗口中,单击"截图"按钮✂。

02 选择识别区域 按图 3-1 所示操作,框选需要识别的文字区域,复制识别结果。

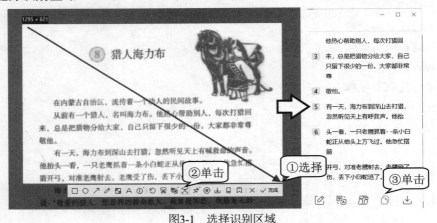

图3-1 选择识别区域

03 编辑识别结果 对比识别的文本,选择"编辑"按钮,进行编辑;对于英文材料,选择"翻译"按钮,进行在线翻译。

04 保存文本内容 使用"复制"按钮,将文本复制下来,再粘贴到文档中,或者单击"文档"按钮,将文本直接保存到在线文档中。

知识库

1. 获取百度文库文本信息

百度文库中的文档，有些有登录账号即可下载，而有些需要一定的"下载券"才可以下载，因此拥有足够的"下载券"，可以下载更多需要的内容。

- 做任务获取"下载券"：在百度文库账号的"我的任务"中，通过完成任务可以获得一定的"下载券"，任务包括成长任务、每日任务、悬赏任务和其他任务。
- 百度文库文本下载：无下载券的情况下，如果急需下载付费文本，可以在百度中搜索关键词"site:wenku.baidu.com+(或空格)文档标题"，在搜索列表中找到需要的文档，单击"百度快照"链接，进入显示页面，可通过复制粘贴保存到文档中。

2. 网页中文本的获取方法

大部分网页中的文字，可以通过复制粘贴的方法保存到文档中，而有些网页中的文字无法进行复制，此时就需要使用其他方法来下载文本素材。

- 另存为本地文件：选择"文件"→"另存为"命令，将网页以HTML格式下载到本地。
- 使用Word编辑：打开下载的文件，可以在IE浏览器中选择"工具"→"Internet选项"命令，打开"Internet选项"对话框，选择"程序"选项卡，在"HTML编辑器"的选项列表中选择Word，单击"确定"按钮后，选择IE浏览器中的"文件"→"使用Word编辑"命令，即可将整个网页内容加载到Word文档中。

3.1.2 输入特殊符号

制作数学、物理、化学等学科的微课时，常常需要输入一些公式和特殊符号，一些常用的特殊符号可以通过键盘直接输入，对于复杂的公式，则需要通过插入公式命令来完成输入。

实例2 输入化学方程式 $2KMnO_4 \triangleq K_2MnO_4 + MnO_2 + O_2 \uparrow$

在 PowerPoint 中，利用"插入"→"公式"命令，可以方便地插入一些数学公式和特殊符号，在制作理科类微课时经常会用到，本例就是在"公式"命令组中选择特殊符号，快速地录入化学方程式。

跟我学

01 运行 PowerPoint 软件 运行 PowerPoint 软件，设置幻灯片空白版式并插入幻灯片背景。

02 输入 2KMn 选择"插入"→"文本框"命令，在幻灯片空白处单击，然后输入 2KMn。

03 输入 $2KMnO_4$ 选择"插入"→"公式"命令，按图 3-2 所示操作，输入 $2KMnO_4$。

04 输入加热生成符号 按右方向键，使光标退出下标区域，按图 3-3 所示操作，输入加热生成符号。

05 输入其余化学式 按上述操作，输入后面内容"$K_2MnO_4 + MnO_2 + O_2$"。

06 输入生成气体符号 按右方向键，使光标退出下标区域，按图3-4所示操作，输入生成气体符号。

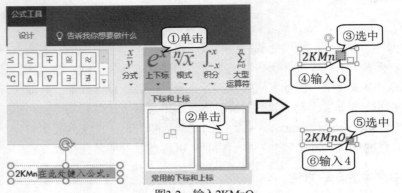

图3-2 输入$2KMnO_4$

图3-3 输入加热生成符号

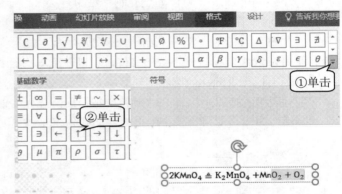

图3-4 输入生成气体符号

07 保存文件 选择"文件"→"保存"命令，选择保存位置并命名文件后保存文件。

 知识库

1. 特殊符号的输入

使用Office系列软件进行微课制作或其他工作中，常常需要输入一些特殊符号，此时，可以选择"插入"→"符号"命令，在子集列表中选择相应的分类，然后查找自己需要的特殊符号，单击"插入"按钮即可完成输入。

2. 输入法输入特殊符号

一般的输入法都提供了软键盘的功能，利用输入法的软键盘，可以很方便地输入特殊符号。以搜狗输入法为例，右击搜狗输入法状态条上的"软键盘"按钮，选择相应的符号集，在弹出的软键盘上查找自己需要的特殊符号，单击即可完成输入。

3.1.3 设置文本色彩

微课中添加的文本素材,对大小、颜色、位置等都有很高的要求,总的来说,就是要让学习者看上去很舒服,利于学习者学习和记忆,所以文本的色彩必须与视频内容相适应,既不能过于花哨,又要有凸显的效果。

实例3 制作颜色渐变文字

本例是在 PowerPoint 中,为文本框文字添加渐变填充的"文本填充"效果,通过调节"渐变光圈"的色块颜色和角度等参数,达到理想的效果,如图3-5所示。

图3-5 制作颜色渐变文字效果

跟我学

01 输入文字 运行 PowerPoint 软件,选择"插入"→"文本框"命令,在幻灯片空白处单击,输入"小孔成像的原理"文字。

02 打开"设置形状格式"窗格 按图 3-6 所示操作,设置形状格式,为文本框添加渐变填充样式。

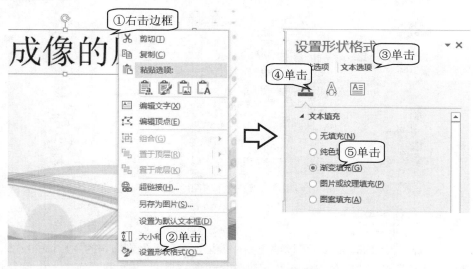

图3-6 打开"设置形状格式"窗格

03 设置渐变效果 按图 3-7 所示操作,设置渐变效果。

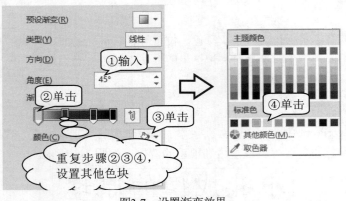

图3-7　设置渐变效果

04　保存文件　选择"文件"→"保存"命令，选择保存位置并命名文件后保存文件。

1. 调整文本透明度

根据实际需要，微课中的某些文本内容应设置一定的透明度。使用 PowerPoint 制作微课课件，需调整文本内容的透明度时，可通过调整填充色彩的透明度来完成，如图 3-8 所示。而使用渐变填充的文本内容，需要调整所有色块的透明度，从而达到调整整体透明度的目的。

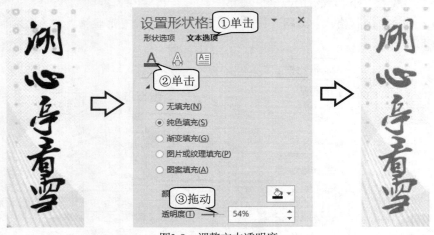

图3-8　调整文本透明度

2. 使用图片填充文本

在 PowerPoint 中添加的文本，可以填充图片效果，而利用色彩绚丽的图片填充文本，还可以实现调整文本色彩的目的，如 GIF 图片可以包含动画，所以使用包含动画的 GIF 图片填充文本，在放映幻灯片时，可以看到色彩不断变化的动态文本效果。

3.1.4 更改文本形状

通常，默认输入的文本是水平或垂直的效果，且文字方方正正。而微课片头上的一些文本，如微课标题，则可以设置成其他的形状，这样既能彰显特色，又能吸引学习者的注意，提高微课的整体品味。

实例 4 设置 "倒 V" 文本形状

本例是在 PowerPoint 中，通过插入艺术字，并且设置艺术字弯曲效果及添加形状效果，以达到更改文本形状的目的，效果如图 3-9 所示。

图 3-9 "倒 V" 文本形状效果

跟我学

01 插入艺术字 运行 PowerPoint 软件，选择"插入"选项卡，按图 3-10 所示操作，插入艺术字。

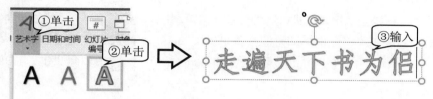

图 3-10 插入艺术字

02 设置弯曲效果 按图 3-11 所示操作，设置艺术字形状为 "V 形：倒" 的弯曲效果。

03 设置阴影效果 按图 3-12 所示操作，设置阴影效果。

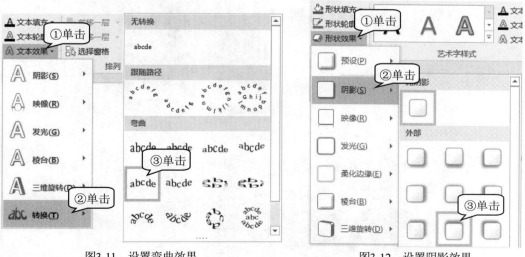

图 3-11 设置弯曲效果　　　　图 3-12 设置阴影效果

04 调整形状比例 按图 3-13 所示操作，调整文本的形状比例。

图3-13 调整形状比例

05 保存文件 选择"文件"→"保存"命令,选择保存位置并命名文件后保存文件。

3.1.5 使用艺术字体

对于微课的标题或需要突出的文字,如果能够使用特殊的艺术字体,可以起到很好的效果。艺术字体一般有两种实现方法,一是在线生成,二是安装字体。

实例5 制作艺术字标题

本例是通过在线艺术字体工具,生成艺术字标题,并插入微课中,以达到突出关键词的目的,效果如图 3-14 所示。

图3-14 艺术字体的效果

跟我学

01 设置艺术字体 进入艺术字体生成器网站,选择合适的艺术字体,按图 3-15 所示操作,生成艺术字。

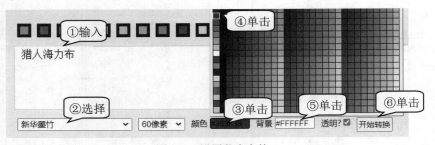

图3-15 设置艺术字体

02 预览保存 查看艺术字效果,按图 3-16 所示操作,将设置好的标题文本保存下来。

图3-16 预览保存

3.2 图片的获取与处理

在制作微课片头和片尾时,需要加入背景图片来增强微课的艺术性,在微课教学视频中,使用一些知识图片,可以将抽象难懂的知识变得形象而直观,由此可见,在微课制作中恰当运用图片素材是很重要的。

图片的获取与处理

3.2.1 获取图片

微课图片素材的获取方法有很多,如通过网络下载、使用相机拍摄、截取屏幕、编辑录入图像等,在制作微课的过程中,需要根据不同微课的具体内容,选择合适的途径获取图片素材。

1. 精准搜索合适的图片

信息时代离不开网络,网络提供了海量的信息和资源,使用搜索引擎可以快速获取大量的图片,更加方便地筛选出微课中需要的图片素材。但是,使用搜索引擎找到的图片要注意查看源网站的版权声明,注意知识产权保护。

跟我学

01 筛选图片 在百度图片搜索结果页中,按图3-17所示操作,筛选清晰度、尺寸和颜色分类合适的图片。

图3-17 筛选图片

02 指定图片分类 在搜索结果页面中，会显示出对当前搜索结果图片的智能分类，选择相应的标签，快速找到合适的图片素材。

2. 搜索类似图片

在微课制作过程中，有时需要识别出图片内容，以找出类似或清晰度更高的图片，用关键词搜索往往不容易做到，可以使用图片搜索功能。

01 图片搜索 按图3-18所示操作，将已有的一张图片拖曳到搜索框中。

图3-18 图片搜索

02 下载类似图片 在图片搜索的结果中，会显示相似图片，选择与原图最接近的高清图片，下载保存。

3. 绘制图像

在制作数学微课时，经常涉及数据对比的内容，绘制数据对比图像，如柱状图、饼图、折线图、散点图等，能够把一些数据更加直观、形象地表示出来，使阅读者一目了然。

实例6 绘制函数 $y=2x^2+4x+3$ 的图像

本例是在PowerPoint中，利用"插入"→"图表"中的"X、Y散点图"命令，编辑函数图像上点的坐标，完成函数图像的绘制，效果如图3-19所示。

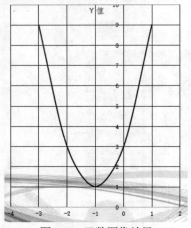

图3-19 函数图像效果

跟我学

01 列出点的坐标 根据函数 $y=2x^2+4x+3$ 的性质,由顶点向对称两侧列出函数图像上特殊点的坐标,如表3-1所示。

表3-1 函数图像点的坐标

	D	B	顶点 A	C	E
x	-3	-2	-1	0	1
y	9	3	1	3	9

02 插入散点图像 运行 PowerPoint 软件,选择"插入"→"图表"命令,按图3-20所示操作,插入散点图像。

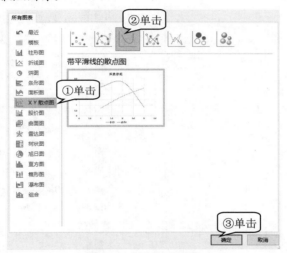

图3-20 插入散点图像

03 输入点的坐标 将表3-1中点的坐标输入表格中,函数图像即可出现,如图3-21所示。

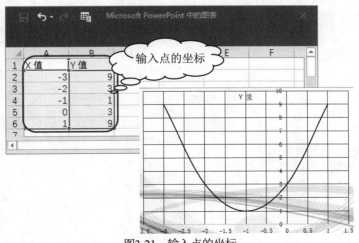

图3-21 输入点的坐标

04 调整图像比例 拖动图像周围控制点,调整图像比例,使横坐标与纵坐标的刻度宽度相同。

05 保存文件 选择"文件"→"保存"命令,选择保存位置并命名文件后保存文件。

4. 制作思维导图

思维导图又叫作心智图,是表达发散性思维有效的图形思维工具,其运用图文并重的技巧,把各级主题的关系用相互隶属与相关的层级图表现出来,简单却极其有效,在制作微课时常被用到。

实例 7　在线制作思维导图

本例是使用 GitMind 在线制作思维导图,并将制作完成的思维导图保存成图片,存储到计算机中,效果如图 3-22 所示。

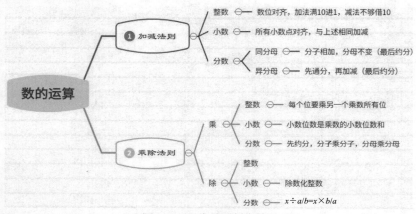

图3-22　思维导图制作效果

跟我学

01 新建脑图 进入 GitMind 思维导图网站,选择在线编辑,按图 3-23 所示操作,新建脑图,并输入中心主题内容。

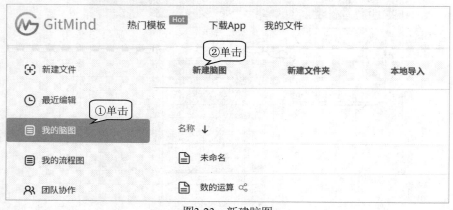

图3-23　新建脑图

02 插入下级节点 按图 3-24 所示操作，添加脑图的下级节点和同级节点，并输入相应的文字。

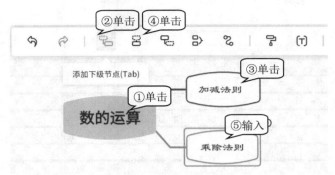

图3-24 插入下级节点

03 设置主题风格 按图 3-25 所示操作，设置思维导图的主题风格。

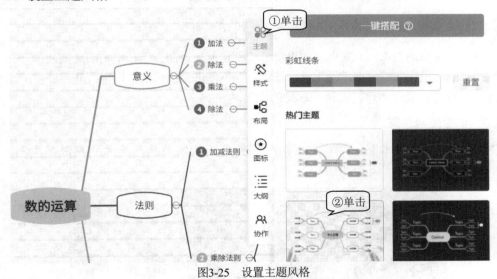

图3-25 设置主题风格

04 设置节点样式 选择其中一个节点，按图 3-26 所示操作，设置节点的形状、填充颜色、连接线条颜色、边框颜色等。

图3-26 设置节点样式

05 添加图标　选用需要装饰的节点，按图 3-27 所示操作，在"图标"选项卡中为节点添加各种图标。

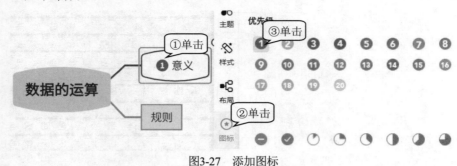

图3-27　添加图标

06 导出文件　单击"分享"按钮，设置需要导出的格式，即可将思维导图保存到本地计算机中。

3.2.2　美化调整图片

若想制作优秀的微课，则对所有的素材都应严格要求，而使用相机拍摄的图片，常会受环境光线的影响，出现灰暗、偏色等现象，此时，在不便重新拍摄的情况下，就需要使用图片处理软件对图片进行美化调整，以达到理想的效果。

实例 8　调整图片色彩

本例是在"光影魔术手"软件中，利用一键补光、自动美化和白平衡一指键工具对图片的色彩进行调整，效果如图 3-28 所示。

图3-28　调整图片色彩效果

跟我学

01 运行软件　运行"光影魔术手"软件，选择"打开"按钮，打开"校园.jpg"图片，软件界面如图 3-29 所示。

图3-29 "光影魔术手"软件界面

02 旋转图片 按图3-30所示操作，旋转图片，调整图片倾斜度。

图3-30 旋转图片

03 补光和美化图片 按图3-31所示操作，对图片进行补光和美化操作，观察图片效果至正常即可。

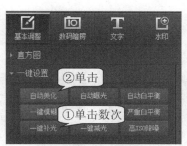

图3-31 补光和美化图片

04 调整图片白平衡 单击"白平衡一指键"按钮，在弹出的左侧图片中尝试单击黑色或白色区域，观察右侧图片呈正常效果，单击"确定"按钮，完成调整。

05 保存图片 选择"另存为"命令，选择保存位置并重命名图片后保存图片。

 知识库

1. 图像的基本概念

图像呈现的色彩效果由一些基本要素来决定，如色相、亮度、对比度和饱和度，调整图像的色彩，主要就是通过调整图像的这些要素来完成。

- 色相：是各类色彩的相貌称谓，也是色彩的首要特征，还是区别各种不同色彩的最准确的标准，即组成可见光谱的单色。任何黑、白、灰以外的颜色都有色相的属性。
- 亮度：指画面的明亮程度，亮度增加时，图像会显得耀眼或刺眼，亮度减小时，图像就会显得灰暗。
- 对比度：指不同颜色之间的差别，对比度越大，不同颜色之间的反差越大。
- 饱和度：指图像颜色的浓度，饱和度越高，颜色越饱满，则表现越鲜明；饱和度越低，则表现越暗淡。

2. 调整图像白平衡

照片在拍摄过程中，可能会受到各种因素的影响使颜色有所失真，此时可通过图像白平衡调整。白平衡，指的是在图像处理过程中，对现实中白色物体的图像进行色彩还原，使其在照片上也显示白色，那么其他景物的影像就会接近人眼的色彩视觉习惯。

在"光影魔术手"软件中使用"白平衡一指键"功能选择的点不一定是白色，可以是白、黑、灰色等，由于软件不能像人眼一样智能识别，所以操作时需要多尝试、多观察，直至达到理想的效果。

3.2.3 去除图片干扰元素

从网络中下载的图片，常常会有一些 Logo 标识，使用相机拍摄的图片，也常会有一些干扰元素，将这样的图片用到微课中，必然会影响微课的质量，干扰学习者学习微课内容，因此，必须使用一定的方法，去除图片中的干扰元素。

实例 9　去除图片中的垃圾桶

本例是在 Photoshop 软件中，利用仿制图章和修复画笔工具对图片进行处理，去除图片中的垃圾桶，效果如图 3-32 所示。

图3-32　去除图片中的垃圾桶效果

01　打开图片　运行 Photoshop 软件，打开"公园.jpg"图片，软件界面如图 3-33 所示。

图3-33　Photoshop软件界面

02 选择"仿制图章工具"　按图 3-34 所示操作,选择"仿制图章工具"。

03 设置画笔直径　按图 3-35 所示操作,设置"工具属性栏"中"仿制图章工具"的画笔直径。

图3-34　选择"仿制图章工具"　　　　　　图3-35　设置画笔直径

04 去除垃圾桶　按图 3-36 所示重复多次操作,注意选取合适取样点,去除图片中的垃圾桶图像。

图3-36　去除垃圾桶

05 保存图片　选择"文件"→"保存"命令,设置保存位置和文件格式,命名文件后保存图片。

 知识库

1. 工具属性栏

在 Photoshop 软件中,工具属性栏位于菜单栏的正下方,其包含的内容由选择的工具而定。当选择工具栏中的某一工具后,属性栏中便会显示该工具的各种属性设置按钮,根据图片的具体情况和处理要求,设置合适的工具属性,可以快速地完成操作。反之,如果属性设置不合理,可能会给操作带来许多不必要的问题。

2. 修复工具

在 Photoshop 软件中,能够去除干扰元素的工具有很多,其中常用的有仿制图章工具、修复画笔工具、污点修复画笔工具及修补工具 4 种。它们的原理类似,但又有不同之处,使用时根据具体情况选择合适的工具,对于复杂的图片,可能需要综合使用多种工具才能达到理想的效果。

- 仿制图章工具:能够按涂抹的范围复制全部或部分内容到一个新的图像中,复制前需要按下 Alt 键进行取样,复制的结果将与取样内容完全相同。
- 修复画笔工具:其用法与仿制图章工具相同,区别是修复画笔工具复制的结果不与取样点完全相同,而是将取样处的图像与目标位置的背景相融合。
- 污点修复画笔工具:通过涂抹可以快速去除照片中的污点和其他不理想部分,污点修复画笔工具不要求指定取样点,能自动从所修饰区域的周围取样。
- 修补工具:通过选取拖动操作可以用其他区域中的像素来修复选中的区域,其会将样本像素的纹理、光照和阴影与源像素进行匹配。

3.2.4 去除图片背景

通过各种方法获取的图片素材,并不一定会完全适合制作微课时的需求,如图片中的背景可能会遮盖部分微课内容,此时,就需要对图片进行处理,去除图片中的背景内容。

实例 10 设置透明背景图片

本例是在 Photoshop 软件中,利用套索工具选择图片中需要的区域,通过复制粘贴操作复制到新建的文件中,达到去除图片背景的目的,效果如图 3-37 所示。

图3-37　去除图片背景效果

跟我学

01 打开 Photoshop 软件 运行 Photoshop 软件，打开"调整前.jpg"图片文件。

02 选择"磁性套索工具" 按图 3-38 所示操作，选择"磁性套索工具"。

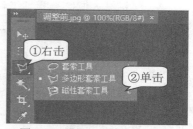

图3-38 选择"磁性套索工具"

03 设置工具参数 按图 3-39 所示操作，设置"磁性套索工具"的相关参数。

图3-39 设置工具参数

04 选取人像 按图 3-40 所示操作，选取人像。

图3-40 选取人像

05 复制人像 选择"编辑"→"拷贝"命令，复制选中的人像区域。

06 新建文件 选择"文件"→"新建"命令，打开"新建"对话框，按图 3-41 所示操作，新建图片文件。

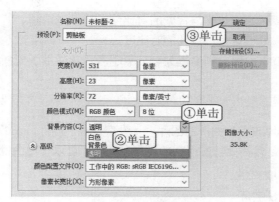

图3-41 新建文件

07 粘贴人像 选择"编辑"→"粘贴"命令，粘贴选中的人像区域。

08 保存图片 选择"文件"→"存储为 Web 所有格式"命令，在弹出的对话框中单击"存储"按钮，选择保存位置并命名，将图片保存为 PNG 格式。

选择"存储为 Web 所有格式"命令，可以存储为 PNG 格式图片。PNG 格式图片的主要特点是可以设置透明背景，在微课制作中使用效果良好。

1. 套索工具

在 Photoshop 软件中，套索工具是基本的选区工具，其中共包含 3 个工具，分别是套索工具、多边形套索工具和磁性套索工具。在使用时应根据所需选区的具体特点选择相应的工具。

- 套索工具：通过控制鼠标的路径来选择区域，用于选取任意不规则选区，但精度不容易控制。
- 多边形套索工具：通过单击鼠标选取一点，然后移动鼠标拉出射线，直至选取一个完整的闭合选区，常用于选取有一定规则的选区。
- 磁性套索工具：按住鼠标后在图像中不同对比度区域的交界附近拖曳，返回到起点后松开鼠标完成选区，适合选取图片中色彩对比度较大的图形区域。

2. 磁性套索工具的属性

在使用磁性套索工具进行选区操作时，需要合理设置属性栏中的工具属性，必要时进行多次选取，以达到选取适当区域的目的。

- 新选区：每选择一次都是一个新的选区，同时取消之前的选区。
- 添加到选区：可多次选择区域，每次选择的选区都添加到原选区中。
- 从选区减去：在原选区的基础上，减去新选区与原选区重叠的部分。
- 与选区交叉：仅保留新选区与原选区重叠的部分。
- 宽度：用来定义磁性套索工具检索的距离范围，数字越大，可以寻找的范围也越大，但是可能会导致边缘不准确。
- 对比度：指选择区域的边缘与背景的对比度，边缘越清晰、背景反差越大就代表对比度越大，此时可以设置大一点儿的对比度值。
- 频率：套索上节点出现的频率越大、节点越多，越适用于一些精细的抠图。

3.2.5 调整图片形状

在网络中下载的图片或相机拍摄的图片，一般都是矩形图片，在微课的制作过程中，为了满足某些特定的要求，常常需要特殊形状的图形，此时，可以使用图像处理软件对图片的形状进行处理，以达到理想的效果。

实例 11 制作椭圆形状图片

本例是在 Photoshop 软件中，利用椭圆选框工具，选择图片中特定的区域，通过复制粘贴操作，复制到新建的文件中，以达到生成椭圆形状图片的目的，效果如图 3-42 所示。

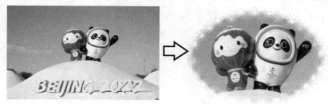

图3-42　制作椭圆形状图片效果

跟我学

01 打开 Photoshop 软件　运行 Photoshop 软件，打开"冬奥会.jpg"图片文件。

02 选择"椭圆选框工具"　按图 3-43 所示操作，选择"椭圆选框工具"。

03 设置羽化值　在"工具属性"栏"羽化"右侧的输入框中，输入羽化值为 5 像素。

04 选取图像区域　在图片中拖动鼠标，拉出椭圆选区，选择需要的图片区域。

05 复制选区　选择"编辑"→"拷贝"命令，复制选中的图片区域。

06 新建文件　选择"文件"→"新建"命令，打开"新建"对话框，选择背景内容为透明，新建图片文件。

07 粘贴图片　选择"编辑"→"粘贴"命令，粘贴复制的图片区域。

08 保存图片　选择"文件"→"存储为 Web 所有格式"命令，选择保存位置并命名后保存图片。

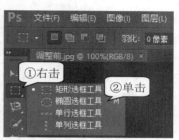

图3-43　选择"椭圆选框工具"

知识库

1. 选框工具

在 Photoshop 软件中，除了套索工具，选框工具也是经常用到的选取工具。选框工具共包含 4 个工具，分别是矩形选框工具、椭圆选框工具、单行选框工具和单列选框工具。

- 矩形选框工具：拖动鼠标可以绘制矩形的选区，如果按键盘上的 Shift 键，则选取的区域为正方形。
- 椭圆选框工具：拖动鼠标可以绘制椭圆形的选区，如果按键盘上的 Shift 键，则选取的区域为圆形。
- 单行选框工具：在图片上单击鼠标，则选取单击点所在的行，其宽度为 1 个像素。
- 单列选框工具：在图片上单击鼠标，则选取单击点所在的列，其宽度为 1 个像素。

2. 魔棒工具组

在 Photoshop 软件中，套索工具和选框工具都是依据形状来建立选区，而快速选择工具和魔棒工具是依据颜色来建立选区，也是在进行图像操作时，经常用到的选取工具。
- 快速选择工具：可以像画笔一样进行拖动，用鼠标涂抹的地方就会被选中，它能够自动感知像素对比较大的边缘，适合在主体和背景反差较大，但主体又较为复杂时使用。
- 魔棒工具：可以感知鼠标单击点的颜色，并自动获取附近区域相同的颜色，适合选择色彩和色调不是很丰富的图片区域。

3.2.6 合成图片

简单的一幅图片，往往不能完全表达所需展示的内容，在制作微课时，经常需要对图片素材进行合成再加工，以丰富图片的内容，增强视觉效果。

实例12 制作微课封面

本例是在 Photoshop 软件中，综合使用多种工具，对图片进行合成编辑，同时添加特效文字，制作微课封面。

跟我学

01 添加背景图层 运行 Photoshop 软件，按图 3-44 所示操作，新建一个与微课视频尺寸一致的图像文件，插入图片"背景.jpg"，缩放至合适的大小。

图3-44 新建微课背景文件

02 粘贴人物对象 插入微课主题图片"李白"，使用选择框选中需要的部分，使用"选择"→"反选"命令，按删除键，删除多余部分。

03 翻转人物对象 选中人物图层，选择"编辑"→"变换"→"自由变换"命令，调整人物的大小和位置。

04 添加并设置标题文字 使用"T"文字工具，输入标题文字，按图 3-45 所示操作，在上方属性栏设置字体、大小、颜色。

图3-45 添加并设置标题文字

05 保存图片 按相同方法添加授课教师信息等文字，保存为 JPG 格式。

3.3 音频的获取与处理

在所有的微课评价标准中，总是能看到声音清晰、无杂音，声音与画面同步等字样，可见音频内容在微课制作时的重要性，在微课中合理地加入声音，可以有效地展现教学内容，使用优雅舒缓的背景音乐，可以放松学习者的心情，提高学习效率。

音频的获取与处理

3.3.1 获取音频

处理微课音频素材的前提是必须要有音频素材，即首先要获取音频素材，微课中不同类型音频素材的获取方法也有所不同，如：微课的背景音乐，可以通过网络下载的方法获取；微课的知识讲解音频，可以通过录音或语音合成的方法获取。

1. 合成语音

目前提供语音合成的平台有很多，如百度语音、讯飞语音合成、语音合成工具软件等，通过合成语音获取音频素材，操作方法简单，朗读标准，并且获取速度快，是获取微课音频的常用方法之一。

跟我学

01 准备文本内容 运行"记事本"程序，输入需要合成语音的文字内容，全选后复制。
02 合成语音 运行"语音合成工具"软件，按图 3-46 所示操作，合成语音。

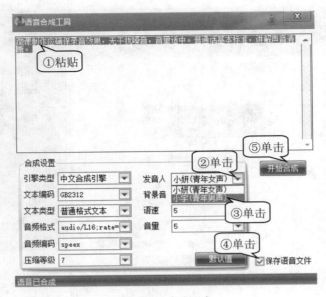

图3-46 合成语音

03 查找音频文件 打开软件安装文件夹,查找"合成语音.wav"文件,即为合成的音频文件。

2. 截取音频

手机录制或网络下载的音频,有时不能符合制作微课的需求,需要的可能是这段音频中的某一部分,此时,可以使用多媒体处理软件,对音频文件进行截取,选择需要的部分保存下来。

跟我学

01 运行"格式工厂"软件 运行"格式工厂"软件,按图3-47所示操作,选择转换格式为MP3格式。

图3-47 选择转换格式

02 添加文件 单击"添加文件"按钮,在弹出的对话框中查找"背景音乐.wav"音频文件,添加到转换列表中。

03 选择音频片段 单击"截取片段"按钮,通过播放音乐,记录所需音频片段的开始时间和结束时间,按图 3-48 所示操作,选择音频片段。

图3-48 选择音频片段

04 设置输出文件夹 单击"更改"按钮,设置输出文件夹位置,方便查找转换后的音频文件。

05 转换文件 单击"确定"按钮,返回软件主界面,单击"开始"按钮,开始音频转换,转换进度显示为"完成"时表示转换完成。

知识库

1. 音频格式的转换

制作微课时,需要将获取的音频素材合成到视频文件中,而有些微课制作软件对音频文件的格式有一定的要求,所以就需要将不能兼容于微课制作软件的音频格式转换成需要的音频格式,以便能兼容于微课制作软件。

2. "格式工厂"软件

"格式工厂"软件是一款免费的多功能多媒体格式转换软件,不仅能够实现音频格式的转换,还能够实现图片格式的转换和视频格式的转换,同时还可以对多媒体素材进行合并、混流等操作。

3.3.2 调整音频音量

微课中的音频往往是由几段音频组合而成,获取的途径可能不同,所以几段音频的音量大小可能不同,为了保证整体音量的协调性,就需要对音频的音量大小进行适当的调整。

跟我学

01 运行 Adobe Audition 软件 运行 Adobe Audition 软件,选择"文件"→"打开"命令,查找"动画说明.mp3"音频文件,添加到软件中。

02 选择调整区域 按图 3-49 所示操作,选中需要调整的音频区域。

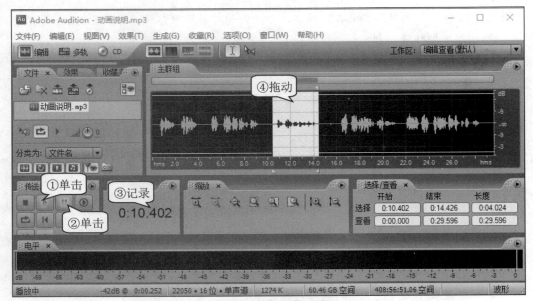

图3-49 选择调整区域

03 调整音量 选择"效果"→"振幅和压限"→"振幅/淡化"命令,按图3-50所示操作,提高选中声音片段的音量。

图3-50 提高音量

04 保存文件 选择"文件"→"另存为"命令,选择保存位置并命名文件后,单击"保存"按钮,保存音频文件。

3.3.3 改善音频音质

使用话筒或手机录制音频,往往会有一些噪声,如噗噗声或嘶嘶声,如果直接插入微课中,必然会影响微课的整体质量,对学习者的学习造成干扰,此时,可以使用音频处理软件去除噪声,从而提高音频的音质。

实例13　去除音频噪声

本例是使用 Adobe Audition 软件，对音频文件进行降噪和消除咔哒声操作，去除音频中的噪声干扰，从而提高音频的音质。

01 添加音频文件　运行 Adobe Audition 软件，打开"原音乐.mp3"音频文件。

02 音频降噪处理　选择"效果"→"修复"→"适应性降噪"命令，在弹出的对话框中单击"确定"按钮，完成降噪操作。

03 消除咔哒声　选择"效果"→"修复"→"消除咔哒声/噗噗声"命令，按图3-51所示操作，消除咔哒声噪声。

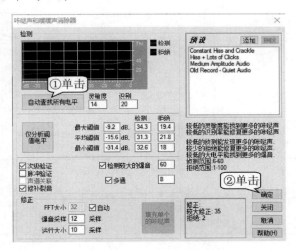

图3-51　消除咔哒声

04 保存文件　选择"文件"→"另存为"命令，选择保存位置并命名文件后保存文件。

3.4　视频的获取与处理

微课的核心组成内容是微课教学视频，其对画面的分辨率、视频的长度，甚至视频的格式，都有具体的要求，在制作微课时，一定要按照具体的要求进行制作，如果使用的视频资源不符合要求，就需要对其进行相应的调整。

视频的获取与处理

3.4.1　获取视频

不同学科、类型的微课，其视频素材的获取方法不尽相同。例如，一个微课视频可能由不同方式获取的视频片段组合而成，常见的视频素材获取方法有网络下载视频、录制屏幕获取视频、PowerPoint 生成视频、拍摄获取视频等。

实例 14　使用浏览器插件提取网页视频

　　网络中提供了许多免费且价值很高的视频资源，有时不太方便下载，本例是介绍使用浏览器插件下载网络中的视频的方法。

跟我学

01　打开浏览器扩展中心　　打开 360 浏览器，按图 3-52 所示操作，打开浏览器扩展中心。

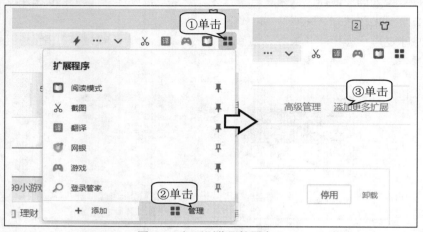

图3-52　打开浏览器扩展中心

02　安装视频下载插件　　在浏览器扩展中心页面，按图 3-53 所示操作，搜索并安装"猫抓"插件。

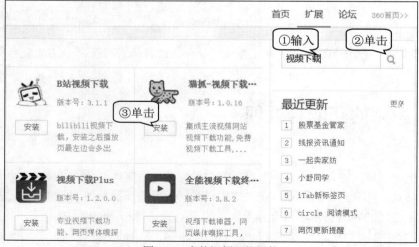

图3-53　安装视频下载插件

03 下载网页视频 在网站上找到需要的视频并播放，按图 3-54 所示操作，将视频下载到本地。

图3-54 下载网页视频

1. 在浏览器缓存中寻找视频

在浏览器中播放的视频，一般都会一边缓存到本地，一边播放。因此，当网页中视频文件播放完后，在浏览器的本地缓存目录中，能够找到刚刚播放过的视频文件。
- 播放视频：打开IE浏览器，找到视频网页，播放完视频。
- 查看缓存目录：打开IE浏览器，选择"Internet选项"→"常规"选项卡中的"设置"命令，即可看到Internet临时文件的位置，单击"查看文件"按钮，即可打开缓存目录。
- 找到视频文件：浏览器缓存目录中的文件有很多，可以按文件日期排序，找出刚刚播放过的视频文件。

2. 使用"维棠"软件下载视频

"维棠"软件与浏览器插件类似，可以根据用户提供的视频地址，侦测并下载网络中的视频文件。
- 复制视频网址：在搜索列表中单击视频缩略图，观看视频并复制视频网址。
- 运行"维棠"软件：运行"维棠"软件，软件界面如图3-55所示。
- 下载视频资源：按图3-56所示操作，下载视频资源。

图3-55 "维棠"软件界面

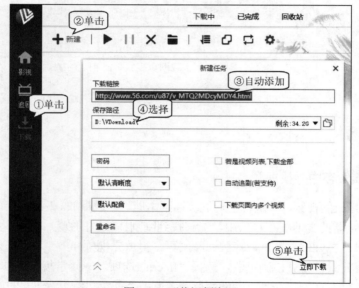

图3-56 下载视频资源

- 查看视频资源：下载完成后，打开"保存路径"文件夹，查看下载的视频。

3.4.2 转换视频格式

通过不同方式获取的微课视频，视频格式可能会有所不同。在制作微课时，有些微课处理软件并不能支持所有的视频格式，另外，为了方便网络传播，可能对微课视频格式有一定的要求，此时就需要对视频进行格式转换的操作。

跟我学

01 运行"狸窝全能视频转换器"软件 运行"狸窝全能视频转换器"软件，单击"添加视频"按钮，将"一般将来时.mp4"文件添加到软件中，界面如图3-57所示。

图 3-57 "狸窝全能视频转换器"软件界面

02 选择转换格式 单击"高级设置"按钮,弹出"高级设置"对话框,按图 3-58 所示操作,选择转换格式。

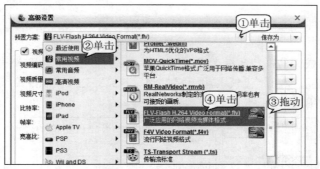

图3-58 选择转换格式

03 设置视频参数 按图 3-59 所示操作,设置转换视频参数。

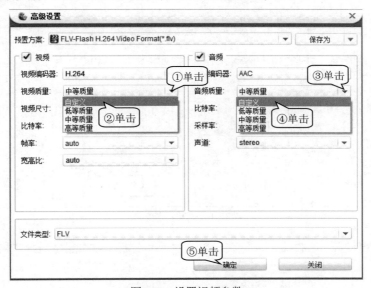

图3-59 设置视频参数

04 转换视频格式 选择输出文件夹，单击"开始转换"按钮，开始格式转换，转换进度显示完成即表示格式转换结束。

3.4.3 调整视频

在网络中下载的视频，可能只有其中的一段是制作微课时所需要的，而通过拍摄获取的视频，可能会受环境的影响出现亮度过高或偏暗的现象，此时，需要使用视频处理软件，对这些视频进行适当的调整。

实例 15 截取并调整视频亮度

本例是使用"狸窝全能视频转换器"软件的视频编辑功能截取视频片段，同时对视频的亮度、对比度、音量等进行调整，以满足微课制作的要求。

跟我学

01 添加视频文件 运行"狸窝全能视频转换器"软件，将"拍摄照片.mp4"视频文件添加到软件中。

02 选择转换格式 单击"高级设置"按钮，选择视频转换格式并设置视频参数。

03 设置截取范围 单击"视频编辑"按钮，播放视频并记录截取范围，按图 3-60 所示操作，设置截取范围。

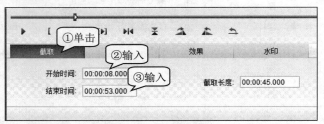

图3-60 设置截取范围

04 调整视频效果 按图 3-61 所示操作，对视频效果进行适当调整。

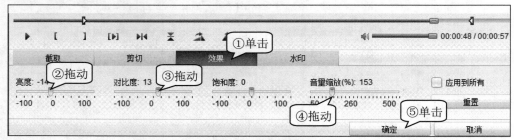

图3-61 调整视频效果

05 转换调整视频 选择输出文件夹，单击"开始转换"按钮，完成调整视频的操作。

3.5 小结和习题

3.5.1 本章小结

在微课制作之前,需要收集大量的素材,涉及文本、图片、音频、视频等不同类型的素材,获取的方法不尽相同,而获取的原始素材也常常不符合微课制作的具体要求,需要根据微课展示的需要,进行进一步的加工处理。本章按照素材内容的不同,介绍了微课素材的获取方法,以及利用几款常用的素材处理软件对微课素材进行简单处理的方法,为制作微课提供前期准备。

- **文本的获取与处理**:学习微课中的文本信息获取方法,包括识别文字、文库下载、网页保存等;学会添加符号、颜色效果、艺术字、字体字库等内容。能够在微课设计与制作过程中,通过文本的合理运用,起到突出主题,帮助理解的作用。
- **图片的获取与处理**:学习图片资源的获取方法,如精准搜索网络素材、屏幕截图、绘制图形、制作思维导图等;学会使用图像处理软件美化调整、去除干扰因素、调整图片形状及合成图片等。通过对图片的获取、加工和处理,为微课的制作积累优质的素材。
- **音频的获取与处理**:声音是微课作品中重要的资源,包括录音、配音、音效等,保持声音与画面的同步,是高质量微课的基本要求。本节学习声音素材的获取、合成、转换的方法,以及声音素材的加工技巧。学习使用Adobe Audition软件录制声音、调整音量音质等。
- **视频的获取与处理**:微课本身就是以视频的形式呈现,在微课中嵌入视频也很常见。本节学习了微课视频的要求、视频获取的途径、视频格式的转换等知识,都是在微课的制作和合成过程中必备的技能。

3.5.2 强化练习

一、选择题

1. 如果看到某文库网站上的一段文本非常好,希望用在自己的教学中,但是非注册会员无法下载也无法复制,只能浏览。下列方法中能够获取到这段文本的是( )。
   A. 使用浏览器中的"文件"→"另存为"→"txt文本文件"命令
   B. 使用QQ截图选中文本区域,再使用文字识别功能,识别出文字
   C. 使用格式工厂将网页文件转换成Word文件
   D. 选择"复制"→"选择性粘贴"→"纯文本"命令

2. 微课封面一般需要包含标题、版本、作者、日期等信息,其中标题要简洁、醒目,下面说法不正确的是( )。
   A. 为了突出标题,封面中标题的字号一般是所有文字中最大的

B. 为了突出标题，可以使用艺术字体、设置渐变颜色等
C. 封面中所有的文字应尽量保持字体和字号的统一
D. 封面内容应简洁明了，一般不把目录放在封面上

3. 图 3-62 所示是设置艺术字渐变效果的操作截图，下面说法中正确的是(　　)。

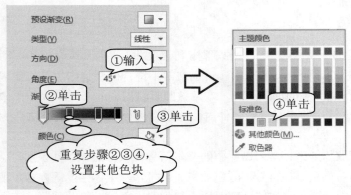

图3-62　设置艺术字渐变效果

A. 角度45°是指将艺术字顺时针旋转45°
B. 第②步选择的色块是渐变效果的起始颜色
C. 当前选择的渐变色块是4块，不能再新增或减少
D. 渐变色块应尽可能选择差异很大的颜色，效果更突出

4. 微课制作中经常需要对图片进行加工处理，以下不属于常见的图片加工处理软件的是(　　)。

A. 光影魔术手　　　　　　　　B. Adobe Photoshop
C. 美图秀秀　　　　　　　　　D. Adobe Audition

5. 在图片处理的过程中，经常需要删除图片的背景，图 3-63 所示是 Photoshop 软件中"磁性套索工具"的参数设置操作步骤，以下说法中错误的是(　　)。

图3-63　"磁性套索工具"的参数设置

A. 此处羽化设置了0像素，则选择区域的边缘将没有渐变效果
B. 此处的宽度指的是套索检索的距离范围，设置越小越精确
C. 此处的对比度是指要扣取的物体的边缘与背景的对比度
D. 此处的频率指的是微课中每一帧切换的速度

二、判断题

1. 使用"格式工厂"软件可以对微课视频进行格式转换，将其中的声音、图片和文字分离出来，以便后期加工和处理。　　　　　　　　　　　　　　　　　　　　　　　　　(　　)

2. 语音合成是将文字转换成声音的过程,需要使用到人工智能技术。（   ）

3. 魔棒工具可以自动获取附近区域相同的颜色,适用于选择色彩和色调不是很复杂的图片区域。（   ）

4. 有些微课视频不够清晰,可以通过格式转换软件,提高视频的清晰度。（   ）

5. 在微课录制过程中,经常会产生的噪声通过音频处理软件进行降噪处理,可以在一定程度上改善。（   ）

第4章　利用PowerPoint课件制作微课

PowerPoint软件是人们日常办公、学习最常用的软件之一，它功能强大，动画效果丰富，简单易学，利用PowerPoint软件可以制作出画面精美、生动活泼的微课课件，而且现在的PowerPoint软件还具有录制功能，可以快速生成微课视频。

利用PowerPoint软件设计与制作微课，主要包括微课的规划、脚本的撰写、课件的制作、声画同步等。希望读者通过本章内容的学习，掌握利用PowerPoint制作微课的方法和技巧。

■ 本章内容
- 准备制作微课
- 制作微课课件
- 实现声画同步
- 生成微课视频

4.1 准备制作微课

通过前面的学习，对微课有了初步的了解。使用 PowerPoint 软件制作微课案例时，前期的准备工作会直接影响微课的质量，因此要确定制作的主题，精心编写微课的脚本，准备微课制作所需要的相关素材，如图片、音频、视频、动画等。

准备制作微课

4.1.1 微课规划与设计

使用 PowerPoint 课件制作微课首先要进行规划与设计，主要包括 3 个方面：一是确定微课课题，精选制作内容；二是进行微课设计，设计教学方案；三是了解制作流程，撰写制作脚本。本例内容是初中信息技术"探索动画奥秘"微课，介绍利用 PowerPoint 课件制作微课前是如何规划的，微课效果如图 4-1 所示。

图4-1 微课"探索动画奥秘"效果图

1. 选择微课课题

学生对动画有着浓厚的兴趣，学习 Flash 动画制作的积极性也很高，但对动画产生的原理却知之甚少，动画产生的原理也是学生在学习动画制作中的一个难点。因此在学生学习制作动画前，通过微课了解动画产生的原理和视觉暂留现象，会为后面动画制作的学习打下良好的基础。本微课正是利用 PPT 课件展示教学内容，帮助学生通过实验自主探究，充分理解动画产生的原理。

2. 设计教学方案

动画产生的原理比较抽象，学生对"视觉暂留"理解相对困难，本例通过动画视频及自主探究实验来帮助学生更好地理解。微课"探索动画奥秘"教学设计，如表 4-1 所示。

表4-1 微课"探索动画奥秘"教学设计

年级	八年级		学科	信息技术
教材版本	安徽省初中《信息技术》第二册(零起点)科学出版社		知识点名称	探索动画奥秘
微教案	设计思想	动画产生原理比较抽象,学生对"视觉暂留"理解相对困难,通过动画视频及自主探究实验来帮助学生更好地理解		
	学情分析	通过前面的学习学生已能较熟练掌握网上搜索动画,也会使用看图软件浏览图片,对探索动画奥秘有着强烈的好奇心		
	学习目标	1. 培养学生主动探究动画产生的原理意识 2. 使用看图软件快速浏览连贯的图片、探究动画产生的原理 3. 通过探究动画产生原理实验,培养学生动手能力		
	教学策略	教法:任务驱动法 学法:自主实验探究		
	重难点	对动画产生原理的理解		
	教学过程	环节	内容	画面
		一、导入 (1分钟)	教师播放翻页动画视频,说一说观看后的直接感受	第1张幻灯片
		二、正文讲解 (3分钟)	1. 幻灯片展示从静态的图片到形成动画的过程,提出问题"视频中静态的图片通过翻页而形成了动态的效果,而形成这种效果需要什么特定的前提呢?" 2. 利用看图软件中"自动播放"设置,完成动画原理的探究: • 时间对动画产生的影响; • 播放顺序对动画产生的影响	第2~6张幻灯片
		三、片尾 (30秒)	引导得出结论,动画产生的原理是"把若干静态图像按照一定的顺序、适当的播放时间有机地组合起来,就形成了动画"	第7、8张幻灯片
微反思	本视频的设计目的是通过自主探究的方法来了解动画产生的原理,为下一节课的动画制作打好基础。学生通过观察、实验探究、归纳总结,理解、领悟了动画产生的原理,收效甚佳			

3. 编写微课脚本

利用 PowerPoint 课件制作微课时,需要设计微课脚本。脚本可规划好每一个教学内容需要的幻灯片数量、每张幻灯片的内容、持续的时长,以及是否需要加音效、动画等。微课"探索动画奥秘"脚本,如表4-2所示。

表4-2 微课"探索动画奥秘"脚本

编号	界面	动画	解说	素材	用时
1		视频播放文字及图案、翻转动画	播放一段翻页动画视频,思考并谈一谈观看后的直接感受	美、赞成广告视频	1分钟
2		文字浮入动画、图片擦除动画	演示一组静态的图片,感受从静态的图片到形成动画的过程,提出问题"视频中静态的图通过翻页而形成了动态的效果,而形成这种效果需要什么特定的前提呢?"	一组静态图片和两个GIF动态图片	15秒
3		图片淡出动画	用看图软件中的"自动播放"设置,探究播放时间对动画产生的影响	软件截图操作视频	1分15秒
4		图片淡出动画、文字缩放动画	观看不同的动画效果,比较时间对动画产生的影响	3个不同播放时间的GIF动画	15秒
5		文字浮入动画	不同延迟时间对动画产生是有影响的,一般是0.1秒比较合适	图表	20秒
6		图片淡出动画、文字缩放动画	探究播放顺序对动画产生的影响	3个不同播放顺序的GIF动画	20秒
7		文字浮入动画	播放顺序对动画产生也是有影响的	图表	20秒
8		文字擦除动画	梳理知识,归纳总结。动画产生的原理是"把若干静态图像按照一定的顺序、适当的播放时间有机地组合起来,就形成了动画"	文字	30秒

4.1.2 微课制作步骤

制作微课课件复杂而细致，一个好的微课课件不仅要外观漂亮，还要主题明确、条理清晰。一般情况下，在确定课件主题和规划设计好脚本后，可进行准备课件素材、制作微课课件、录制旁白、生成视频等操作，将文字、图片、声音、视频等多媒体素材进行整合、加工、录制、导出，从而形成微课作品。

1. 准备课件素材

制作课件前，根据教学内容需要提前准备好相关的素材，常见的类型有文字、图像、视频、音频、动画等。

- 文字：课件中文字的用途最广，是非常重要的要素，文字的排版设计赋予幻灯片审美价值，同时也是增强教学效果的重要手段。因此在提炼好每张幻灯片的标题、正文后，也要考虑文字使用的字体、字号、颜色等设置。
- 图像：图像具有形象生动、信息量大、便于理解、直观展示教学内容等特点，从而有效促进教学。课件中的图像一般可以通过网上下载、拍摄、扫描等方式得到，有的还要经过后期处理才能使用。
- 视频：视频能够生动直观地展示教学内容或操作示范过程，在微课中合理使用视频，可以在较短时间内高效传达教学信息，提高教学的效果。视频一般可以提前录制或是网上下载。
- 音频：课件中所使用的音频一般有录制的语音、音效和音乐3种。在制作微课时经常用语音来讲解、归纳、总结，用音效烘托气氛，用音乐营造轻松舒适的学习氛围，唤起学习对象的注意。
- 动画：动画可以高度提炼、概括、浓缩教学的内容，同时又具有夸张、幽默、抽象的特点，很受学生的欢迎。因此在制作微课时如果能合理地运用，将会极大地增强课件的趣味性。

2. 制作微课课件

使用 PowerPoint 制作微课可以图文并茂、形象直观地呈现教学内容，搭配动画、视频的使用，有利于激发学生的学习兴趣。制作课件主要包括新建幻灯片、选择模板和主题、编辑内容、添加动态效果等。

3. 录制旁白

制作微课需要录制语音以解说课件的内容，对关键字词进行详细的阐述。在 PowerPoint 中有专门的录制旁白功能，可以声画同步地讲解操作步骤与细节，表达出课件画面未能展现的内容。

4. 生成视频

完成课件制作，添加好旁白，就可以生成视频了。使用 PowerPoint 软件可以将制作好的微课直接保存为 WMV 和 MP4 格式的视频文件。

4.1.3 微课制作注意事项

若想通过 PowerPoint 制作出较为精美的微课，需要注意的事项有字体的选用、内容及界面设计、动态效果、媒体压缩等。

1. 字体的选用

为了避免因系统内未安装某种特殊的字体而使文字不能正常显示的情况，课件制作过程中，建议选用系统自带的字体，包括黑体、宋体、楷体、仿宋、隶书、姚体、行楷、华文新魏等。一般来讲，适用于标题的字体主要有黑体、宋体、隶书、姚体、行楷、华文新魏等，适用于正文的字体主要有黑体、宋体、仿宋、楷体等。

2. 内容及界面设计

微课课件制作的精美程度直接影响微课的可读性，通常会先选择制作合适的模板，确定微课的基本风格，再细致考虑每张幻灯片的图文排版方式。在内容、界面设计过程中，呈现方式可以多样化，如表格数据可以转化为柱状图、折线图，长文本可以图形化方式呈现等，内容的逻辑关系要明显，与教学内容无关或是会分散注意力的装饰图片尽量不要添加。

3. 动态效果

用 PowerPoint 制作微课时，一般会加入动画效果，以激发学习者的学习兴趣，吸引学习者的注意力，但是需要根据教学内容适当添加，切不可过于花哨，或者是设置得过快、过慢，影响教学效果。

4. 媒体压缩

在 PowerPoint 中，音频和视频都可以嵌入课件中，但通常情况下，音频和视频文件都比较大，此时可通过压缩媒体功能减少嵌入课件中的音频与视频所占用的存储空间，便于微课的网络传播与共享。

4.2 制作微课课件

PowerPoint 软件是制作微课中很重要的一部分，是微课制作的基础。完成了教学设计、脚本设计之后，即可开始制作微课课件。

制作微课课件

4.2.1 统一课件外观

利用幻灯片母版可以统一课件的外观，其包含了每张幻灯片上显示的共同元素，如背景、动作按钮、文本占位符等。制作课件时使用母版，便于更改整个课件的格局，统一幻灯片的呈现风格，从而形成一致美感。

实例1　做一个小小话剧家

本例内容是小学语文六年级下册的一节微课，通过本微课帮助学生在实践中学习语文，增强学生的学习兴趣。在用 PowerPoint 制作微课的课件时，先将课件中共同的元素制作成母版，效果如图4-2所示。

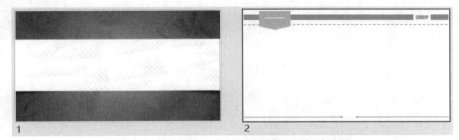

图4-2　微课"做一个小小话剧家"母版效果图

制作"做一个小小话剧家"母版，主要分为两个步骤：一是设置标题母版；二是设置内容母版。

■ **设置标题母版**

课件的封面通常默认使用的是"标题页幻灯片"版式，如果要给封面幻灯片单独设置背景，则需要在母版中对"标题幻灯片"进行单独设置。

01 运行 PowerPoint　打开 PowerPoint 软件，新建一个空白演示文稿。

02 打开标题母版　按图 4-3 所示操作，打开幻灯片母版，选择左侧"标题幻灯片"。

图4-3　打开标题母版

 母版由一个主母版和各个版式的子母版构成，主母版的设置会影响所有幻灯片，而每个版式子母版的设置只会影响对应版式的幻灯片。通常第一个子母版就是标题幻灯片版式。

03 设置背景格式　在母版幻灯片空白处右击，在弹出的菜单中按图 4-4 所示操作，设置背景格式。

04 插入背景图片　在弹出的"插入图片"对话框中，按图 4-5 所示操作，插入背景图片。

图4-4 设置背景格式

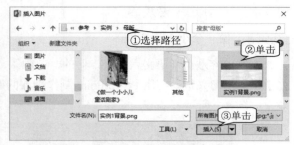
图4-5 插入背景图片

■ 设置内容母版

课件的内容页幻灯片中共同的元素，如图形、图像、背景、文字样式等，可以提前在内容母版中设计好，以便提高制作的效率。

01 选择内容母版 按图4-6所示操作，在打开的幻灯片母版中，选择右侧"标题与内容版式"幻灯片，删除该幻灯片中其他"占位符"，只保留"页码"占位符。

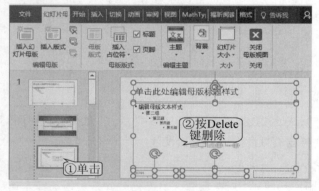
图4-6 选择内容母版

在"幻灯片选项卡"窗格中，选择任意一个幻灯片，右击执行"插入幻灯片母版"命令，即可插入一个新的幻灯片母版。

02 插入矩形 按图4-7所示操作，绘制一个与幻灯片等宽的矩形。

图4-7 插入矩形

03 **设置矩形格式** 右击绘制好的矩形,选择"设置形状格式"命令,在打开的任务窗格中,按图 4-8 所示操作,设置矩形的填充颜色为"97, 176, 255",线条为无线条。

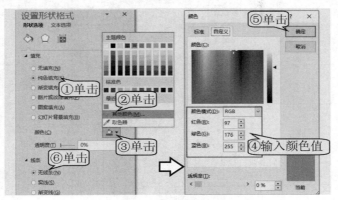

图 4-8 设置矩形格式

04 **插入虚线线条** 单击"插入"选项卡,在"形状"中选择"线条",绘制一条与幻灯片等宽的线条。

05 **设置线条格式** 按图 4-9 所示操作,打开"设置形状格式"任务窗格,设置线条的填充颜色为"97, 176, 255",线条宽度为"0.75 磅"。

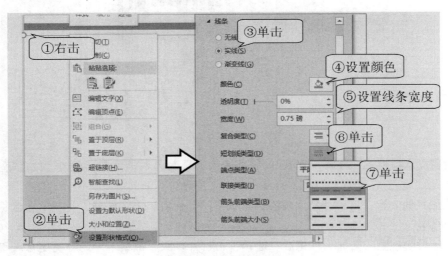

图 4-9 设置线条格式

06 **插入连接符** 使用插入"矩形"的方法,再次插入形状"离页连接符"。

07 **设置连接符格式** 选中标签,右击选择"设置形状格式"命令,按图 4-10 所示操作,设置连接符的填充颜色为"橙色",透明度为"8%"。

08 **插入文本框** 单击"插入"选项卡中的"文本框"命令,选择"横排文本框"选项,在编辑区绘制一个文本框,输入文字"话剧梦"。

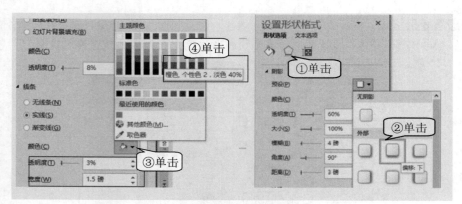

图4-10 设置连接符格式

09 设置字体格式 按图4-11所示操作，设置字体为"微软雅黑"，字号为"20"，颜色为"59, 157, 255"。

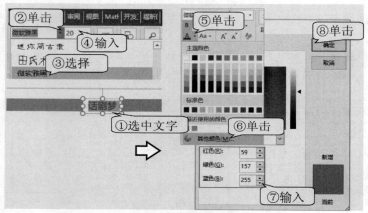

图4-11 设置文字格式

10 设置文本框格式 按照步骤03的操作方法，设置文本框填充颜色为"纯色填充"，颜色是"白色"，并调整位置，效果如图4-2所示。

11 添加其他内容 用同样的方法添加母版中的其他内容，调整好"页码"占位符的颜色和位置。

12 关闭母版视图 全部制作完后，选择"幻灯片母版"选项卡中的"关闭母版视图"命令，返回普通视图。

■ 应用自定义母版

制作好母版后，就可以在幻灯片中调用相应的母版，以便快速制作出多张同样风格的幻灯片。

01 应用标题母版 新建的演示文稿只有一张幻灯片，默认为"标题幻灯片"版式，因此会自动应用标题母版的设置，效果如图4-12所示。

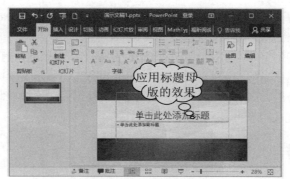

图4-12 应用标题母版

02 应用内容母版 按图4-13所示操作，新建一张幻灯片，选择应用设计好的内容母版。

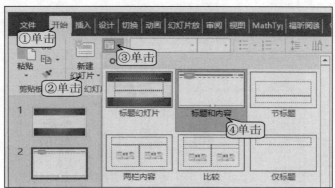

图4-13 应用内容母版

 在演示文稿中新建一张幻灯片，默认为"标题和内容"版式，因此会自动应用"标题和内容"母版的设置。如果母版中还设置了其他自定义母版，则可以参考步骤02应用新的自定义母版。

03 保存文档 根据需要设计其他幻灯片母版，保存课件文档。

1. 幻灯片母版

幻灯片母版是幻灯片层次结构中的顶层幻灯片，用来存储课件的主题和幻灯片版式信息，包括背景、颜色、字体、效果、占位符的大小和位置。应用幻灯片母版可以统一课件的样式和外观，每个课件至少包含一个幻灯片母版，需要注意的是，在设置页眉和标题时，幻灯片母版中的第一张幻灯片将不会被更改。

2. 母版与模板的区别

模板包含母版，母版只是模板的一部分。模板是一个专门的页面格式，页面中可以填写相应的信息，也可以拖动修改。母版是系列的，如底色和每页都会显示出来的边框或日期、页眉页脚等设置一次后,每一页都全部相同,起统一、美观的作用。PowerPoint 中有 3 种母版,分别是幻灯片母版、讲义母版、备注母版。

母版是一种特殊的幻灯片,若对母版进行修改,则基于该母版的所有幻灯片都会发生变动。母版设置完成后,只能在当前演示文稿中使用,如果想在其他演示文稿中使用,或者是想保存该母版,以便于长期使用,则可以将母版保存为演示文稿模板,这样在制作新的课件时,只需要应用此模板,就能完成对新的课件的母版设置。

4.2.2 添加文字图片

在制作课件时,最常用的操作就是输入文字和插入图片。本节内容将分别介绍添加文字、编辑文字的方法,以及图片的插入与设置方法。

实例 2　荷花

本例主要介绍制作"荷花"微课课件封面的方法,课件封面非常简单,由课件标题、制作人姓名、出版社和插图等几部分组成,课件封面效果如图 4-14 所示。

图4-14　课件"荷花"封面效果图

在制作本微课实例课件时,先设置封面背景,插入自选图形绘制田字格,再添加文本框输入相关文字内容,最后插入图片对封面进行装饰,以得到理想的效果。

■ **插入自选图形**

PowerPoint 软件提供了非常强大的绘图工具,包括线条、矩形、基本形状、箭头等。利用这些形状,可以绘制出我们需要的各种图形。

01 新建演示文稿　打开 PowerPoint 软件,新建一个空白演示文稿,并设置为空白版式。

02 设置幻灯片背景　在幻灯片空白处右击,选择"设置背景格式"命令,打开任务窗格,按图 4-15 所示操作,插入配套资源中的图片素材,作为幻灯片背景。

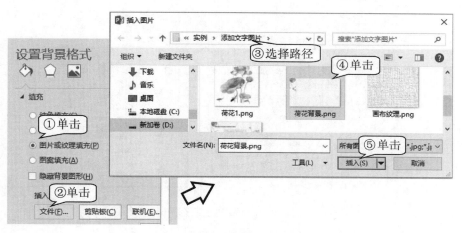

图4-15　设置幻灯片背景

03 插入矩形　在编辑区绘制一个矩形，并调整大小和位置，效果如图 4-16 所示。

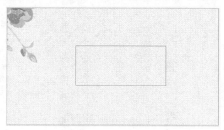

图4-16　插入矩形

04 调整矩形格式　右击矩形，选择"设置图片格式"命令，按图 4-17 所示操作，设置矩形填充和线条格式。

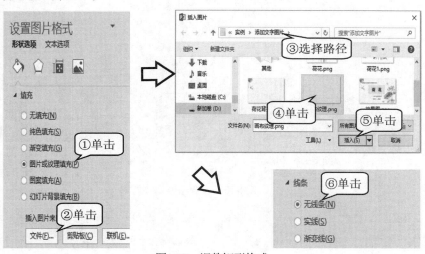

图4-17　调整矩形格式

05 设置矩形的阴影效果　在"形状选项"选项卡中，选择"效果"命令，按图 4-18 所示操作，设置矩形的阴影效果。

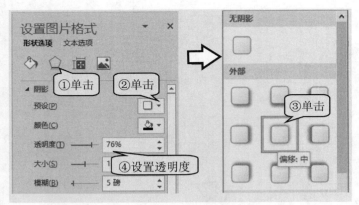

图4-18 设置矩形的阴影效果

06 绘制田字格 利用图形工具,在已绘制好的矩形图形上先绘制一个田字格,通过复制粘贴的方法得到另一个田字格,调整好位置,效果如图 4-19 所示。

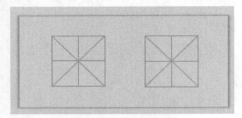

图4-19 绘制田字格

 在绘制图形时按住 Shift 键,可以绘制出标准的图形形状,例如,在绘制矩形时按住 Shift 键,画出的是正方形;绘制线条时则是水平、垂直或是 45°倾斜的直线。

07 组合图形 按图 4-20 所示操作,选中多个对象进行组合。

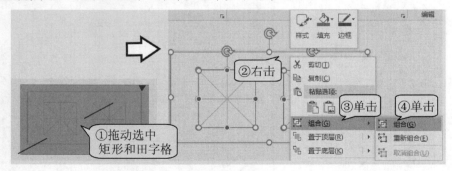

图4-20 组合图形

 通过组合,将多个对象合成为一个独立的整体,以便选择和拖动。如果要取消组合,则在组合图形上右击,选择"组合"→"取消组合"命令即可。

■ 添加文字

课件封面上的文字主要有教材的版本、微课的标题、授课人等信息,这些都可以通过

PowerPoint 软件中的文本框来输入。

01 输入标题 按图 4-21 所示操作，插入文本框，输入文字"荷"，并调整好文本框位置。

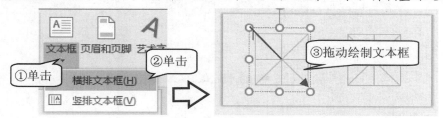

图4-21 输入标题

02 设置文字格式 选中文字，按图 4-22 所示操作，设置文字的字体为"方正粗宋简体"，字号为"96"，颜色为"黑色"。

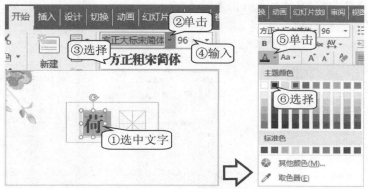

图4-22 设置文字格式

03 复制文本框 选中"荷"字文本框，按 Ctrl 键，拖动复制出一个新文本框，将"荷"字修改为"花"，拖动调整位置到第 2 个田字格上方，效果如图 4-23 所示。

图4-23 标题文字效果

 如果要删除不需要的文字，可以按 Backspace 键删除光标前面的文字；对于不需要的文本框，则可以单击选中文本框，按 Delete 键删除。

04 输入出版社 在幻灯片中插入文本框，输入文字"苏教版三年级语文下册第 12 课"，设置文字的字体为"隶书"，字号为"28"。

05 设置文字艺术字样式 按图 4-24 所示操作，设置文字的艺术字样式。

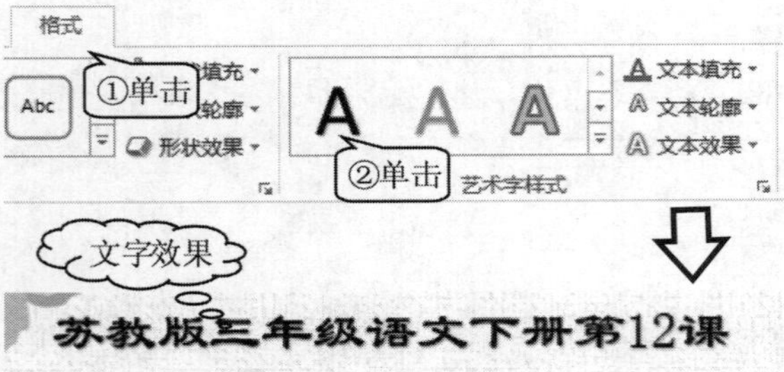

图4-24 设置文字艺术字样式

06 输入副标题 用同样的方法输入"——句子的理解教学",并设置文字的字体为"隶书",字号为"28",颜色为"深红色"。

07 输入制作人 输入"制作人:宣国庆",并设置文字的字体为"隶书",字号为"28",颜色为"黑色",最终效果如图4-25所示。

图4-25 封面的文字效果

■ 插入图片

在课件封面中插入图片,可以使得封面更加生动形象,更具有吸引力。图片的基本操作包括调整图片的大小、位置、裁剪和旋转等。

01 插入图片 按图4-26所示操作,插入配套资源中的图片素材。

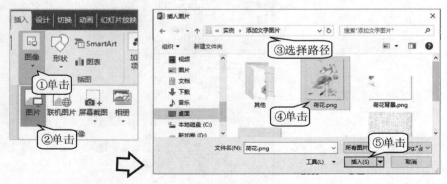

图4-26 插入图片

02 调整图片的大小和位置 选中图片,按图4-27所示操作,调整图片的大小和位置。

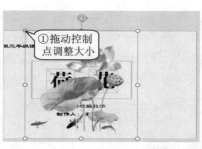 

图4-27 调整图片的大小和位置

03 设置图片叠放次序 按图4-28所示操作，设置图片的叠放次序为"置于底层"。

图4-28 设置图片叠放次序

04 设置图片格式 按图4-29所示操作，降低图片饱和度，使之与封面整体色调一致。

图4-29 设置图片格式

05 保存文件 选择"文件"→"保存"命令，保存课件。

知识库

1. 调整文本框

插入的文本框，可调整其大小、位置、角度等。如图4-30所示，拖动文本框4条边上的4

个圆形控制点,可调整文本框的宽度和高度;拖动四角的 4 个圆形控制点,则可同时调整宽度和高度大小;拖动文本框中上方的绿色圆形控制点,则可旋转文本框,使文本框倾斜放置。如果要移动文本框,可将鼠标指针移到文本框的边框上,当鼠标指针变成"十"字箭头时,按下鼠标左键拖动,即可移动文本框。

图4-30　调整文本框

2. 设置文字格式

当选中文本框中的部分文字后,在选中文字的旁边会自动弹出设置文本格式的工具栏,如图 4-31 所示,方便用户快速进行文字格式的设置。

图4-31　文本设置的浮动工具栏

设置文本字体、字号、颜色等,可通过单击右边相应的小三角形按钮,在弹出的下拉列表中选择设置即可,如图 4-32 所示。

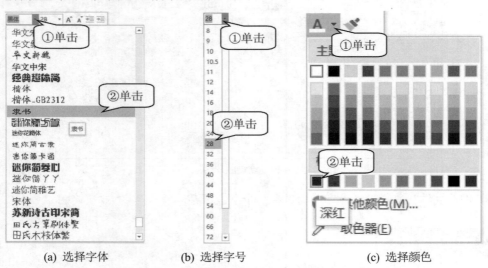

(a) 选择字体　　　　(b) 选择字号　　　　(c) 选择颜色

图 4-32　设置文字格式

3. 调整行距

为了美观和浏览的清晰，常常需要调整艺术字或文本框中文字的行距，为了实现这个功能，可先选中需要调整的文字，按图 4-33 所示操作，调整文本行距。

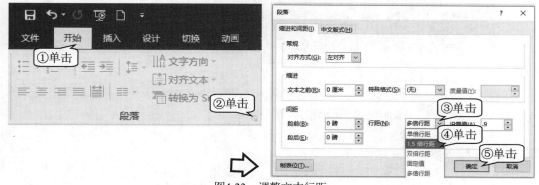

图4-33　调整文本行距

4. 图片样式

插入外部图片后，双击图片，切换到"格式"选项卡，其中提供了一个"图片样式"功能区，利用左边的默认样式，可方便快速地修饰图片，图 4-34 左图所示的是图片修饰的效果。图 4-34 右图所示的功能按钮可自由定义修饰图片，其中，"图片边框"可设置图片轮廓的宽度、线形、颜色等；"图片效果"可设置三维、阴影等效果。

图4-34　"图片样式"功能修饰的图片示例

4.2.3　添加视频动画

在课件中添加视频和 Flash 动画后，可以使幻灯片变得更加生动有趣，有利于激发学生的学习兴趣，活跃氛围，更易于接受课件要表达的内容。

实例3　力的作用效果

本例要制作的是"力的作用效果"微课课件，这是初中物理八年级第五章第一节内容，效果如图 4-35 所示，通过"插入"选项，为两张幻灯片分别添加了视频和动画。

 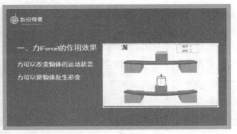

图4-35　课件"力的作用效果"效果图

在制作本微课实例课件时,依次插入视频和 Flash 动画文件,再根据需要设置样式,最后确定控制播放的类型,添加视频和动画的方法是一致的。

跟我学

■ 插入视频

除了可以插入声音文件,还可以在幻灯片中插入视频文件,PowerPoint 支持多种格式的视频文件,如 AVI、MPEG、WMV、MP4 等。

01 打开文件　运行 PowerPoint 软件,打开"力的作用效果.pptx"课件,选择第 2 张幻灯片。

02 插入视频文件　单击"插入"选项,按图 4-36 所示操作,插入外部视频文件"苹果落地.mpg",并调整大小和位置。

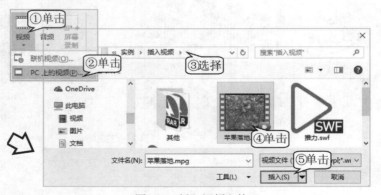

图4-36　插入视频文件

　将课件复制到其他计算机上播放时,因设备或解码器等可能无法播放,可以将视频文件复制到"力的作用效果"课件所在的文件夹中备用。

03 设置视频样式　按图 4-37 所示操作,为视频应用视频形状、边框和效果。

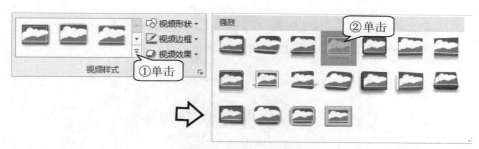

图4-37 设置视频样式

04 控制视频播放 选中插入的视频,按图 4-38 所示操作,在"视频选项"组中设置视频"自动"播放、"播完返回开头"。

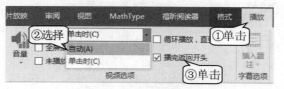

图4-38 控制视频播放

■ **插入动画**

在课件中也可以插入 SWF 格式的 Flash 动画文件,方法与插入视频的方法一样。

01 插入动画文件 选择第 7 张幻灯片,单击"插入"选项,按图 4-39 所示操作,插入动画文件"力使物体形变.swf",并调整大小和位置。

图4-39 插入动画文件

02 设置动画文件样式 动画文件的样式设置与视频文件样式设置方法相同,效果如图 4-40 所示。

图4-40 设置动画文件样式

03 控制动画播放 选中插入的 Flash 动画,按图 4-41 所示操作,控制动画播放。

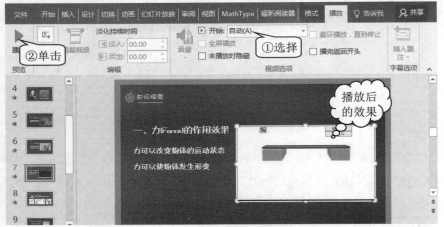

图4-41 控制动画播放

 Flash 动画插入后,在幻灯片上会显示"黑色"窗口,单击"视频工具"下的"播放"选项中的"播放"命令或放映幻灯片时,窗口才会显示画面。

04 保存课件 单击"快速访问"工具栏上的"保存"按钮或按 Ctrl+S 键,保存课件。

1. 视频

视频(video)通俗地讲就是电影、电视、VCD 和录像的画面。视频分为模拟视频和数字视频,课件中用的是数字视频。目前被广泛使用且可以直接插入幻灯片中的视频格式有 AVI、WMV、MP4、FLV、RM 和 MKV 等。

若在插入视频的过程中出现无法播放的情况,需要通过"视频格式转换器"(如格式工厂、狸窝全能视频转换器)转换为其他可播放格式。

2. 视频播放选项

"视频选项"组中有"音量""开始""循环播放,直到停止""未播放时隐藏""全屏播放"和"播完返回开头"6个选项,这些命令选项可以控制视频的播放。

- 自动:指幻灯片播放时,视频同时自动播放。
- 单击时:指幻灯片播放时,单击幻灯片上的任意位置,视频开始播放,如果设置了触发器,则单击触发器播放。

3. 更改视频形状

PowerPoint 提供了快速改变视频形状的功能,选中视频后,按图4-42所示操作,选中"视频格式"选项卡,通过"视频形状"命令,在其级联菜单中选择一种形状样式即可。

图4-42 更改视频形状

4.2.4 美化课件页面

制作幻灯片不难,但要制作出精美的幻灯片,对初学者来说,并非一日之功,需要一个循序渐进、长期积累的过程。因此,在平时的工作学习过程中,学习者要善于整理和搜集素材,多浏览一些精美的课件案例,学习页面设计与布局的知识。限于篇幅,本节只重点介绍文字与图片的美化。

1. 文字设计

文字是课件中使用最多的元素之一。如果文字能够精心设计排版,将会大大提高课件的美感,增强视觉上的冲击力,给学生以深刻的印象。因此在制作课件时,尤其课件的文字比较多时,需要对文字进行设计,包括字体、颜色、大小等。下面介绍文字使用时需要注意的几点。

- 字体不宜超过3种:用PowerPoint 软件制作幻灯片时,幻灯片上的文字一般采用两种字体即可,最多不超过3种。如图4-43所示,字体过多,会使页面看起来杂乱无序,分不清主次。

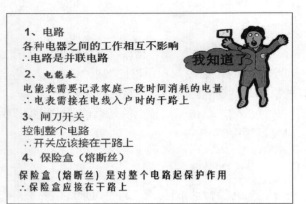

图4-43　文字字体超过3种效果图

- 字体选择适合主题：不同主题的课件采用不同的字体，不同的字体所体现出来的情感和风格是不一样的。如图4-44所示，中国风多数采用毛笔字体，正式的工作报告则会采用较为严肃的字体，如方正粗宋简体和微软雅黑等。

图4-44　不同字体不同风格

- 文字内容要精简：在课件制作过程中，最突出的问题就是把大段文字放到课件中，然后授课人照着念，学习者也不知道如何记笔记。通常，课件中的内容文字应是简练的提纲性文字，说明性的文字越少越好，可以以关键字的形式出现，衡量文字是否过多的简单方法：把课件中的文字全部写到黑板上是否有必要，如果答案是否定的，就需要进行一定的调整了。如图4-45所示，右图是在左图的基础上对文字进行了提炼，仅列出需要学生掌握的关键词。

- 文字格式统一：在课件中，所有幻灯片上同级别的标题或正文的字体、字号、颜色要保持一致，格式要统一。一般来讲，标题文字的字号不要大于36号，正文文字的字号不要小于20号，正文文字以24号为宜，若字号过小，则坐在教室后面的学生会难以看清。

图4-45 文字精简

2. 图片使用

图片在课件中起着非常重要的作用，它可以掩盖空白，创造视觉焦点，直观形象地表达主题思想，使得课件更加具有感染力。但是图片的使用一定要谨慎，图片内容要与表达的主题相符，分散学生注意力的图片尽量不要用。下面介绍图片使用时需要注意的几点。

- 画面清晰：如图4-46所示，在制作课件时，高质量的图片会使得课件更有质感，更能打动人心。因此在选择图片时，尽量选择清晰度高的图片。

图4-46 图片清晰度对比图

- 色调一致：图片除了要清晰，在同一课件中的图片色调最好也要一致，可以利用PowerPoint软件中重新着色功能来统一图片中的色调，效果如图4-47所示。

图4-47 统一色调

- 适当裁剪：制作课件时，通过裁剪可以去除图片上的水印或是图标，也可以放大局部，增强图片的震撼力和视觉冲击力，效果如图4-48所示。

裁剪前　　　　　　　　　　　　裁剪后

图4-48　图片裁剪

- 改变形状：图像不仅可以裁剪成矩形，还可以裁剪成各种形状。如图4-49所示，在"裁剪"下拉按钮中有"裁剪为形状"命令，可以将图像裁剪成各种形状。

图4-49　改变图像形状

知识库

1. 嵌入字体

制作课件时，为了突出效果，会使用一些特殊字体，如果放映幻灯片的计算机上没有安装这些字体，放映时，文字就不能正常显示。此时可以利用 PowerPoint 软件中的"嵌入字体"功能解决问题。在保存课件时，选择"文件"→"选项"命令，打开"PowerPoint 选项"对话框，按图 4-50 所示操作，嵌入字体，这样在任何计算机上播放，文字都能正常显示了。

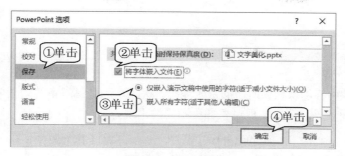

图4-50　嵌入字体

2. 规范使用字体

标题可用微软雅黑，美观大方，中英文都适用，在加粗后尤其清晰；内容可用宋体，两者可产生强烈的对比。课件中使用文字时需要注意标点符号不能出现在任何一行的前端，谨慎使用艺术字，注意颜色是否太多、形状是否过于扭曲、是否适合阅读。注意调整行间距，默认行间距是单倍行距，建议设置成 1.3～1.5 倍行距，这样看起来比较清爽，不会给人一种密密麻麻的感觉。

4.2.5　设置动画效果

动画可以使微课课件更有活力，更精彩，更具有吸引力。PowerPoint 软件提供了两种添加动画效果的方法，一是为幻灯片中的任意对象设置自定义动画，二是设置幻灯片间的切换方式。

实例4　认识时间

本课件制作的是北师大版小学数学二年级下册第七单元"时、分、秒"第一课时"认识时间"的内容，在课件中添加了自定义动画及幻灯片切换效果，通过时钟的动态直观演示，让学生会认、会读、会写钟面上的时间，课件效果如图 4-51 所示。

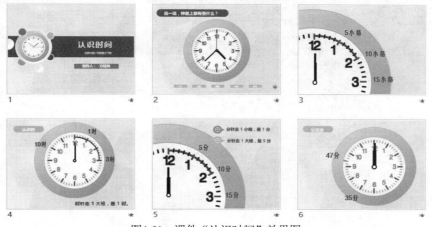

图4-51　课件"认识时间"效果图

本例的主要任务是学习如何添加自定义动画及如何设置幻灯片的切换效果，自定义动画包括添加"进入"动画、"路径"动画、"退出"动画。

跟我学

■ 设置进入动画

制作此幻灯片中标题"认识时"的进入动画。进入动画是最基本的动画效果,为幻灯片中的对象设置此动画效果,可以实现对象各种不同的出现方式。

01 打开课件 打开"认识时间.pptx"课件,切换到第 4 张幻灯片。

02 打开"动画窗格" 按图 4-52 所示操作,打开"动画窗格"。

图4-52　打开"动画窗格"

03 组合对象 选中标题背景黄色圆角矩形和"认识时"文本框,按图 4-53 所示操作,将两个对象进行组合。

图4-53　组合对象

04 添加进入动画 选中标题,按图 4-54 所示操作,添加"进入"动画中的"飞入"效果。

图4-54　添加进入动画

05 设置动画效果 按图 4-55 所示操作,设置文字进入效果为"自右侧"飞入,开始时间为"与上一动画同时"。

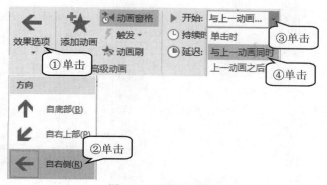

图4-55 设置动画效果

 为对象添加不同的动画效果时,单击动画选项卡中的"效果选项"后出现的调整内容与选择命令是不一样的。

■ 设置强调动画

制作时针顺时针旋转的强调动画。此动画中,在时针旋转30°的同时,红色短弧线也同时出现,以直观显现出旋转的弧度。

01 隐藏对象 选中上层的时针对象,按图4-56所示操作,在"格式"选项中,单击打开"选择窗格",隐藏选中的"秒针旋转90°"对象。

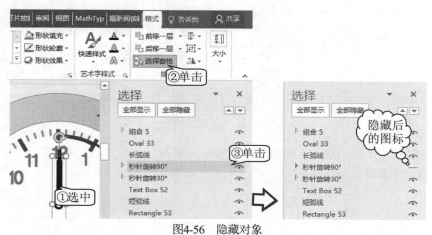

图4-56 隐藏对象

 本例时针有两个旋转动画,需要两个时针对象。在制作第一个旋转动画时,上层的时针把下层的时针遮挡住了,因此在制作下层对象动画时,需要先将上层对象隐藏,等到下层对象动画制作完成,再将上层对象显示。

02 添加强调动画 单击选中时针,按图4-57所示操作,添加"强调"动画中的"陀螺旋"效果。

图4-57 添加强调动画

03 设置动画效果 按图4-58所示操作,设置时针动画开始时间为"单击时",动画效果为"顺时针旋转30°"。

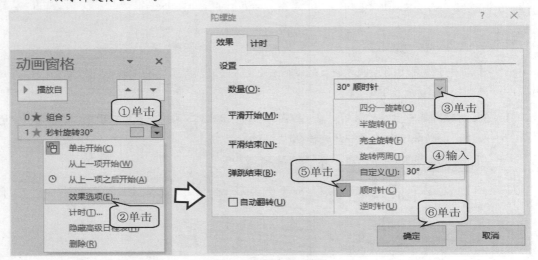

图4-58 设置动画效果

04 添加短弧线动画 选中短弧线,为其添加"进入"动画中的"擦除"效果。

05 设置动画效果 按图4-59所示操作,设置短弧线效果为"自左侧"飞入,开始时间为"与上一动画同时"。

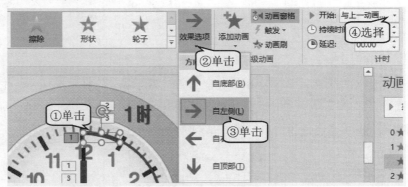

图4-59 设置动画效果

06 添加"1时"文字动画 选中"1时"文本框,为其添加"进入"动画中的"擦除"效果,开始时间为"单击时"。

07 添加底部文字动画 选中幻灯片下方的文本框"时针走 1 大格,是 1 时",为其添加"进入"动画中的"百叶窗"效果,动画开始时间为"上一动画之后"。

■ 设置退出动画

设置弧线和文字对象的退出效果,使得弧线和文字对象以指定的动画方式从当前幻灯片中消失。

01 添加时针退出动画 仍选中时针,按图 4-60 所示操作,为时针添加"退出"动画中的"消失"效果,动画开始时间为"单击时"。

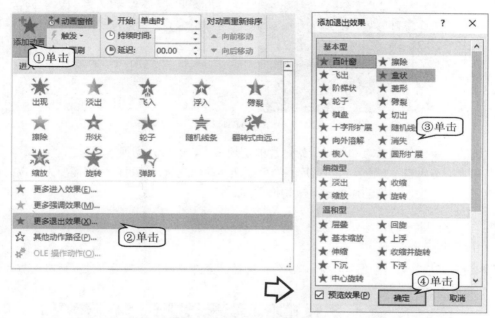

图4-60 添加时针退出动画

02 设置其他对象退出动画 与步骤 01 方法相同,为短弧线"1 时"文本框添加"消失"动画效果,并设置动画开始时间为"上一动画之后"。

■ 设置时针旋转90°动画

显示上层的时针对象,为其添加"陀螺旋"动画效果,并设置其旋转 90°,同时完成弧线动画的制作。

01 显示时针对象 选中时针,打开"选择"窗格,找到之前隐藏的"秒针旋转 90°"对象,单击其后方的 ━ 按钮,使之变为 ◠ ,即由隐藏变为显示。

02 添加时针进入动画 选中"秒针旋转 90°"对象,添加"进入"动画中的"出现"效果。

03 添加时针强调动画 仍选中该时针对象,添加"强调"动画中的"陀螺旋"效果,并设置动画效果为"顺时针旋转 90°",开始时间为"单击时"。

04 添加长弧线进入动画 选中长弧线对象，添加"进入"动画中的"擦除"效果，并设置动画效果为"自左侧"飞入，开始时间为"与上一动画同时"。

05 添加文字进入动画 选中"3时"文本框，为其添加"进入"动画中的"擦除"效果，开始时间为"单击时"。

06 保存课件 单击"保存"🔲按钮，保存设置好动画效果的课件。

> **实例5** 鸟的全身为飞行而设计

本课件制作的是人教版初中生物八年级上册第五单元"鸟"一课的微课课件，效果如图4-61所示。在课件中通过"切换"选项卡中的"切换到此幻灯片"组中的各项命令，为幻灯片添加切换效果，以增加幻灯片的动态效果，使得幻灯片放映时更加吸引人。

图4-61 "鸟的全身为飞行而设计"切换效果图

本例的主要任务是学习如何设置幻灯片的切换效果，幻灯片切换效果包括"细微型""华丽型"和"动态内容"3种。为幻灯片添加页面切换动画之后，还可以根据需要为所选的切换效果设置声音效果、切换的速度、更改切换方式。

跟我学

01 设置切换效果 按图4-62所示操作，选择"全部应用"选项后，设置所有幻灯片的切换效果为"推进"。

图4-62 为所有幻灯片设置"推进"切换效果

02 设置封面切换效果 选中第1张幻灯片，单独设置封面幻灯片的切换效果为"闪耀"。

 设置不同切换效果时要注意次序，先用"全部应用"功能设置全部幻灯片的切换效果，提高效率，然后再设置个性化的切换效果到指定幻灯片。

03 设置切换方式 仍然选择第1张幻灯片，按图4-63所示操作，设置自动换片方式，时间为8秒。

 幻灯片切换方式中，若同时选中"单击鼠标时"复选框和"设置自动换片时间"复选框，则表示满足这两个条件中任意一个，都可以切换到下一张幻灯片。

04 设置切换声音　选中第 11 张幻灯片,按图 4-64 所示操作,设置幻灯片切换的声音为"风铃"。

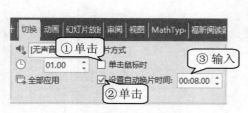

图4-63　设置幻灯片切换方式

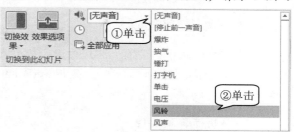

图4-64　设置幻灯片切换声音

 幻灯片切换时除了可以选择系统自带的声音,还可以选择"其他声音"选项,添加来自计算机文件的声音。

05 保存课件　设置好切换效果和切换方式后,单击"保存" 按钮,保存课件。

知识库

1. 不同对象的"效果"选项

不同的对象及动画效果,其"效果"选项对话框的内容会有所不同,如图 4-65 所示。

例如,在图 4-65(a)的"弹跳—效果"选项对话框中,可设置"声音""动画播放后"等相关参数,如果是对文本框设置了弹跳效果,还可设置文本框中的文字是整体、按词、按字或按字母出现;而在图 4-65(b)的"放大/缩小—效果"选项对话框中,除了可以完成前面的设置,还可设置放大/缩小的尺寸、动画的起止平稳度及播放后自动翻转等效果。

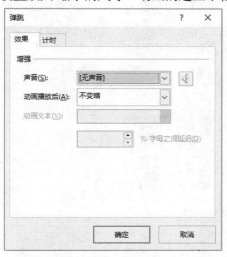

(a) "弹跳"动画的"效果"选项对话框　　(b) "放大/缩小"动画的"效果"选项对话框

图4-65　不同的"效果"选项对话框

2. 删除动画效果

如果对设置的动画效果不满意,可以进行删除操作。在右侧的"动画窗格"中,先选中要删除的动画效果,在下拉选项中选择"删除"命令,或者按 Delete 键,删除选中的动画效果。

3. 批量设置自定义动画

如果先同时选中几个对象,再进行自定义动画的设置,可批量设置对象的自定义动画,设置后,这些对象的动画将同时播放。在 PowerPoint 中有一个类似于"格式刷"功能的"动画刷" 工具,"动画刷"的使用方法与"格式刷"相同,它能大大提高效率,节省时间。

4. 调整动画播放顺序

同一张幻灯片中可以添加多个动画效果,在预览所有对象动画效果后,可根据需要对动画的播放顺序进行调整,使得动画效果设置更合理。在"动画窗格"中看到的各对象动画的排列顺序就是动画播放的顺序,要调整对象动画播放顺序,只需选中相应对象的动画选项,通过鼠标拖动调整即可,或者按图4-66所示操作,通过单击按钮,调整动画播放顺序。

图4-66 调整动画播放顺序

5. 添加SmartArt图形动画

在表现课件中若干元素之间的逻辑结构关系时,用户可以使用 SmartArt 图形功能,以各种几何图形的位置关系来显示这些文本,从而使课件更加美观和生动。设置完动画后,可以按图 4-67 所示操作设置"效果选项",即可设置动画效果的逐个播放效果。

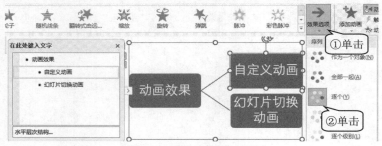

图4-67 设置SmartArt动画

4.2.6 控制课件交互

在制作微课时,一般会设置一些练习题以检测学生的学习情况,如选择题、填空题、连接题、问答题等。利用 PowerPoint 软件的触发器、开发工具等来制作练习题,可以显示学生的答题情况,实现教师和学生间的交互式教学。

实例6 二氧化碳和一氧化碳

本例是人教版九年级化学上册第六单元第 3 课时"二氧化碳和一氧化碳"的微课，在课件的最后使用控件设置了 5 道选择题，效果如图 4-68 所示。

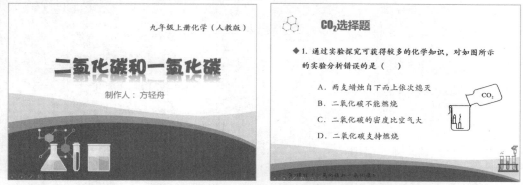

图4-68 课件"二氧化碳和一氧化碳"效果图

使用触发器可以制作简单的选择题，在本例中即用触发器来控制判断"对"与"错"的文本对象的播放。

跟我学

01 打开课件 运行 PowerPoint 软件，打开"二氧化碳.pptx"课件，选中第 2 张幻灯片。

02 新建判断文本框 在当前幻灯片页面上插入一个文本框。

03 插入"√"符号 按图 4-69 所示操作，在文本框内插入符号"√"，添加文字阴影，并设置颜色为"红色"，字号为"54"。

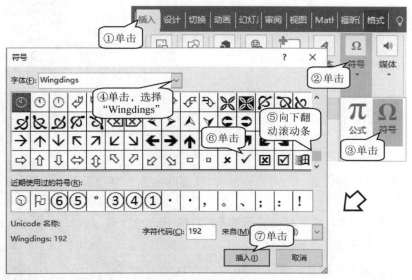

图4-69 插入符号

04 插入"✗"符号　用同样的方法,插入"✗"符号,再通过复制、粘贴共得到3个"✗"符号文本框,调整好各符号对应的位置,效果如图4-70所示。

05 添加动画效果　按图4-71所示操作,设定4个对错文本框的自定义动画效果均为"自左侧"飞入。

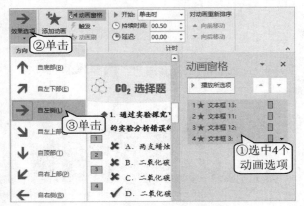

图4-70　插入符号效果图　　　　　图4-71　添加动画效果

06 设置触发器　按图4-72所示操作,设置"✓"符号的触发器为选项D文本框。

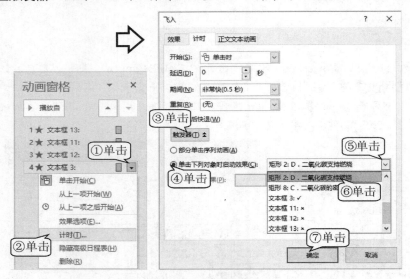

图4-72　设置触发器

07 完成其他触发器设置　用同样的方法,设置其他3个"✗"符号的触发器分别为选项A、B、C文本框。

08 测试触发器效果　设置好触发器效果后,按Shift+F5键,放映当前幻灯片,预览播放效果,设置正确即可保存文件。

 除了触发器,还可以使用PowerPoint的"超链接"功能,实现幻灯片与幻灯片、幻灯片与演示文稿或幻灯片与其他程序之间的交互。

实例7　民族工业话张謇

本例制作的是北师大版初中历史八年级上册第 6 课"近代工业的兴起"中"状元实业家"微课中的内容，课件中利用 VBA 制作填空题，让学生自己输入答案，当输入的答案正确时，屏幕会显示鼓励的话，当输入的答案错误时，则显示提示语，课件效果如图 4-73 所示。

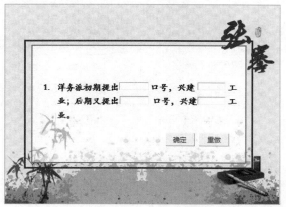

图 4-73　课件"民族工业话张謇"效果图

制作微课时，使用编程的方式是实现交互最直接的途径，文本框可以收集用户输入的内容，并通过 VBA 编程语言来实现填空题的判断。

■ 插入文本框控件

在"开发工具"中有一种特殊的文本框控件，它可以用来输入文字或显示文字，也可以赋值，通过 VBA 编程语言实现特定功能。

01 打开课件　打开配套资源中的课件"民族工业话张謇.pptx"课件，选中第 8 张幻灯片。

02 插入文本框　插入文本框，输入第一道填空题，效果如图 4-74 所示。

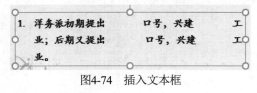

图 4-74　插入文本框

03 打开 PowerPoint 选项　选择"文件"选项卡，单击"选项"命令，打开"PowerPoint 选项"对话框。

04 打开"开发工具"　在打开的对话框中，按图 4-75 所示操作，打开"开发工具"。

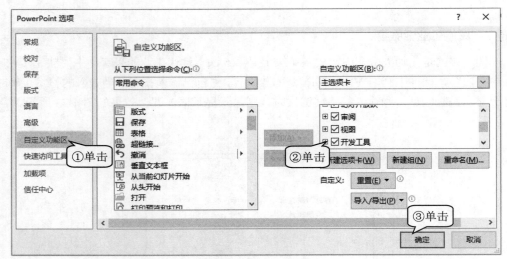

图4-75 打开"开发工具"

05 插入文本框控件 选择"开发工具"选项卡,按图4-76所示操作,插入文本框控件。

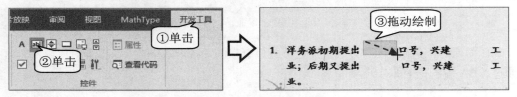

图4-76 插入文本框控件

06 设置控件属性 按图4-77所示操作,设置文本框控件背景BackStyle的值为0,即背景为透明。

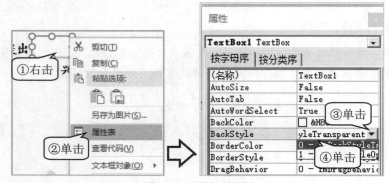

图4-77 设置控件属性

07 完成其他控件设置 利用复制粘贴的方法,得到其余3个文本框控件。

第一个文本框控件默认名称为TextBox1,复制粘贴得到的其余3个文本框的名称依次为TextBox2、TextBox3、TextBox4。

■ 插入命令按钮

命令按钮是一个称作 CommandButton 的控件，利用它可以开始、中断或结束一个进程。

01 插入命令按钮 在"开发工具"选项卡中，按图 4-78 所示操作，插入命令控件，控件的默认名称为"CommandButton1"。

图4-78 插入命令按钮

02 打开属性表 在绘制好的命令按钮上右击，按图 4-79 所示操作，打开命令按钮的属性表。

图4-79 打开属性表

03 设置命令按钮属性 按图 4-80 所示操作，将命令按钮的名称由"CommandButton1"改为"确认"，并修改字体为"微软雅黑"，字号为"小二"，颜色为"深红色"。

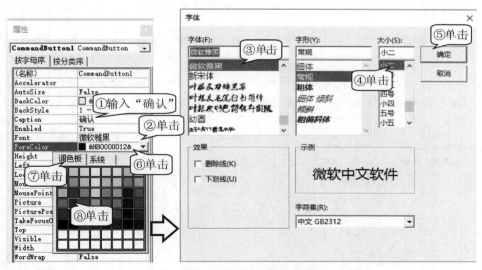

图4-80 设置命令按钮属性

04 打开代码窗口 双击"确定"命令按钮，打开代码窗口，如图 4-81 所示。

图4-81 打开代码窗口

05 输入代码 在代码窗口中的 Private Sub CommandButton1_Click() 和 End Sub 行之间输入代码,如图4-82所示。

```
Private Sub CommandButton1_Click()
If (TextBox1.Text = "自强") And (TextBox4.Text = "军事") And (TextBox4.Text = "求富") And (TextBox4.Text = "民用") Then
MsgBox "恭喜你答对了!"
Else: MsgBox "对不起,答错了,再来一次吧!"
End If

End Sub
```

图4-82 输入代码

 这段代码的意思是:如果在4个文本框中依次输入"自强""军事""求富""民用",会弹出"恭喜你答对了!"消息框;否则,弹出"对不起,答错了,再来一次吧!"消息框。

06 插入"重做"控件 用同样的方法,再插入一个命令按钮,重命名为"重做",效果如图4-83所示。

07 输入代码 双击"重做"按钮打开代码窗口,在 Private Sub CommandButton2_Click() 和 End Sub 行之间输入代码,如图4-84所示。

图4-83 "重做"按钮效果图

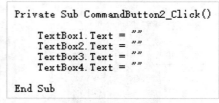

图4-84 输入代码

 "TextBox1.Text=""""代码的意思是清空第一个文本框控件原来输入的文本,"重做"按钮就是删除原来4个文本框中输入的文字。

08 **保存文件** 播放幻灯片，测试没有问题后，即可保存文件。

1. 认识VBA

VBA(Visual Basic for Application)是以 VB(Visual Basic)语言为基础，经过修改后，能在 Microsoft Office 中运行的应用程序，它不像 VB 一样能生成可执行的程序，但是利用它可以在课件内更好地实现人机交互。

2. PowerPoint 控件

在 PowerPoint 软件中，提供了一组 ActiveX 控件，如图 4-85 所示。利用它可以在幻灯片中控制一组预定义的事件，或者是执行一段程序代码。

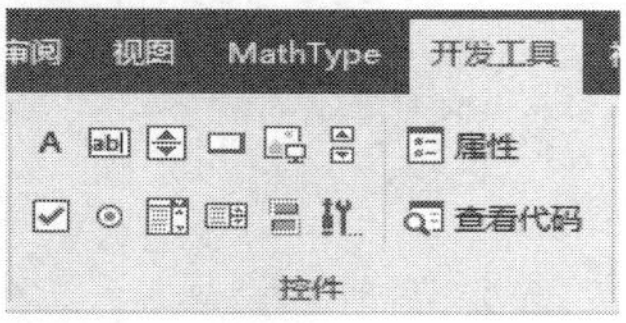

在制作交习习题过程中，常用的控件有下面几种。

- 标签：用于表现静态文字信息，如显示选择题、判断题的题目等。
- 文本框：可以输入文本，用来制作填空题。
- 命令按钮：可用于制作幻灯片上的按钮，还可通过按钮来改变幻灯片的播放顺序，设计超级链接。
- 复选框：是一个选择控件，可用于多项选择题的制作。
- 选项按钮：即单选按钮，通常以组的形式出现，常应用于单项选择题或判断题。

图 4-85 ActiveX 控件

4.3 实现声画同步

制作微课课件，除了可以添加文字、图片，还可以在幻灯片中插入声音对象，使得课件主题更加突出，从而提高课件的感染力。

实现声画同步

4.3.1 插入背景音乐

在制作微课课件时，经常会用到音频素材，最常见的就是插入音频作为背景音乐。而背景音乐一般情况下都会贯穿整个放映过程，因此音量不宜太大。

实例 8　学画抽象画

本例制作的是小学美术人民教育美术出版社"学画抽象画"微课课件的内容，通过在课件中添加背景音乐，介绍在 PowerPoint 中添加和设置声音播放方式的方法和技巧，课件效果如图 4-86 所示。

图4-86 课件"学画抽象画"效果图

在课件中添加背景音乐，可以增强课件的气氛。PowerPoint 支持多种格式的外部声音文件，如 MP3、WAV、MID 等。

■ 添加背景音乐

在幻灯片中插入背景音乐，可以烘托课堂教学的氛围，增强课件的播放效果，因此在选择背景音乐时，一定要符合课件主题。

01 打开文件　运行 PowerPoint 软件，打开"学画抽象画.pptx"文件，选中第 1 张幻灯片。

02 插入背景音乐　选择"插入"选项卡，按图 4-87 所示操作，插入背景音乐"Journey. mp3"。

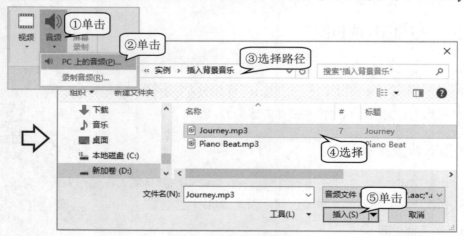

图4-87 插入背景音乐

在课件中插入背景音乐时，最好先将音乐文件复制到课件所在的文件夹中，然后再将背景音乐插入幻灯片中。如果课件放映出现异常，可对音乐文件进行重新插入或转码后再使用。

03 调整图标位置 按图 4-88 所示操作,将插入的声音文件图标拖至幻灯片编辑区外,以使课件美观。

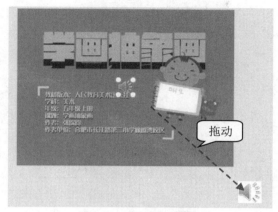

图4-88 调整图标位置

■ 设置播放方式

设置音乐的播放方式,就是让音乐自动播放、跨幻灯片播放、循环播放,并且隐藏音频图标。

01 设置淡入淡出 选中声音图标,按图 4-89 所示操作,设置音乐淡入淡出的时间为 5 秒钟。

图4-89 设置淡入淡出

02 设置音频播放方式 选中声音图标,按图 4-90 所示操作,设置音频开始方式为"自动",选中"跨幻灯片播放"和"循环播放,直到停止"复选框。

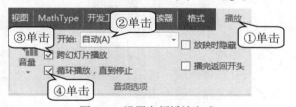

图4-90 设置音频播放方式

03 设置音频音量 选中声音图标,按图 4-91 所示操作,设置音频音量为中等。

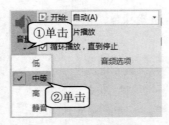

图4-91 设置音频音量

04 测试并保存文件 选中声音图标，按图4-92所示操作，播放声音试听效果，没有问题即可保存文件。

图4-92 测试声音

1. 音频播放方式

如图4-93所示，"音频工具"组有6个选项可以控制音频的播放，这些选项的具体功能介绍如下。

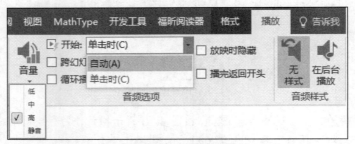

图4-93 音频播放选项

- 音量：音量选项中有"低、中、高、静音"，可以更改音频剪辑的音量。
- 开始：开始选项中有"自动""单击时"。"自动"指幻灯片播放时，音乐同时自动播放；"单击时"指幻灯片播放时，选中"小喇叭"图标，单击"播放"按钮，音乐才能播放，如果设置了触发器，则单击触发器，开始播放。
- 跨幻灯片播放：指音乐播放时，幻灯片往下切换，但音乐继续播放，不会停止，直至音乐结束。
- 循环播放，直到停止：指重复播放音频，直到幻灯片放映结束。
- 放映时隐藏：指在幻灯片放映时，隐藏音频剪辑的图标。
- 播完返回开头：音频剪辑播完返回到开始的地方停住，不再继续播放。

2. 在后台播放

播放选项中有一个"在后台播放"按钮，插入音频剪辑后，单击此按钮，可以一键实现自动播放、跨幻灯片播放、循环播放，以及隐藏音频图标等功能。

4.3.2 控制声音播放

PowerPoint 对声音和视频的控制能力不是很强，但可以通过使用 PowerPoint 自身的触发器，方便地实现在音乐播放过程中对音乐进行播放、暂停、停止的控制。

实例 9　龙里格龙

本例制作的是人音版小学音乐四年级上册第 8 课"龙里格龙"的微课课件，在课件中添加音乐播放按钮图片，并利用触发器自定义播放控制按钮，效果如图 4-94 所示。

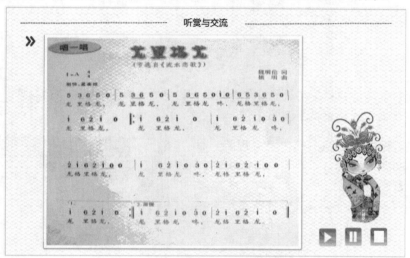

图4-94　课件"龙里格龙"效果图

PowerPoint 中默认的声音控制按钮比较简单，为了使课件更美观，可以将一些好看的图片设置为声音播放按钮。

跟我学

01 打开文件　运行 PowerPoint 软件，打开"龙里格龙.pptx"文件，选中第 7 张幻灯片。

02 插入乐曲　选择"插入"选项卡，单击"音频"→"PC 上的音频"选项，选择乐曲"流水恋歌.mp3"。

03 插入按钮图片　选择"插入"选项卡，单击"图片"选项，在打开的"插入图片"对话框中，选择配套资源中的 3 个按钮图片插入，并调整好图片的大小和位置。

04 设置播放触发器　打开"动画窗格"窗口，按图 4-95 所示操作，设置播放触发器。

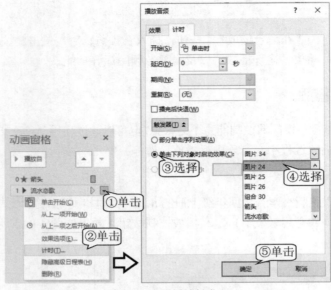

图4-95 设置播放触发器

 设置触发器的前提是在动画窗格中先设置好想要关联的动画、媒体操作,再设置触发器,从而完成自定义交互的操作。

05 添加暂停播放按钮 选中声音图标,按图 4-96 所示操作,添加暂停播放按钮。

06 设置暂停触发器 打开"动画窗格",按图 4-97 所示操作,设置暂停触发器。

图4-96 添加暂停播放按钮

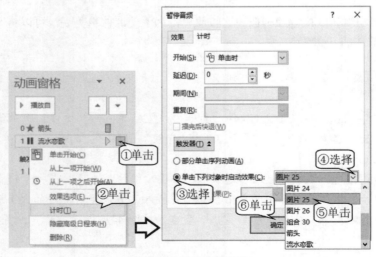

图4-97 设置暂停触发器

07 设置停止触发器 用同样的方法，选中声音图标，添加停止播放按钮，并设置停止触发器为单击"图片 47"，效果如图 4-98 所示。

图4-98 设置停止触发器

08 隐藏声音图标 选择声音图标，在"播放"选项卡的"音频选项"组中选取"放映时隐藏"选项。

09 保存文件 按 F5 键播放幻灯片，测试播放效果，没有问题则保存文件。

4.3.3 剪裁音频文件

在课件中插入的声音文件，可能只需要播放其中的一部分，这就需要对声音文件进行剪裁，以适合该幻灯片的主题内容。

实例 10 用色彩表达情感

本例制作的是初中美术八年级上册人民美术出版社第 4 课"用色彩表达情感"的课件，在课件中添加一段声音文件，并根据需要进行剪裁，效果如图 4-99 所示。

图4-99 课件"用色彩表达情感"效果图

剪裁音频功能可从音乐文件中快速剪辑出一小段需要的音乐，实现过程中，选中音频文件后，单击"播放"选项卡中的"剪辑音频"命令，设置开始和结束时间即可。

跟我学

01 打开文件 运行 PowerPoint 软件，打开"用色彩表达情感.pptx"文件，选中第 2 张幻灯片。

02 插入乐曲 选择"插入"选项卡，单击"音频"→"PC 上的音频"选项，选择配套资源中的乐曲"Piano Beat.mp3"。

03 打开"剪裁音频"对话框 选中音频的"喇叭"图标，按图 4-100 所示操作，打开"裁剪音频"对话框。

图 4-100　打开"剪裁音频"对话框

04 剪裁音频 按图 4-101 所示操作，设置音频开始时间和结束时间。

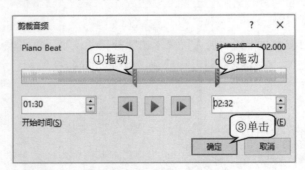

图 4-101　剪裁音频

05 保存文件 播放当前幻灯片，测试播放效果正确后即可保存文件。

4.3.4　录制语音旁白

制作好微课课件之后，需要对幻灯片所展示的内容进行讲解配音，利用 PowerPoint 软件中的"录制幻灯片演示"功能可以很方便地实现语音旁白的录制，并且在录制过程中还可以随时暂停录制或是继续。

实例 11　巧辨 lonely & alone

本例制作的是外研版英语八年级下册第九模块第二单元中微课"巧辨 lonely & alone"的课件,在确定计算机已安装好麦克风并调试好声音后,即可为课件录制旁白,课件效果如图 4-102 所示。

图4-102　课件"巧辨lonely & alone"效果图

"录制语音旁白"功能会把录制旁白的音频插入每一张具有旁白音频的幻灯片上,录制完毕后,每一张具体旁白的幻灯片右下角都会有一个"小喇叭"的标志。

跟我学

01 打开文件　运行 PowerPoint 软件,打开"巧辨 lonely & alone.pptx"文件。

02 打开"录制幻灯片演示"对话框　按图 4-103 所示操作,打开"录制幻灯片演示"对话框。

03 修改录制选项　按图 4-104 所示操作,取消选中"幻灯片和动画计时"复选框。

图4-103　打开"录制幻灯片演示"对话框

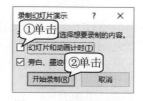
图4-104　修改录制选项

04 录制旁白　开始录制语音旁白,如图 4-105 所示,单击 ➡ 按钮切换到下一张幻灯片,单击 ⏸ 按钮暂停录制,所有幻灯片全部录制完成后,按 Esc 键退出幻灯片放映状态。

图 4-105　录制旁白

05 测试并保存文件　录制过旁白的幻灯片,会在幻灯片的右下角出现一个声音图标,如图 4-106 所示,播放幻灯片测试播放效果,没有问题即可保存文件。

图4-106 测试并保存文件

4.4 生成微课视频

PowerPoint 微课课件制作完成后,最终还是要通过幻灯片放映的方式来查看效果,以便与学生互动,还可以将演示文稿转换为视频内容,以供用户通过视频播放器播放。此外,软件还提供了屏幕录制功能,进一步提高制作微课的效率。

生成微课视频

4.4.1 录制屏幕操作

PowerPoint 新增了很多新功能,其中"屏幕录制"功能可以很方便地将屏幕上的操作录制为视频,可插入当前幻灯片中或保存成单独的视频文件。

实例 12 文本框创意排版

本例制作的是科学出版社信息技术七年级下册第三单元活动 2"文本框创意排版"微课的内容,使用 PowerPoint 软件的"屏幕录制"功能,将"示例 1.pptx"添加文本框的操作录制下来并加入课件中,效果如图 4-107 所示。

图4-107 课件"文本框创意排版"效果图

PowerPoint 可以轻松实现录制计算机屏幕及相关的音频，本实例通过屏幕录制功能，将课件"示例 1.pptx"添加文本框的操作过程录制下来，嵌入"文本框创意排版.pptx"幻灯片中，并保存为单独的视频文件。

01 新建幻灯片 打开待录制的"示例 1.pptx"文件后，再打开"文本框创意排版.pptx"文件，在"文本框创意排版"课件的第 4 张幻灯片后插入一张新幻灯片。

图4-108 新建幻灯片

02 设置录制区域 选择"录制"选项卡，按图 4-109 所示操作，选择"屏幕录制"命令，在打开的窗口中，选择"选择区域"命令，拖动选择"示例 1.pptx"文件的录制区域。

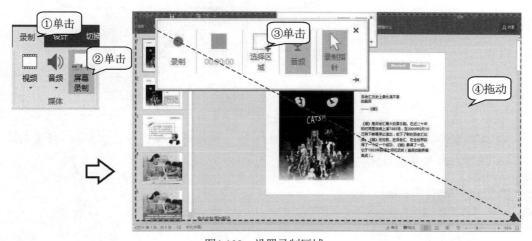

图4-109 设置录制区域

在开始屏幕录制前，建议提前做好准备工作，以便选择录制的区域。如果选择的录制区域大小不合适，可以单击"选择区域"选项，重新拖动选择。

03 **开始录制** 按图 4-110 所示操作，单击"录制"按钮，开始录制"示例 1.pptx"添加文本框的操作。

图 4-110　开始录制

 默认情况下，"屏幕录制"对话框中的音频选项是灰色的，表示音频是选中状态，连接上麦克风，在屏幕录制时会连同声音一起录制下来。

04 **结束录制** 操作演示完成后，按 Win+Shift+Q 键，退出当前视频录制操作。

05 **剪辑视频** 视频录制完成后，将录制过程中开始和结束多余的内容剪辑掉，按图 4-111 所示操作，设置好视频的开始和结束的时间，保留需要的内容。

图4-111　剪辑视频

06 **保存文件** 录制后的视频会嵌入在幻灯片中，可以对视频进行调整大小、改变形状等操作，效果满意后保存文件即可。

知识库

1. "屏幕录制"工具

在 PowerPoint 软件中，新增了"屏幕录制"功能，在"插入"选项中，单击媒体组中的"屏幕录制"选项，即可打开相应的录制工具，如图 4-112 所示。

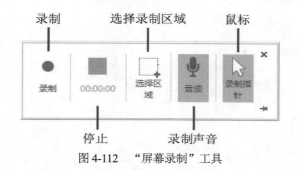

图 4-112 "屏幕录制"工具

- ●录制：单击此按钮开始录制计算机屏幕上的所有操作，此时录制按钮变成暂停按钮■，再次单击可以暂停录制操作。录制的快捷键是Windows徽标键+Shift+R。
- ■停止：单击此按钮停止录屏的操作，同时显示录制的时间。快捷键是Windows徽标键+Shift+Q。
- 选择区域：录制前选择要录制的区域范围。快捷键是Windows徽标键+Shift+A。
- 音频：可以录制声音，也可以取消录制声音，当按钮呈灰色时，表示如果连接了麦克风，可以连同声音一起录制。快捷键是Windows徽标键+Shift+U。
- 选项按钮：可以选择录制时显示鼠标指针。快捷键是Windows徽标键+Shift+O。

2. 屏幕录制的不足

PowerPoint 软件的屏幕录制功能非常简便，不用安装 Camtasia 等录屏软件就可以进行录制屏幕操作，但是它也存在以下一些不足。

- 视频编辑功能简单：只能对录制的视频进行简单的裁剪，不能实现复杂的视频编辑操作，如添加片头、背景音乐、字幕等。
- 不能录制系统声音：PowerPoint软件的屏幕录制，只能录制麦克风中的声音，不能录制计算机系统中的声音。

4.4.2 生成视频

制作好微课课件，并且录制好旁白后，就可以生成微课视频了，视频文件的格式有 MP4 和 WMV 两种。生成视频可以使用"文件"选项中的"导出"命令，选择"创建视频"选项即可轻松完成。

| 实例 13 姥姥的剪纸

本例要生成的是小学六年级语文上册"姥姥的剪纸"微课视频，课件已经制作完成，并且录制好了旁白，效果如图 4-113 所示。

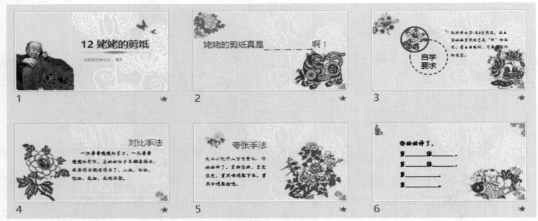

图4-113　课件"姥姥的剪纸"效果图

本例介绍的是使用 PowerPoint 的"创建视频"功能,利用前面录制好的"计时和旁白",生成"姥姥的剪纸"微课视频。

跟我学

01 选择创建视频　在"文件"选项中,按图 4-114 所示操作,选择"创建视频"命令。

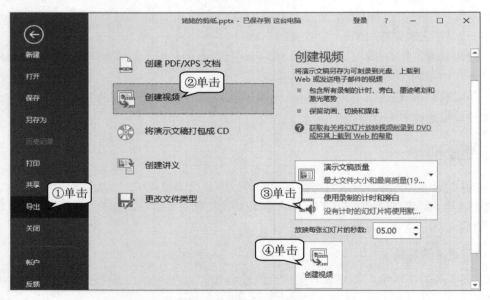

图 4-114　选择"创建视频"命令

02 设置保存选项　按图 4-115 所示操作,选定视频的格式,将视频保存在指定文件夹中。

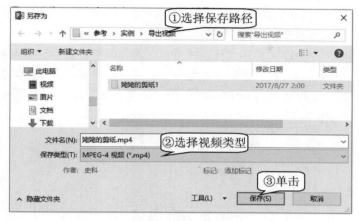

图 4-115 设置保存选项

03 创建视频 视频的保存根据文件大小不同，创建时间也不同，文件越大，时间越长，"姥姥的剪纸.pptx"课件视频创建过程如图 4-116 所示。

图 4-116 创建视频过程

04 查看视频 打开视频所在的文件夹，查看生成的视频文件"姥姥的剪纸.mp4"，播放正常即可。

4.5 小结和习题

4.5.1 本章小结

目前，使用 PowerPoint 课件来展示教学过程仍是教师最常用的一种方法。将教师的教学语言与 PowerPoint 课件的屏幕展示过程结合在一起，录制成短小的微课，既容易制作，又能满足大部分学科知识点的教学。本章通过一些具体实例，从准备素材、制作课件、声画同步、生成微课视频等方面来介绍微课的制作过程。本章需要掌握的内容如下：

- **准备制作课件：**了解如何规划与设计微课课件，选择确定课题、设计教学方案、编写微课脚本。初识微课制作的步骤，准备课件素材、制作课件、录制旁白、生成视频等。
- **制作微课课件：**学会制作幻灯片母版，实现课件外观上的统一。学会添加素材的方法，主要有文字的添加和设置，图形、图像的插入、调整等；学会在课件中添加影片、动画和声音等。熟练利用"自定义动画"制作具有动态效果的课件，利用"幻灯片切换"

功能设置幻灯片之间的过场动画。熟练利用"动作设置"和"超链接"制作非线性播放的课件，能按照教学需要快速便捷地展示教学内容，辅助教学。
- **实现声画同步**：学会添加音乐文件，并进行设置和调整，主要有插入背景音乐、控制声音播放、剪辑音频文件、录制语音旁白，从而实现声音与幻灯片画面的同步。
- **生成微课视频**：学会使用 PowerPoint 软件的"屏幕录制"功能录制视频；学会将课件导出为视频，作为微课素材。

4.5.2　强化练习

一、选择题

1. 在 PowerPoint 中，如果要给课件选择主题，应该选择的功能区是(　　)。
   A. 开始　　　　　B. 视图　　　　　C. 动画　　　　　D. 设计
2. 在同一课件中，要复制和删除幻灯片，最适合操作的视图是(　　)。
   A. 普通视图　　　　　　　　　　B. 幻灯片浏览视图
   C. 幻灯片放映视图　　　　　　　D. 阅读视图
3. 若要在课件中输入数学表达式或函数，可以选择的命令是(　　)。
   A. 符号　　　　B. 特殊符号　　　　C. 批注　　　　D. 公式
4. 若要给自定义动画配上声音，应使用的命令是(　　)。
   A. "单击开始"　　　　　　　　B. "现实高级日程表"
   C. "计时"　　　　　　　　　　D. "效果选项"
5. 幻灯片放映时，从一张幻灯片过渡到下一张幻灯片，称为(　　)。
   A. 动作设置　　　B. 动画过渡　　　C. 幻灯片切换　　　D. 过卷
6. 制作一个对象沿着一个曲线运动，可选择自定义动画的动画类型是(　　)。
   A. 进入效果　　　B. 强调效果　　　C. 退出效果　　　D. 动作路径
7. 为便于整体控制，当幻灯片中的细小对象较多时，可以将对象按需要进行(　　)。
   A. 组合　　　　B. 取消组合　　　　C. 修饰　　　　D. 排列
8. 在放映课件时，能直接跳转到放映某张幻灯片的键盘操作是(　　)。
   A. 空格键或向右、向下光标键　　　B. 退格键或向左、向上光标键
   C. 数字编号+Enter键　　　　　　　D. Esc键
9. 使用 PowerPoint 制作课件时，下列说法错误的是(　　)。
   A. 设置了动作设置或超链接后，不可以删除
   B. 动作设置不仅可以设置单击鼠标左键时交互，还可以设置鼠标移过时交互
   C. 动作设置不仅可以链接到其他课件中的幻灯片，还可以链接到其他应用程序
   D. 动作按钮实际上是带有超链接的形状
10. 使用 PowerPoint 制作课件时，制作步骤一般是(　　)。
    ①美化课件和设置动画效果　②设计提纲　③放映调整　④制作幻灯片
    A. ①②③④　　　B. ②①④③　　　C. ②③④①　　　D. ②④①③

二、判断题

1. 在 PowerPoint 中输入文字通常要先插入文本框。 （   ）
2. PowerPoint 功能区按钮是根据不同的选项卡进行切换的。 （   ）
3. 在幻灯片浏览视图中双击某张幻灯片，可以直接切换到普通视图。 （   ）
4. 课件中所有幻灯片的背景都是一样的，不能改变部分幻灯片的背景。 （   ）
5. 双击图像对象，功能区会自动切换到与图像相关的"格式"功能。 （   ）
6. 自定义动画的速度一旦设定，将不能改变。 （   ）

第 5 章 使用录屏软件制作微课

微课的制作方法有很多，按录制方式分，可以分为拍摄型、录屏型和混合型。录屏型，简而言之，就是把计算机屏幕上所呈现的内容录制下来，成为一段视频。录制屏幕的软件有很多，其中 Camtasia 不仅录制方便灵活，还拥有很专业的剪辑功能，是制作微课的专业工具。本章以实例介绍使用录屏软件 Camtasia 录制与加工微课。

限于篇幅，录屏软件只介绍 Camtasia，部分微课仅介绍关键画面和步骤，其他部分可参考资源中的实例学习。

■ 本章内容
- 准备录屏软件
- 录制视频文件
- 处理视频素材
- 添加字幕注释
- 保存微课视频

5.1 准备录屏软件

录屏软件有很多,目前主要体现在捕捉视频的同时是否捕捉音频,以及捕捉后的处理加工。视频捕捉软件功能有很多,在录制微课前,应先了解各种录屏软件的功能,以选择合适的录屏软件。

准备录屏软件

5.1.1 了解录屏软件

现有的录屏软件在功能上差别很大,如 Camtasia 可以录屏,也可以进行视频的加工与处理,而 SnagIt 不仅能捕捉视频,也可以截取图像,并对图像进行简单的加工处理。常用的录屏软件还有 Adobe Captivate、屏幕录像专家等。

1. Camtasia

使用 Camtasia 软件,用户可以方便地进行屏幕操作的录制和配音、视频的剪辑和过场动画、添加说明字幕和水印、制作视频封面和菜单、视频压缩和播放。Camtasia 支持在任何显示模式下录制屏幕图像、鼠标操作,并同步进行音频录制。在录制完成后,可以使用 Camtasia 内置的强大的视频编辑功能对视频进行剪辑、修改、解码转换、添加特殊效果等操作。Camtasia 软件界面如图 5-1 所示。

图5-1 Camtasia软件界面

2. Adobe Captivate

Adobe Captivate 是一款屏幕录制软件,任何人都能够快速地创建功能强大的、引人入胜的仿真软件演示、基于场景的培训和测验。通过使用软件可以轻松记录屏幕操作、添加电子学习交互、创建具有反馈选项的复杂分支场景,并包含丰富的媒体。Adobe Captivate 软件界面如图 5-2 所示。

图5-2 Adobe Captivate软件界面

3. SnagIt

SnagIt 软件可以捕获图像、文本、视频、网页，如截取 Windows、DOS 屏幕；RM 电影、游戏的画面；菜单、窗口、客户区窗口、最后一个激活的窗口或用鼠标定义的区域。捕获的视频只能保存为 AVI 格式，文本只能在一定的区域进行捕捉，图像可保存为 BMP、PCX、TIF、GIF、PNG 或 JPEG 格式。SnagIt 软件界面如图 5-3 所示。

图5-3 SnagIt软件界面

4. 屏幕录像专家

"屏幕录像专家"是一款专业的屏幕录像制作工具，操作简单。使用它可以轻松地将屏幕上的软件操作过程、网络教学课件、网络电视、网络电影、聊天视频等录制成 AVI、LXE、EXE、WMV 格式，也可以转换成 SWF 动画和 FLV 格式文件。"屏幕录像专家"软件界面如图 5-4 所示。

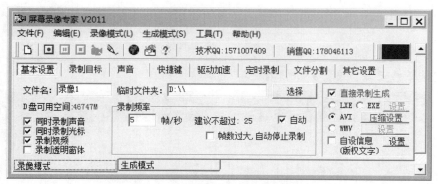

图5-4 "屏幕录像专家"软件界面

5.1.2　安装录屏软件

使用 Camtasia 软件前需要安装软件，目前的 Camtasia 版本只支持 Windows 7、Windows 8、Windows 10 64 位的系统，也支持 mac 系统，但不支持 Windows 32 位系统的安装。下面以 Camtasia 在 Windows 7 操作系统中的安装为例，介绍录屏软件的安装过程。

跟我学

01 运行安装程序 下载 Camtasia 软件及其汉化补丁，按图 5-5 所示操作，打开安装程序所在的文件夹，运行安装程序。

图5-5　运行安装程序

02 安装软件 按图 5-6 所示操作，开始安装软件。

图5-6　安装软件

03 完成软件安装 按图 5-7 所示操作，完成软件安装。

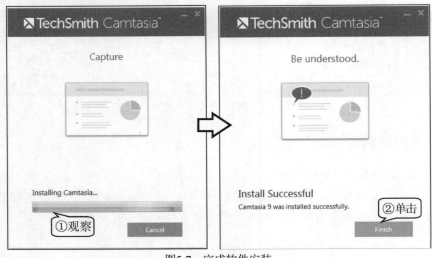

图5-7　完成软件安装

第 5 章 使用录屏软件制作微课 | 157

04 汉化软件 按图 5-8 所示操作，使用补丁来汉化软件。

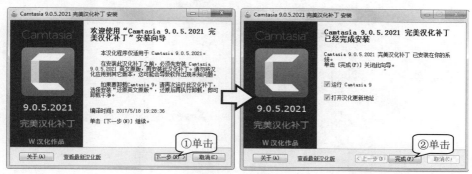

图5-8 汉化软件

5.1.3 认识软件界面

使用软件前，首先要认识软件界面，Camtasia 工作界面包含标题栏、编辑区、时间轴、视频播放窗口。

跟我学

01 运行软件 单击"开始"按钮，选择"所有程序"→TechSmith→Camtasia 命令，运行软件。

02 打开文件 按图 5-9 所示操作，打开文件"瓶子容积的计算.tscproj"。

图5-9 打开文件

03 观察软件界面 单击如图 5-10 所示的菜单栏与工具栏，查看软件组成。

图5-10　观察软件界面

04　观看微课　单击"播放"按钮▶，观看微课。
05　关闭文件　观看完毕，单击"关闭"按钮✕，关闭文件，退出 Camtasia。

5.2　录制视频文件

微课时长只有 5～10 分钟，因此录制微课前需要选择知识点、撰写教学设计、制作课件、编写脚本、布置录制环境，以录制好微课。

录制视频文件

5.2.1　进行录制准备

在录制微课前，需要做好准备工作，如录制的环境、讲解时使用的课件、讲解过程中的过渡语等。使用录屏软件制作微课一般要经过选定课题、撰写教案、准备素材、制作课件、撰写脚本进行拍摄（录制）准备、进行拍摄（录制）、后期编辑和处理、发布微课等过程，下面以高中化学微课"焰色反应"为例介绍使用录屏软件制作微课的过程。

1．配置录制环境

在录制微课时，特别是需要录制大量讲解内容时，选择一个相对安静且不受打扰的环境非常重要，可以利用中午或晚上的时间进行录制。录制微课可以使用的软件有很多，本章选择的录屏软件是 Camtasia。

- **设置屏幕分辨率**：在录制之前，首先要确定录制好的视频将在哪里播放。如果还是在本机上进行播放，那么就可以不用调节屏幕分辨率；如果是在屏幕分辨率较低的计算机上播放，那么建议将屏幕分辨率调低一些，这样才能保证录制好的视频的流畅播放。
- **调试录音设备**：很多老师使用笔记本电脑录制微课，最好为笔记本电脑配上话筒，以改善录制的音响效果。
- **光标设置**：为让学生在观看微课时集中注意力，可以在讲解时移动鼠标，同时设置鼠标高亮，突出显示。
- **隐藏任务栏**：在录制微课前，应关闭任务栏中的无关任务或将任务栏隐藏起来，这样可以避免扰乱学习者的思维，或者起到简化视频画面的作用。

2. 准备教学设计

一节微课的时长虽然只有 5~10 分钟，教学设计可能没有整节课那么复杂，但也应当写清楚教学目标、教学过程等，厘清教学思路，选择合适的教学方法组织教学，让学生在短时间内理解。"焰色反应"教学设计如表 5-1 所示。

表5-1 "焰色反应"教学设计

【教学目标分析】	
1. 知识与技能 了解焰色反应实验所需要的实验用品；知道焰色反应实验具体的操作方法；能够描述钠、钾等金属及其化合物的焰色反应现象；初步了解焰色反应的实验原理。	
2. 过程与方法 通过对焰色反应实验完整操作过程的体验，进一步强化锻炼自己的实验操作技能，并学习运用以实验为基础的实证研究方法去解决实际问题。	
3. 情感、态度与价值观 发展学习化学的兴趣，乐于探究物质变化的奥秘，感受化学世界的奇妙	
【教学过程】	
导入	观看绚丽的烟花表演视频，激发求知的欲望
讲解	1. 体验实验过程 首先展示焰色反应实验所需要的主要实验用品，接着观看完整的实验操作过程。 2. 实验归纳与整理 通过"洗、烧、蘸、烧、洗和烧"6 个步骤对实验操作及现象进行总结与归纳，进而获得相关的实验技能。 3. 拓展延伸 通过模拟动画直观地展示了焰色反应的成因，进一步拓宽同学们的视野
应用	以一个具体实例介绍焰色反应知识在中学化学实验中进行物质鉴别时的重要应用

3. 撰写微课脚本

微课的脚本就是按照教学过程，用课件、教具等呈现教学内容，再根据内容确定讲解方法。编写脚本时，应根据教学内容的需要，按照教学内容的相互联系和教育对象的学习规律，合理地进行安排和组织，以便完善教学内容，本实例使用的是 PPT 课件，如表 5-2 所示。

表5-2 微课"焰色反应"脚本

录制时间：2022年9月6日　　　　　　　　　　　　　　　　　　　微课时间：7分19秒

本微课名称	焰色反应
知识点描述	学科内容：焰色反应在学习完金属元素相关性质之后作为一个物理性质的补充，构建完整的知识体系，也是钠离子和钾离子的重要鉴别方法。 社会价值：焰色反应的学习有利于学生加深对金属的认识，便于学生联系生活，如了解烟花绽放的原理、炒菜时溅到火焰显黄色的原因等。通过火焰焰色的特定现象联系化学知识
知识点来源	学科：化学　　年级：高一　　教材：普通高中课程标准实验教科书(人教版) 章节：必修1第三章第二节("辨色识金")
基础知识	听本微课之前需了解的知识：已学习金属及其化合物的化学性质，具备较完善的知识体系；能利用化学性质对金属离子进行鉴别；基本的化学实验知识和技能
教学类型	☑讲授型　　□问答型　　☑启发型　　□讨论型　　☑演示型　　□联系型 □实验型　　□表演型　　□自主学习型　　□合作学习型　　□探究学习型　　□其他
适用对象	处在初次学习阶段的高一学生；处在复习阶段的高三学生；高中化学普通任课教师
设计思路	由"五彩缤纷的节日烟火"引出问题，焰火为什么会有红色、黄色等，通过实验让学生直观感受焰色反应的过程，然后通过教师的讲解让学生了解焰色反应的本质，最后通过实践应用，让学生使用所学知识解决现实生活中的问题

教学过程

环节	内容	幻灯片	时间
微课片头	焰色反应	/	8秒
动画导入	老师：盛大的节日，往往我们会有机会见到烟花表演，大家现在看到的是迎接2016年到来的一场烟花表演盛况。 学生：老师，这些烟花好漂亮呀！可是我很好奇，为什么这些烟火会有红色、黄色、蓝色、紫色和绿色等各种颜色呢？ 老师：烟火呈现五彩缤纷其实是化学上的一种变化，称为焰色反应，下面我们就来共同认识和体验焰色反应的全过程	/	37秒
正文讲解	老师：我们可以在实验室实现这些变化。 学生：老师，如果我想做这个实验需要哪些实验用品呢？ 老师：想要完成这个实验，我们需要的实验用品主要有酒精灯、铁丝(如果条件允许，也可以用铂丝，铂丝的效果更好)，还有碳酸钠固体、碳酸钾固体和硫酸铜溶液，当然，火柴也是必需的，有了这些我们就可以体验焰色反应的全过程了	第1、第2张	31秒
正文讲解	老师：首先，将铁丝放在稀盐酸溶液中洗涤，在酒精灯上灼烧至与火焰颜色相同，接着蘸取碳酸钠固体，在外焰上灼烧，我们观察到此时火焰的颜色呈黄色，即含钠元素的物质其焰色反应呈黄色。再次将铁丝放在盐酸中洗涤，然后在酒精灯火焰上灼烧至与火焰颜色相同，接着蘸取硫酸铜溶液，在外焰上灼烧，我们观察到此时火焰的颜色呈绿色，即含铜元素的物质其焰色的反应呈绿色。我们还是将铁丝在盐酸中洗涤，然后在酒精灯火焰上灼烧至与火焰颜色相同，接着蘸取碳酸钾固体，在外焰灼烧，透过蓝色钴玻璃我们观察到此时火焰的颜色呈紫色，即含钾元素的物质其焰色反应呈紫色	第3张	1分17秒

(续表)

环节	内容	幻灯片	时间
教学过程			
正文讲解	学生：老师，实验的过程有些快，您能给我们做一下解释吗？ 老师：好的，焰色反应的完整步骤可以用洗、烧、蘸、烧、洗和烧6个步骤来概括。第一步——洗，将铁丝插入稀盐酸进行清洗，是为了洗去铁丝上的杂质离子以排除干扰；第二步——烧，将铁丝放在酒精灯火焰上灼烧，当铁丝被灼烧的颜色与酒精灯火焰的颜色相同时，我们可以确认铁丝上的杂质已经基本除尽；第三步——蘸，蘸取固化化学品或溶液时，为了让实验更明显，我们可以把铁丝的前端弯曲几次，以便可以蘸取更多的化学品；第四步，将蘸取有化学品的铁丝前端放在外焰上灼烧，这时我们可以观察到相应的火焰颜色，刚才的一组实验我们可以看到，钠的焰色反应呈黄色，铜的焰色反应呈绿色，钾的焰色反应透过蓝色钴玻璃呈紫色；第五步——洗，再次将铁丝放在盐酸中洗涤，是为了除去刚刚实验中铁丝上的附着物质，以便顺利观察到下一次实验的现象；第六步是为了确认铁丝上附着的物质已经被清除干净	第4张	1分30秒
	接着，就可以开始做焰色反应了，在火焰上被灼烧时，都有这些性质。 老师：这里我们把收集到的一些金属的焰色反应图片给大家展示一下。 学生：好漂亮，原来烟火多彩美丽的秘密就在这里，不同的金属呈现不同的颜色，可是老师，我还有一个疑问，为什么不同的金属会呈现不同的颜色呢	第5张	31秒
	老师：问得好，不过这个问题，其实并不是我们高中研究的范畴，既然你问到了，我就来简单做一下介绍。我们来看这样一个模拟动画，当我们对某些金属及其盐进行灼烧时，实际上是给它们提供了能量，当金属原子中的某些电子吸收了这些能量后，就会从能量较低的轨道跃迁到能量较高的轨道上，但是处于能量较高轨道的电子是不稳定的，很快迁移到能量较低的轨道上，这时，多余的能量就会以光的形式释放出来，由于原子结构不一样，能量的变化就不同，此时就会发出不同波长的光	第6张	31秒
	所看到的颜色，就是光谱的颜色，每一种元素光谱都有一些特征谱线，这样我们就可以通过颜色来判断某种元素的存在，这里特别提醒大家注意，由于焰色反应只涉及电子的跃迁，因此它并不是化学反应，它只是一种物理变化	第7张	40秒
实践应用	老师：焰色反应，在中学化学实验室中进行物质鉴别时，有时起着重要作用，例如在实验台上有两个容器，一个盛装了氯化钠固体，另一个盛装了氯化钾固体，由于标签丢失无法确认，你有办法鉴别吗？ 学生：老师，这两种物质在外观上，好像没有什么区别！ 老师：的确是这样，我们来看这两种物质的组成，氯化钠由氯离子与钠离子构成，氯化钾由氯离子与钾离子构成，这两种固体的阴离子是相同的，而阳离子分别是钠离子与钾离子，但是中学阶段，我们无法利用化学反应将两者鉴别，怎么办呢？焰色反应能够帮助我们解决这个难题，用铁丝蘸取其中的一种固体少许，在酒精灯火焰上灼烧，如果火焰呈黄色，则该物质是氯化钠，如果透过蓝色钴玻璃呈现紫色，则该物质是氯化钾。好了，本节课我就讲到这里	第8张	1分20秒
小结	学生：老师您说的我感觉好深奥，还是有些不懂。 老师：有疑惑是正常的，现在好好学习，如果你上大学选择的是化学专业，就可以弄懂这些道理了	第9张	10秒

4. 制作微课课件

一般以录屏的方式制作微课，都需要制作微课课件。录制时，一边播放课件，一边讲解。微课的课件应简洁明了，主题突出，目标明确、醒目，插入必要的动画，提醒学习者关注重点。微课课件应包含微课标题页、结尾页等信息。

5.2.2 录制微课视频

录制微课可根据课件的页面大小，选择合适的分辨率，也可以选择全屏录制或局部画面的录制，下面以全屏录制微课与局部录制网上视频为例讲解录制微课视频的方法。

实例1　初中地理微课"地图三要素"

使用录屏软件录制微课时，一般需要准备好讲解内容，下面以讲解内容放在PowerPoint制作的课件为例，介绍全屏录制微课"地图三要素"的过程。录制分为四步：第一步打开、播放课件；第二步运行录屏软件，设置范围为整屏；第三步开始录制；第四步保存项目文件。

跟我学

01 打开课件　运行PowerPoint软件，选择"文件"→"打开"命令，打开课件"地图三要素.pptx"。

02 运行录屏软件　双击桌面上的软件快捷图标Camtasia，按图5-11所示操作，运行录屏软件。

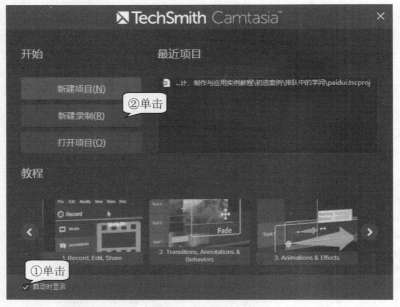

图5-11　运行录屏软件

03 录制微课　按F5键，播放课件，按图5-12所示操作，录制微课。

图5-12　录制微课

04 保存文件　按F10键停止录制,按图5-13所示操作,将文件以"地图三要素.tscproj"为名保存文件。

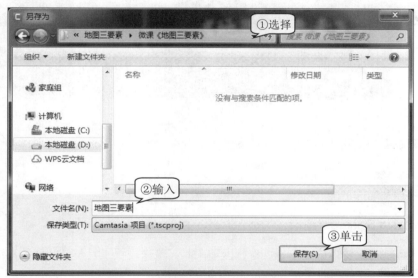

图5-13　保存文件

实例2　初中生物微课"昆虫的生殖与发育"

在制作生物学科"昆虫的生殖与发育"中的一节微课,因为条件限制,不能自己通过养蚕进行拍摄视频时,可以在网上下载、录制,或者在其他视频中截取。这里使用的"蚕"视频是在网上搜索获得,无须下载,只需打开查找到的高清视频文件,录制10秒即可。

跟我学

01 录制视频　打开网页,播放视频,运行Camtasia软件,单击 录制屏幕 按钮,按图5-14所示操作,拖动自定义录制窗口的大小,录制网页上打开的视频文件。

图5-14 录制网络上播放的视频

02 保存项目 选择"文件"→"保存项目"命令,以"蚕.tscproj"为名保存文件。

 知识库

1. Camtasia Recorder窗口

Camtasia Recorder 窗口由菜单栏、选择区域工具、录像设置工具及录制开关按钮等组成,如图 5-15 所示。

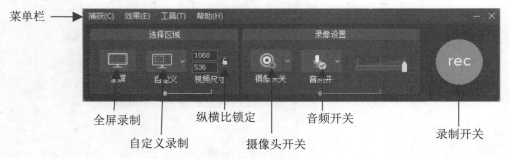

图5-15 Camtasia Recorder窗口

- 菜单栏:有捕获、效果、工具、帮助等命令,使用这些命令可实现屏幕录制、设置、绘制等功能。

- 选择区域工具：可以定义全屏录制或自定义录制屏幕的大小(可以去除屏幕纵横比锁定，随意设置视频的尺寸)。
- 摄像头开关：可以设置摄像头的开关，如果当前有两个以上摄像头，可以通过右边的小按钮选择不同的摄像头。
- 音频开关：可以关闭音频或设置不同的声音通道，也可以选择是否录制麦克风音频和系统音频，如图5-16所示。

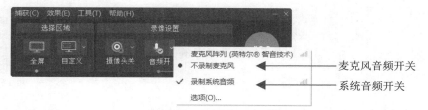

图5-16　音频开关设置

2. 了解时间轴窗口

时间轴是视频编辑时必不可少的工具，在视频处理时大量的工作都会在时间轴上进行，所以了解时间轴的使用是必不可少的，如图 5-17 所示。

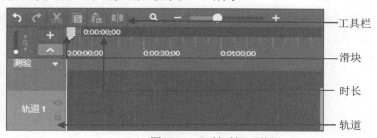

图5-17　"时间轴"面板

- 媒体轨道：将媒体拖入时间轴后，会显示在轨道中，这样就可以在轨道中对想要编辑的媒体进行一系列的操作。
- "撤销"按钮　：如果所做的操作不合适，单击该按钮可取消上一步的操作过程，返回到当前结果前面的状态。
- "重做"按钮　：单击该按钮可恢复"撤销"按钮取消的操作。
- "剪切"按钮　：用于删除不需要的媒体文件或删除标签选择的区域。
- "分割"按钮　：单击该按钮可将一整段视频从当前位置剪辑成两段视频。

3. Camtasia快捷键

在用 Camtasia 录制视频时，使用快捷键可以方便操作，如开始录制、结束录制，以及在录屏时调用画笔等。

- F9：开始录制
- F10：结束录制
- Ctrl+Shift+D：启用画笔
- Ctrl+Z：撤销绘制
- Ctrl+Y：恢复绘制操作

- Esc或Ctrl + Shift + D：关闭画笔

5.3 处理视频素材

使用录屏软件录制或使用摄像机拍摄视频时，可能因为讲解的时间长，录制成了几个视频文件，需要合并；也可能录制时重复讲解，需要剪辑；或者是讲解时有噪声，需要去除；这些都会影响学生观看微课的效果，可以使用 Camtasia 软件进行处理。

处理视频素材

5.3.1 导入微课素材

使用 Camtasia 软件处理各种文字、图片、视频、动画等素材时，需要先导入并存放在媒体库中，然后直接拖到轨道上。

实例3 高中化学微课"盐类的水解"

制作高中化学微课"盐类的水解"时，需要用到的素材有图片、视频、声音文件等，下面以此为例，介绍各类素材的导入。

跟我学

01 新建项目文件 运行 Camtasia 软件，选择"文件"→"新建项目"命令，新建项目。

02 导入文件 按图 5-18 所示操作，导入微课"盐类的水解"中用到的视频、音乐、图片等文件。

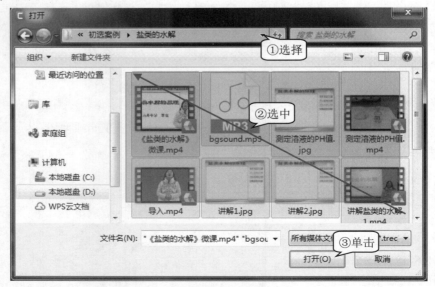

图5-18 导入文件

03 添加视频文件 按图 5-19 所示操作，将视频文件添加到时间轴上。

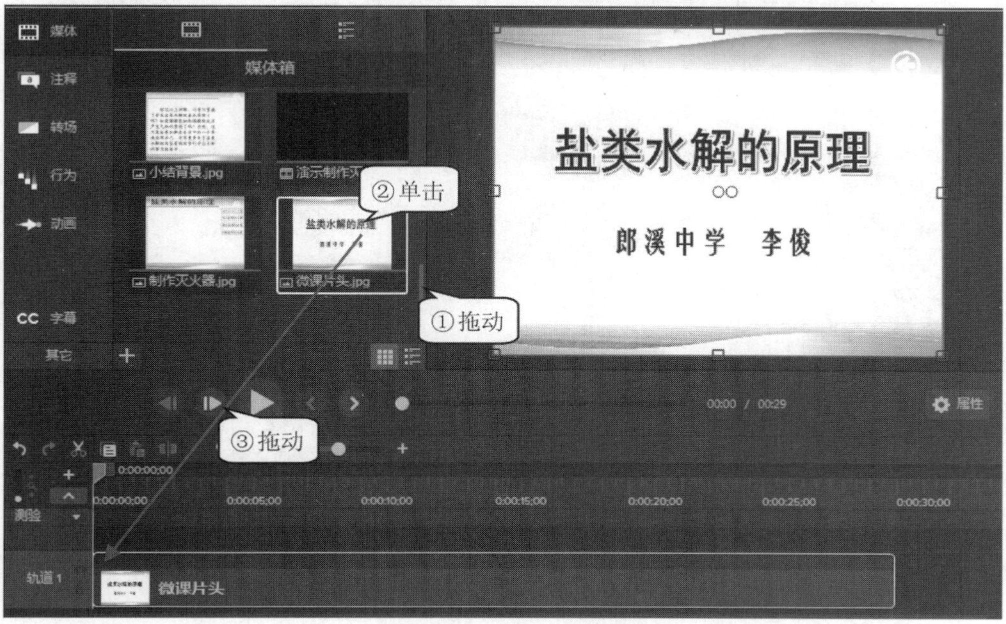

图5-19 添加视频文件

04 添加其他视频 用上面同样的方法，按照顺序，添加其他视频、图片及声音文件到时间轴上。

05 预览保存项目 选择 "文件" → "保存项目" 命令，保存项目，并单击视频预览区的 "播放" 按钮 ▶，观看效果。

5.3.2 剪辑视频内容

在录制或拍摄微课时，因为各种原因，会出现不满意的地方，使用 Camtasia 软件，可以方便剪切、拼合视频，以达到满意效果。

实例 4　小学科学微课 "雨的形成过程"

本例是四年级科学第二单元第五课中 "雨的形成过程" 微课内容，教师在录制微课时，先使用了录制命令，再打开课件，将课件播放的过程录了下来。使用 Camtasia 可以方便剪切微课前 10 秒不需要的部分。

跟我学

01 新建项目文件 运行 Camtasia 软件，选择 "文件" → "新建项目" 命令，新建项目文件 "雨的形成过程.tscproj"。

02 导入微课视频 按图 5-20 所示操作，导入微课视频。

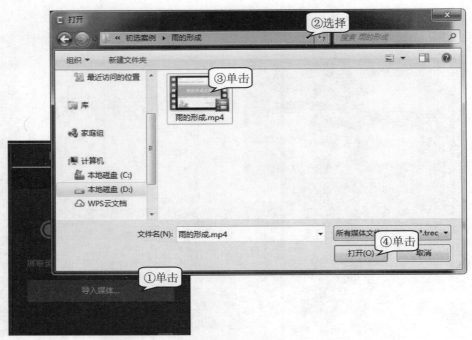

图5-20 导入微课视频

03 添加微课视频 按图 5-21 所示操作,将微课视频添加到时间轴上。

04 确定裁剪起点 单击"播放"按钮 ▶,观看视频,确定多余视频的起点与终点为第 1 秒到第 10 秒。

05 裁剪视频 按图 5-22 所示操作,将滑块拖动到第 10 秒的位置,单击"剪切"按钮,删除选中的视频。

图 5-21 添加微课视频

第 5 章 使用录屏软件制作微课 | 169

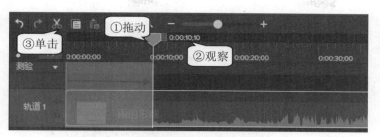

图 5-22　裁剪视频

06 观看视频文件　单击"播放"按钮▶，观看删除后的微课效果。
07 保存项目文件　选择"文件"→"保存项目"命令，保存项目。

5.3.3 缩放视频画面

在 Camtasia 中，可以对视频进行灵活的缩放与平移处理，突出显示视频的某个细节部分，更清楚地呈现教学内容。

实例 5　小学数学微课"数角"

本例是使用手机拍摄的"数角"微课，在拍摄时没有注意图像大小，以致讲解重点时图像过小，影响观看效果，可在后期使用 Camtasia 软件中的"缩放"命令进行调整。

跟我学

01 打开项目文件　运行 Camtasia 软件，打开项目文件"数角.tscproj"。
02 确定缩放位置　按图 5-23 所示操作，拖动时间轴上的滑标到开始缩放的位置处。

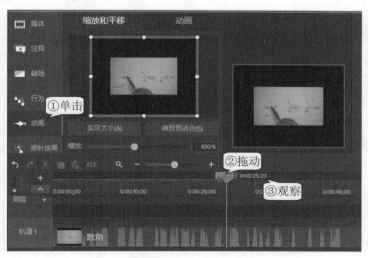

图5-23　确定缩放位置

03 使用缩放命令　按图 5-24 所示操作，将视频缩放到 200%。

图5-24　使用缩放命令

04 设置缩放时间　按图 5-25 所示操作，设置缩放过渡时间。

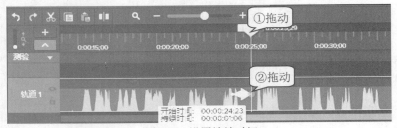

图5-25　设置缩放时间

05 查看缩放效果　单击"播放"按钮，观看放大后的效果，如图 5-26 所示。
06 保存文件　选择"文件"→"保存项目"命令，保存项目。

图5-26　观看缩放效果

5.3.4　调整声音效果

在 Camtasia 中不仅可以对视频进行裁剪等处理，还可以对声音等进行调整，如降噪、淡入、淡出等。

实例6　小学语文微课"初识标点符号"

本例是小学语文二年级下册"小青蛙"一课中的"初识标点符号"微课，老师在录制时，噪声很大，影响观看效果，使用软件对微课中的声音进行降噪处理时，首先要分离视频与音频，再单独对音频进行处理，处理完成后再重新发布视频文件。

跟我学

01 新建项目文件 运行 Camtasia 软件，新建项目文件"初识标点符号.tscproj"。

02 导入微课视频 选择"文件"→"导入"→"媒体"命令，打开微课视频"初识标点符号.mp4"。

03 添加视频文件 按图 5-27 所示操作，将视频文件添加到时间轴。

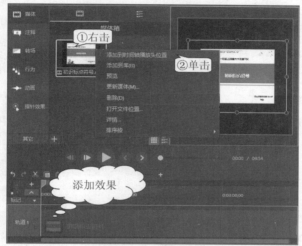

图5-27　添加视频文件

04 分离音频与视频 按图 5-28 所示操作，分离音频与视频。

图5-28　分离音频与视频

05 查看"音频效果"命令 按图 5-29 所示操作，显示"音频效果"命令模块。

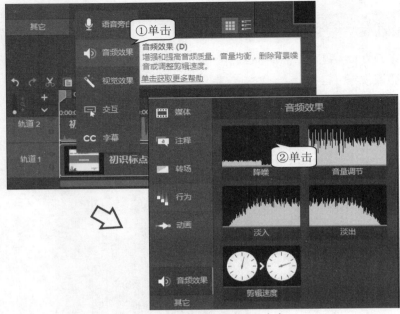

图5-29 查看"音频效果"命令

06 降噪处理 按图 5-30 所示操作，对音频进行降噪处理。

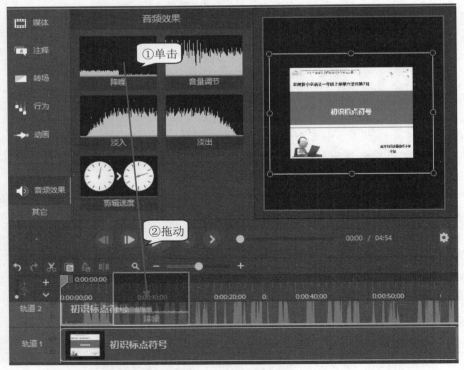

图 5-30 降噪处理

07 观看效果 单击"播放"按钮▶,观看降噪后的视频效果。
08 保存文件 选择"文件"→"保存项目"命令,保存项目。

5.3.5 设置转场效果

转场效果可以实现视频与视频之间或其他素材之间的平滑过渡,或者达到丰富画面吸引观众的效果。

实例7 幼儿园手工微课"蜗牛"

本例是幼儿园中班校本教材"手工"一课中的"蜗牛"微课,在录制时,先拍摄成了几段视频,然后合并制作成微课,但在播放时,视频连接不流畅,显得突兀。在Camtasia中可以添加转场效果,使视频在播放时过渡更加自然、流畅。

跟我学

01 打开项目文件 运行Camtasia软件,打开项目文件"蜗牛.tscproj"。
02 查看视频效果 单击视频预览区的"播放"按钮▶,观看没有添加转场命令时的视频效果。
03 选择转场方式 按图5-31所示操作,选择合适的转场方式。

图5-31 选择转场方式

04 添加转场效果 按图5-32所示操作,为视频"片头"与"准备材料"之间添加"翻页"转场效果。

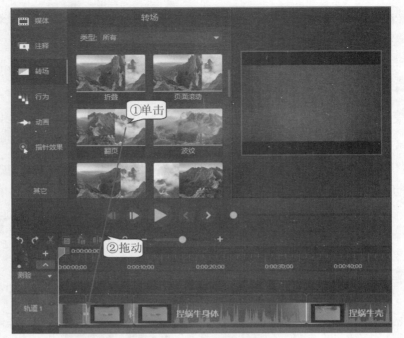

图5-32 添加转场效果

05 添加其他转场效果 用上面同样的方法，分别在其他视频间添加转场效果。
06 保存文件 选择"文件"→"保存项目"命令，保存项目。

1. 删除媒体箱中的媒体

在 Camtasia 中，可以导入各种类型的视频、图片、声音文件，也可以删除媒体箱中没有使用的素材。

- 删除素材：选中媒体后，使用菜单命令或按Delete键，可以删除媒体箱中的媒体。
- 删除没有使用的媒体：导入媒体箱中的媒体，可能在制作、处理过程中没有使用，使用删除没有使用的媒体命令，可以清除没有使用的媒体文件。

2. 音效处理

Camtasia 的声音处理非常实用灵活，几乎可以实现所有功能效果，如调节音量大小、对声音文件进行降噪处理等。

- 降噪：声音太大时，可以限制在一定范围内，也可以移除视频中鼠标单击或操作时的声音等。
- 音量调节：可以根据情况调节讲课教师或背景音乐音量的大小，使声音听起来舒适。
- 淡入：设置声音文件的音量由小变大。
- 淡出：设置声音文件的音量由大变小。

- 剪辑速度：剪辑视频时可以调整剪辑的速度，也就是时间轴上的剪辑素材的快慢是可变的。

5.4 添加字幕注释

使用 Camtasia 软件制作微课时，为了帮助学生理解教学内容，可以使用字幕，即用文字将教师讲解的话显示在视频的下面；也可以添加注释，标注教学的重点部分或难点部分，方便学生观看与理解。

添加字幕注释

5.4.1 添加微课字幕

在 Camtasia 软件中，可以在任何位置添加字幕，只需选中插入字幕的位置，选择命令后，即可输入字幕，并可以设置字幕的格式及出场效果。

实例 8　小学语文微课"惠崇春江晚景"

本例是人教版小学四年级语文教材中的"惠崇春江晚景"微课内容，微课中使用动画再现诗歌内容，配以字幕帮助学生理解。

跟我学

01 打开项目文件　运行 Camtasia 软件，打开项目文件"惠崇春江晚景.tscproj"。
02 确定添加文本位置　单击"播放"按钮▶，确定添加古诗标题文本的位置。
03 输入字幕　按图 5-33 所示操作，输入字幕"惠崇春江晚景"。

图5-33　输入字幕

04 设置文本格式　按图 5-34 所示操作，将文本的格式设置为"幼圆、65 磅、透明背景"。

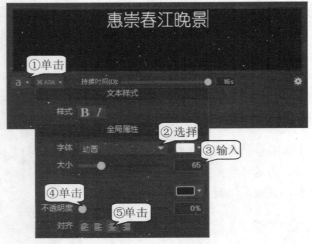

图5-34 设置文本格式

05 设置字幕播放时间 按图 5-35 所示操作,设置播放的时间。

图5-35 设置字幕播放时间

06 添加其他字幕 用上面同样的方法,添加其他字幕,并设置效果。
07 查看添加字幕效果 单击"播放"按钮,查看添加字幕的效果。
08 保存文件 选择"文件"→"保存项目"命令,保存项目。

实例9 小学英语微课"英文字母歌"

本例是小学英语"英文字母歌"微课,该微课需要添加歌词,并且要求字母歌的声音与字幕同步。本实例使用字幕文件"歌词.srt",并将字幕内容存放在"记事本"文件中。

添加字幕可以逐条输入并设置格式,也可以使用字幕文件,一次性为微课或为 MTV 添加字幕。

跟我学

01 打开项目文件 运行 Camtasia 软件,打开项目文件"英文字母歌.tscproj"。
02 添加字幕 在文本文档中输入歌词,按图 5-36 所示操作,选择添加字幕。

第 5 章 使用录屏软件制作微课 | 177

图5-36 添加字幕

03 添加字幕文本 按图 5-37 所示操作，将词本或 Word 中的歌词复制到字幕中。

 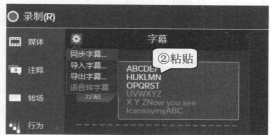

图5-37 添加字幕文本

04 设置同步字幕 在视频播放的过程中，按图 5-38 所示操作，将听到的歌词与字幕进行匹配。

05 查看字幕导入效果 按图 5-39 所示操作，查看字幕导入效果。

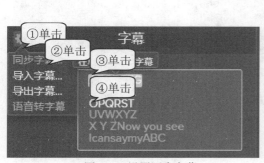 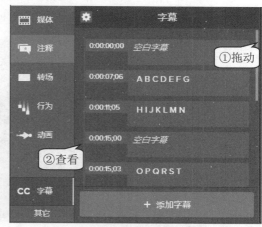

图5-38 设置同步字幕　　　　　　　　图5-39 查看字幕导入效果

06 查看添加字幕效果 单击"播放"按钮▶，查看添加字幕的效果，如图 5-40 所示。

图5-40 查看添加字幕效果

07 保存文件 选择"文件"→"保存项目"命令，保存项目。

 知识库

1. 导入字幕

在 Camtasia 中，可以逐条输入字幕，也可以一次性输入字幕，然后根据情况设置成同步，还可以导入已经制作好的字幕文件。

- 导入字幕：支持SRT、SMI、SAMI 3种格式的字幕文件，使用文字处理软件均可以制作字幕文件。
- 导出字幕：可将制作好的字幕导出为SRT或SMI文件。

2. 语音转字幕

在 Camtasia 中，可以利用语音识别技术将录音识别出来并自动转换成字幕。按图 5-41 所示操作，录制语音旁白并将其转换成字幕(少量识别不准确的词语，可以调整或添加)。

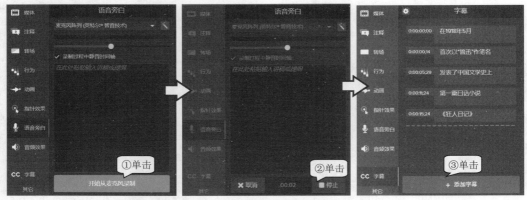

图5-41 录制旁白并添加字幕

5.4.2 添加文字注释

使用 Camtasia 软件中的注释功能，可以很方便地为视频或图片添加各种类型的标注，让学生在观看视频时更方便理解。

实例 10　高中物理微课"探究电容器对交变电流的影响"

高中物理微课"探究电容器对交变电流的影响"通过实验视频让学生理解电容器对交变电流的影响,在实验中用到了很多器材,使用标注可方便标出电容单位。

跟我学

01 打开项目文件　运行 Camtasia 软件,打开项目文件"探究电容器对交变电流的影响.tscproj"。

02 添加注释　按图 5-42 所示操作,添加注释到轨道 2。

图5-42　添加注释

03 修改注释持续的时间　按图 5-43 所示操作,修改注释持续的时间。

图5-43　修改注释持续的时间

04 修改注释文本　双击标注上的文本,按 Delete 键,删除原来文本,输入"470μF"。

05 修改注释文本格式　按图 5-44 所示操作,设置注释的字体、字的颜色及背景颜色。

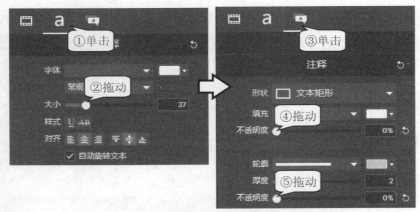

图5-44 修改注释文本格式

06 修改标注位置 按图 5-45 所示操作，将注释拖到合适位置。

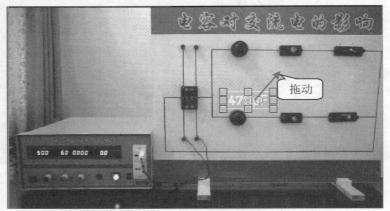

图5-45 修改标注位置

07 查看注释效果 单击"播放"按钮，查看添加注释后的效果。
08 添加其他注释 用上面同样的方法，添加注释"1000μF"，效果如图 5-46 所示。

图5-46 添加其他注释

09 保存文件 选择"文件"→"保存项目"命令，保存项目。

5.4.3 添加互动热点

在微课设计中添加互动热点，以达到视频在播放过程中自行暂停、跳转等交互性学习的目的。

实例 11　小学数学微课"排队中的学问"

小学数学微课"排队中的学问"中列出了 3 种计算排队人数的方法，使用标注制作的热点，可以在各种方法之间切换观看，方便学生学习。

跟我学

01 打开项目文件　运行 Camtasia 软件，打开项目文件"排队中的学问.tscproj"。

02 确定热点的起始位置　按图 5-47 所示操作，记下注释"方法一"的视频起点为"0:01:17,20"，用同样的方法，记录注释"方法二"及"方法三"视频的起始位置。

图5-47　确定热点的起始位置

03 添加互动热点　按图 5-48 所示操作，为注释"方法一"添加互动热点。

图5-48　添加互动热点

04 设置"方法一"的互动热点 按图 5-49 所示操作，设置注释"方法一"的互动热点。

图5-49 设置"方法一"的互动热点

05 制作其他互动热点 用上面同样的方法，为注释"方法二"与"方法三"添加互动热点。

06 保存项目 选择"文件"→"保存项目"命令，保存项目。

1. 注释

Camtasia 提供了多种注释，如图 5-50 所示，按 Shift+N 键可将最后使用的注释添加到时间轴上，使用属性面板可以自定义注释。

- 注释：样式包括会话气泡、思想气泡、箭头和纯文本等。
- 箭头和线条：样式包括双箭头、虚线和实线等。
- 形状：向视频添加各种形状，通过组合或裁剪形状可以创建新形状。
- 特殊：使用模糊、像素化、高亮等效果来增强媒体。
- 草图运动注释：在一段时间内在屏幕上绘制动画。在"属性"面板中自定义绘制的时间、颜色、淡入淡出等。
- 击键注释：在屏幕上显示键盘，自动从Camtasia录像文件创建或手动创建注释。

2. 交互式热点

"交互式热点"类似于视频网站上观看视频时遇到的弹窗广告，其实就是在视频上添加一个超链接。使用 Camastia 可以快速给视频添加以下 3 种交互式热点，如图 5-51 所示。

- URL：打开浏览器，跳转到设定的网站，类似视频广告弹窗。
- 标记：如果在视频中添加了标记，可以通过这里选择，直接跳转到指定标记位置。
- 时间：可以自定义视频中任意时间的位置，方便用户选择观看内容。

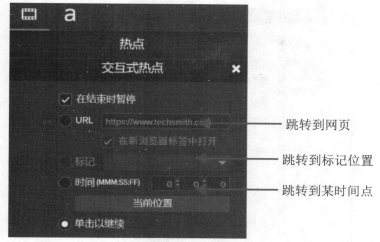

图5-51 交互式热点

5.5 保存微课视频

使用 Camtasia 软件，可将录制、处理的视频分享到 Vimeo、Google Drive 等平台，或者分享另存为各种格式的视频，如 MP4、WMV、AVI、GIF 格式等。

保存微课视频

5.5.1 发布MP4格式微课

在 Camtasia 中保存的项目称为源文件，这种文件不能使用播放器播放，只有在机器上安装 Camtasia 软件才能打开。通常，制作的微课需要使用命令发布成视频格式，才能方便观看。

实例 12　小学英语微课"时间表达法"

本例是小学四年级英语微课"时间表达法"中的内容，实例中只有视频，没有添加字幕等特殊效果，在发布时可以根据情况选择 MP4 格式发布。

跟我学

01 打开项目文件　运行 Camtasia 软件，选择"文件"→"打开项目"命令，打开项目文件"时间表达法.tscproj"。

02 打开生成向导对话框　选择"分享"→"本地文件"命令，弹出"生成向导"对话框。

03 选择发布的文件类型　按图 5-52 所示操作，选择发布文件类型为"仅 MP4(最大 1080p)"。

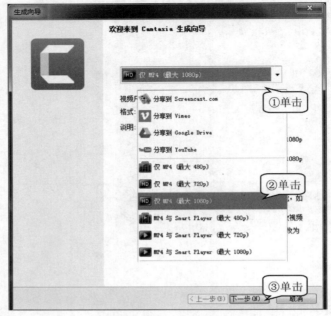

图5-52 选择发布的文件类型

04 选择保存位置 按图 5-53 所示操作,选择保存位置后,自动开始渲染视频,等待渲染完成,即可得到微课视频文件。

图5-53 选择保存位置

5.5.2 发布带测试的微课

测试作为微课的一部分，可在学生学习完知识后，对学生进行检测。在 Camtasia 中，提供了 4 种问题检测类型，可根据情况制作测验，并将测试的结果发送到指定邮箱中。如果使用 Camtasia 软件录制的视频中带有测试、字幕等效果，必须发布成特殊的格式。

实例 13　初中物理微课"声音的产生"

本例是初中物理"声音的产生"微课内容，通过实验得知声音是由物体的振动产生的，一切发声的物体都在振动，当振动停止时，发声也停止。制作微课时，可在讲解完的内容后设计一道选择题，对学生进行测试，以判断学生的学习情况。

1. 制作测试题

在添加测试题时，应先确定测试的位置，添加后选择测试的类型，然后输入题目，并设置正确的答案。

跟我学

01　打开项目文件　运行软件，选择"文件"→"打开项目"命令，打开项目文件"声音的产生"。

02　确定添加测试的位置　按图 5-54 所示操作，将水平滚动条拖到知识点讲解结束位置，双击鼠标确定添加测试的位置。

图5-54　确定添加测试的位置

03　输入测验的名称　按图 5-55 所示操作，输入测验的名称"声音的产生测验"。

04　选择问题类型　按图 5-56 所示操作，选择当前测验的类型是"多项选择题"。

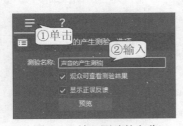
图5-55 输入测验的名称

图5-56 选择问题类型

05 输入题干 按图5-57所示操作,输入题干"用手握住正在发声的自行车车铃,就听不到车铃声了,原因是( )。"。

06 输入选项 按图5-58所示操作,输入第一个选项"A.手吸收了声音",并用同样的方法输入其他选项"B.手使车铃停止了振动 C.手挡住了声音 D.手太用力了"。

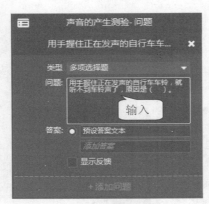
图5-57 输入题干

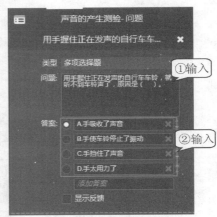
图5-58 输入选项

07 选择正确答案 按图5-59所示操作,选择正确答案"B.手使车铃停止了振动"。

08 预览测验效果 按图5-60所示操作,预览"声音的产生测验"效果。

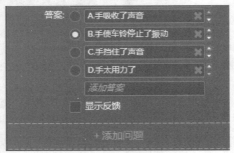
图5-59 设置正确答案

第 5 章 使用录屏软件制作微课 | 187

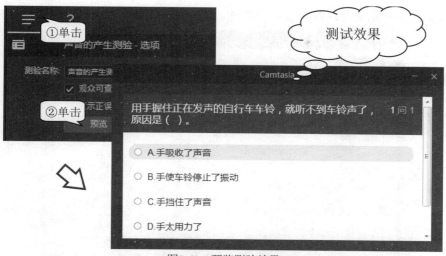

图5-60 预览测验效果

2. 发布微课

在 Camtasia 软件中，如果视频中带有字幕、测试等效果，在发布视频时应根据情况选择合适的格式。

跟我学

01 打开项目文件　选择"分享"→"自定义生成"→"新建自定义生成"命令，打开"生成向导"对话框。

02 选择文件类型　按图 5-61 所示操作，选择分享视频类型的格式为"MP4-Smart Player (HTML5)"。

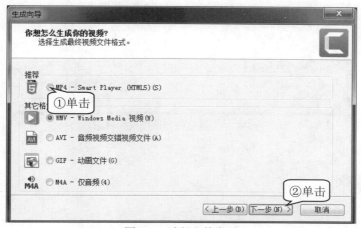

图5-61 选择文件类型

03 选择生成控制条　按图 5-62 所示操作，选择生成控制条。

图5-62　选择生成控制条

04 设置接收测试结果的邮箱　按图 5-63 所示操作，设置接收测试结果的邮箱。

05 生成视频文件　等待渲染项目完成后，即可得到微课视频文件。

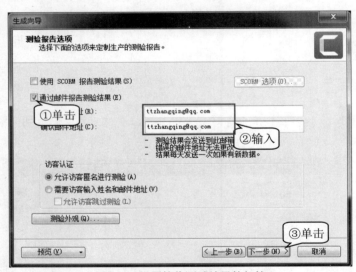

图5-63　设置接收测试结果的邮箱

知识库

1. 测试题类型

在 Camtasia 中，可以制作课后测试环节，测试结果可以直接发送到指定的邮箱，测试题的类型有多项选择题、填空题、简答题和判断题。

- 多项选择题：可根据情况设置两个以上答案选项，只能选择其中的两个及以上作为正确答案。
- 填空题：可根据情况设置多个可能的答案，用户的回答只要与其中一个答案相同，即为正确。
- 简答题：仅能设置题干，不能根据情况制作正确答案。
- 判断题：只有两个答案选项，正确与错误，可以根据情况进行设置。

2. 分享文件格式

在 Camtasia 中，可以分享得到各种格式的视频文件、音频文件及 Gif 动画文件等，也可以分享得到包含热点、测验的视频，常见的文件格式有以下几种。

- MP4-Smart Player(HTML5)：此种格式在生成视频的同时，能够同时生成HTML5页面，可以直接使用浏览器打开播放。
- AVI：音频视频交错视频文件。这种视频格式的优点是图像质量好，可以跨多个平台使用；缺点是体积过于庞大，而且更加糟糕的是压缩标准不统一，最普遍的现象就是高版本Windows媒体播放器播放不了采用早期编码编辑的AVI格式视频。
- WMV：Windows Media视频。WMV文件一般同时包含视频和音频部分。
- GIF：动画文件。把存于一个文件中的多幅图像数据逐幅读出并显示到屏幕上，构成一种最简单的动画。
- M4A：仅音频格式的文件。M4A是MPEG4音频标准文件的扩展名。普通的MPEG4文件扩展名是".mp4"，目前，几乎所有支持MPEG4音频的软件都支持".m4a"。

5.6 小结和习题

5.6.1 本章小结

微课的制作最常用的方法就是老师在计算机上打开课件，边演示边讲解，同时使用录屏软件将屏幕上所呈现的内容录制下来，并同步录制老师说话的声音，最后生成为一段视频。最常见的微课录制与编辑软件是 Camtasia，它拥有很专业的剪辑功能，是制作微课的专业工具。本章以实例的方式介绍使用录屏软件 Camtasia 录制与加工微课。

- 准备录屏软件：认识常见的录屏软件Camtasia、Captivate、SnagIt及屏幕录像专家，学会安装Camtasia并激活软件，认识软件的界面，搭建微课录制的软件环境。
- 录制视频文件：在录制视频之前，应做好充分的准备工作，主要包括选定课题、撰写教案、准备素材、制作课件、撰写脚本、录制环境准备等。通过实例，学会使用Camtasia录制视频文件的方法，并在此过程中认识Camtasia Recorder窗口、时间轴窗口、Camtasia快捷键等。

- **处理视频素材**：对拍摄或录制的视频素材进行处理是微课制作过程中最重要的工作之一。常用的处理手段包括导入视频素材、裁剪合并视频、缩放视频尺寸、声音调整和降噪等，以及添加转场效果。通过实例，学习对视频素材的各种处理方法。
- **添加字幕注释**：认识在Camtasia中添加字幕的方法，如输入字幕、添加字幕文件等；认识在Camtasia中添加注释的方法，能够根据微课效果的需要，在适当的位置插入图形标志、文字注释等，达到突出重点的目的。
- **保存微课视频**：学会在Camtasia中导出视频的方法，根据微课作品内容、发布环境、使用者特点，选择恰当的格式；学会导出MP4、WEB格式视频的方法；学会导出带有测试的微课。

5.6.2 强化练习

一、选择题

1. 录屏软件有很多，下列软件中，不能用来屏幕录制的是(　　)。
　　A. Camtasia　　　　　　　　　　B. 会声会影
　　C. SnagIt　　　　　　　　　　　D. 屏幕录像专家

2. 一位教师在录制微课过程中，希望自己能够出镜，同步显示在微课中，需要对Camtasia Recorder窗口进行设置，则应选择(　　)操作。

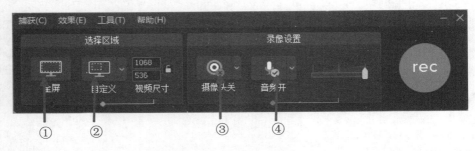

　　A. ①　　　　B. ②　　　　C. ③　　　　D. ④

3. 使用Camtasia软件录制微课，录制结束后，可按(　　)键结束录制。
　　A. F1　　　　B. F9　　　　C. Ctrl+Q　　　　D. F10

4. Camtasia软件的声音处理非常实用灵活，能够满足微课效果的需要，下面不能实现的功能是(　　)。
　　A. 变声　　　　B. 淡入　　　　C. 淡出　　　　D. 降噪

5. Camtasia软件保存的项目文件，可以保存视频编辑的信息，下列是Camtasia项目文件的是(　　)。
　　A. 江雪.tscproj　　B. 录屏.trec　　C. 江雪.MP4　　D. 源文件.PSD

二、判断题

1. 微课导出为 MP4 格式后，设置的测试功能就无法实现了。（   ）
2. 录制微课并编辑好之后可以保存为一个.tscproj 格式的文件，其中包含了所有的视频文件、音频文件及相关素材。（   ）
3. Camtasia 软件中添加测试时需要同时设置正确答案。（   ）
4. Camtasia 软件可以将视频和声音分离，也可以将同一段 MP4 视频素材中老师的语音和学生的语音分开。（   ）
5. 微课中的转场效果可以添加在两段视频素材之间，也可以添加在两个图片素材之间。（   ）

第 6 章 拍摄型微课制作案例

使用拍摄工具制作微课，是最常用、最普遍的微课制作方式之一。根据不同类型拍摄工具的特点，掌握制作拍摄型微课的方法，可以丰富微课呈现形式，提高微课的教学效果，从而增加学生对微课的学习兴趣。

本章首先介绍微课拍摄有关的基础知识，其次介绍使用便携式拍摄设备，如手机、数码相机、平板电脑、摄像头等制作拍摄型微课的方法，再次介绍专业摄像机拍摄微课的使用方法，最后介绍在录播教室中，通过自动与手动两种拍摄方式制作微课的方法。希望读者通过实例学习能够举一反三，制作出精美实用的拍摄型微课。

限于篇幅，部分微课仅介绍关键画面和步骤，其他部分可参考资源中的实例学习。

■ 本章内容

- 拍摄微课的基础知识
- 便携式设备拍摄微课
- 专业摄像机拍摄微课
- 录播教室中拍摄微课

6.1 拍摄微课的基础知识

随着科学技术的进步，拍摄设备逐渐数字化、一体化、小型化。拍摄微课的设备可分为便捷型与专业型，当前便捷型的拍摄设备已经进入了千家万户，其使用也相对简单容易，本节将重点介绍专业型拍摄设备的基础知识，使用便捷型拍摄设备可参照学习。

拍摄微课的基础知识

6.1.1 布置拍摄环境

微课的拍摄由于教学科目不同，教学类型也不同，除了可以在传统的教室、多媒体教室进行拍摄，还可以在实验室、计算机网络教室、户外操场等场地进行拍摄。

1. 普通教室拍摄环境布局

教室是拍摄微课的主要场地，拍摄场地的布局和环境对微课的拍摄效果起着至关重要的作用。教室场地的布局主要考虑以下几个方面。

- 教室位置：拍摄微课所使用的教室位置应选择相对安静的地方，最好有隔离带，防止闲杂人员走动、吵闹，人为制造杂音。
- 教室窗帘：应为银灰色(或其他浅颜色)的遮光布，桌布应为浅蓝色(或浅黄色)布料，尽量与教室的整体色调保持一致。
- 桌椅排列：拍摄班级授课形式的微课时，座位不宜太多。如图6-1所示，摆放24个学生座位比较合适，将教室一侧和后面留出摄像机活动的空间。
- 机位摆放：如图6-1所示，一般至少需要两个机位，分别聚焦教师和学生。另外，还要在教室电子白板中安装录屏软件，以便后期对教师、学生、课件三路信号进行同步编辑。

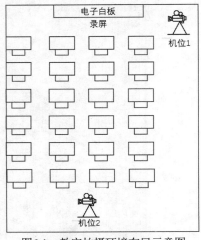

图6-1 教室拍摄环境布局示意图

2. 专业摄影棚拍摄环境布局

根据不同的微课使用场景，有时并不需要学生出镜，这时建议到专业的摄影棚进行录制。使用专业的摄像机和灯光环境，可以制作出高质量的微课作品。

- 专业设备：摄影棚一般使用广播级或专业级相机，环境隔音效果及收音效果都很好，同时补光设备专业，能够拍摄出高质量的视频。
- 教师站位：在没有学生的情况下，教师站位一般是固定的，同时需要使用智慧大屏或电子白板来播放课件，因此教师通常站在大屏的前方，如图6-2左图所示。
- 提词器运用：由于教师是背对大屏的，所以最好配一台提词器，如图6-2右图所示，将课件内容展示出来，能够让教师的目光更好地对准镜头，拍摄出来的微课更自然。
- 使用绿幕：专业摄影棚一般都会配有绿幕，方便后期视频处理时加上背景，使得微课作品画面更专业。

图6-2 专业摄影棚拍摄环境布局

知识库

1. 专业摄像机

专业摄像机按性能分可分为广播级摄像机、业务级摄像机和家用级摄像机三类，如图 6-3 所示，它们的性能不同，价格相差也较大。

广播级　　　　　　业务级　　　　　　家用级

图6-3 专业摄像机

2. 照明灯

LED 光源因为其能耗低、频闪低、颜色真实自然等优点，逐渐替代了传统的日光灯管。如图 6-4 所示的教室专用 LED 光源，配上格栅导光板，不仅光源更为均匀，也有利于保护学生视力，拍摄微课的效果也更自然。

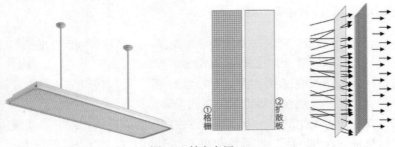

图6-4　教室专用LED

3. 补光灯

由于窗户位置、教室布局等原因，拍摄微课时经常会出现教师脸部、黑板光线不足或阴影过重的现象，严重影响微课效果，此时可以使用移动式补光灯，调整光照效果，如图6-5所示，补光灯可以聚焦光源，形成柔和的平行光。

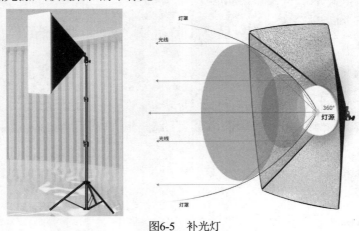

图6-5　补光灯

4. 话筒

话筒是拾音的最重要、最基本单元，随着高新技术的不断涌现，高质量的无线话筒广泛地使用于演播室等场所，应根据不同的拍摄场景，选择恰当的拾音话筒。拾音话筒可分为以下3种：①枪式话筒，比较适合教室环境，收录学生活动时的声音；②无线麦克风，适合佩戴在教师身上，近距离收集教师语音；③桌面麦克风，适合教师录屏直播时插在计算机上使用，如图6-6所示。

枪式话筒　　　　　无线麦克风　　　　　桌面麦克风

图6-6　拾音话筒

6.1.2 设计画面构图

使用拍摄设备制作微课时，需要对拍摄的画面构图进行设计。根据不同学科微课的特点，需要在拍摄时做好相关规划，以更好地发挥微课的作用。

实例 1　神奇的滴蜡画

本例是一节幼儿园美术微课，通过自制美术教学工具，帮助学习者更好地学习微课内容。微课视频效果如图 6-7 所示。

图6-7　微课"神奇的滴蜡画"效果图

本例教师通过自制的教学工具一步一步地演示滴蜡画的绘制过程。此类微课在拍摄时要注意，先交代一下这些工具进入微课画面的次序。

跟我学

01 注重自制设备的放置　按图 6-8 所示操作，微课画面中呈现的教具要放置整齐，桌面一定要干净，不能出现干扰学生注意力的教学用具。

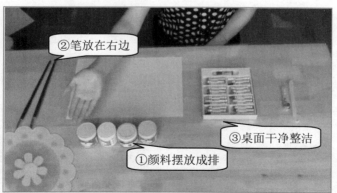

图6-8　注重自制设备放置的画面构图

02 便于学习者观看演示操作　如图 6-9 所示，拍摄时要从学习者观看的角度进行制作。

从学习者角度拍摄，正确　　　　从教师角度拍摄，不正确

图6-9　便于学习观看演示操作的画面构图

实例2　水顶球

本例是一节小学科学微课，通过指导学生自制教学用具，在做中学的过程中，完成探研实验。微课视频效果如图6-10所示。

图6-10　微课"水顶球"效果图

本例以游戏导入，从学生身边选择取材容易的用具，在制作过程中让学生明白蕴含的科学道理。此类微课在拍摄构图时，需要近景与全景切换。

跟我学

01 近景规划制作材料摆放位置　按图6-11所示操作，合理规划工具的放置，便于观看。

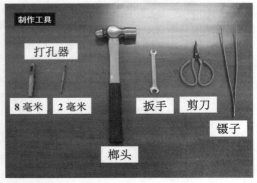

图6-11　规划制作材料摆放位置的画面构图

02 **拍摄实验细节的画面构图** 如图 6-12 所示，通过特定画面拍摄，将实验的细节过程表达清楚。

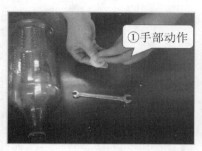 

图6-12 拍摄实验细节的画面构图

03 **拍摄外景的画面构图** 如图 6-13 所示，在外景拍摄时要注意实验画面构图动作的连贯性，特别是人物的画面进入与切出。

图6-13 拍摄外景的画面构图

> **实例 3　颐和园**

本例是一节小学语文微课，教师面部出镜是为了给学习者带来亲切感，通过教师的面部表情、手势动作等，引起学习者关注，提高学习效率。微课视频效果如图 6-14 所示。

图6-14 微课"颐和园"效果图

在用数码设备拍摄处理中，一般对蓝色或绿色背景进行人像拍摄时，通过专用的视频处理软件，可以很方便地将蓝色或绿色的背景消除。

跟我学

01 蓝绿背景拍摄构图 如图 6-15 所示,教师全身出镜时,目光需关注镜头,后期制作微课时,学习者能感受教师的关注。注意,在拍摄时若教师动作速度过快,会出现画面不清晰的情况。

教师目光一直要关注镜头

教师的动作速度不要过快

图6-15 蓝绿背景拍摄构图

02 移动教师面部视频的位置 按图 6-16 所示操作,在使用 Camtasia Studio 软件录制教师面部表情视频时,根据需要调整大小,也可上、下、左、右移动视频位置。

图6-16 移动教师面部视频的位置

6.1.3 巧用镜头语言

镜头语言就是用镜头像语言一样去表达意图,可从它拍摄的主题及画面的变化去感受拍摄者透过镜头所要表达的内容。镜头是由画面构成的,镜头变,构图随之而变。有时,一个画面就是一个镜头,有时一个镜头却有许多画面。微课拍摄中所用到的镜头的种类很多,常用的有如下几个。

1. 远景

远景是各类景别中表现空间范围最大的一种,画面内呈现的是开阔的空间或壮观的场面,人物所占的面积极少,基本上呈点状。远景适用于户外拍摄,用于介绍环境。

2. 全景

全景表现的是某一被摄对象(如课堂、人物等)的全貌,如图6-17所示。全景主要用于事物全貌的介绍或展示,如课堂的环境、学生的活动、教师的教态等,强调的是教学的氛围、情景;也用来揭示事物互相之间的关系。

3. 中景

中景是表现人体膝盖以上部分或一个场面局部的画面,如图6-18所示。中景与全景相比,表现的范围缩小了,进一步接近了被摄主体;画面中展示的除了被摄主体,还有与主体有关的周围环境,此时环境和背景因素起着辅助、陪衬或烘托的作用,并与主体一起表达一个相对完整的意义。中景主要用来揭示主体人物的情绪、身份及动作目的。

图6-17 全景镜头

图6-18 中景镜头

4. 近景

近景是人物胸部以上或物体局部的画面,如图6-19所示。它与中景相比,画面表现的空间进一步缩小,内容也更趋单一。近景主要用来表现包含人物面部表情的动作和变化等,可给人以交流感,如学生回答问题、做实验,教师讲课、写板书、做演示实验等。

5. 特写

特写是人体肩部以上的头像或某些被摄对象细部的画面，是对事物细小部位的放大，给人以较强烈的视觉冲击，强化观众对所表现的形象的认识和感受，加深记忆，如板书内容、实验现象、师生的面部表情和神态等，如图 6-20 所示。

 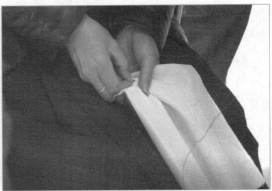

图6-19　近景镜头　　　　　　　　　　图6-20　特写镜头

6. 摇镜头

摇镜头就是摄像机位置不动，借助于三脚架上的云台，按某一方向水平或垂直转动摄像机所拍摄到的镜头，如图 6-21 所示。其画面效果犹如人们转动头部环绕四周或将视线由一点移向另一点的视觉效果。使用摇镜头的目的就是通过摄像机的运动将画面向四周扩展，使画面更加开阔，给人完整的印象。

图 6-21　摇镜头

7. 推镜头

推镜头就是通过变焦使画面的取景范围由大变小、逐渐向被摄主体接近的一种拍摄方法，如图 6-22 所示。使用推镜头的目的就是"引导"甚至"强迫"观众对被摄体的注意，有突出主体、强调局部的作用，如用于引导观察板书、投影、人物表情或动作及实验现象等。

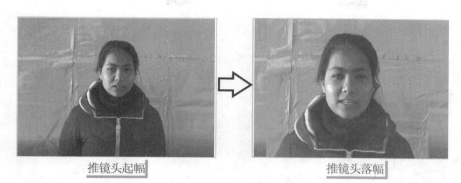

图6-22 推镜头

8. 拉镜头

与推镜头相反，拉镜头是通过变焦使画面的取景范围和表现空间由小到大、由近变远的一种拍摄方法。拉镜头强调的是主体与整体及主体与环境的关系，如图6-23所示，其在一个镜头由小景别向大景别连续的变化中保持了表现空间的连贯性和完整性，画面表现上具有无可置疑的真实性和可信性。

图6-23 拉镜头

9. 跟镜头

跟镜头是摄像机镜头跟随运动的被摄体一起运动而进行的拍摄，其特点是画面始终跟随一个运动的主体，并且要求这个被摄对象在画框中要处于一个相对稳定的位置上，以利于展示运动主体的神情变化和姿态变化，如教师移动的场景，如图6-24所示。

图6-24 跟镜头

10. 移镜头

移镜头是将摄像机架在可移动物体(如装有滑轮的三脚架)上并随之运动而进行的拍摄，如从后面移动到正面拍摄学生认真学习的场景，如图 6-25 所示。

移镜头起幅　　　　　移镜头过程　　　　　移镜头落幅

图6-25　移镜头

11. 组合拍摄

组合拍摄是指在一个镜头中有机结合推、拉、摇、移、跟等几种不同摄像方式的拍摄方法，用这种方式拍摄的画面也叫综合运动镜头。

6.2　便携式设备拍摄微课

便携式数码拍摄设备是指携带方便且具有拍摄视频功能的数码产品，此类产品有手机、平板电脑、摄像头等。这些设备拍摄制作微课的方法主要有两种形式：一是固定式垂直拍摄；二是移动混合式拍摄。无论使用哪种便携式数码设备，都可以参考，以便举一反三。

便携式设备拍摄微课

6.2.1　利用手机拍摄微课

手机是教师非常熟悉的数码设备，它自带摄像头，可以用来拍摄微课。使用手机拍摄微课的门槛要求低，不需要制作微课课件，只要将手机固定在桌面上方，聚焦于教师的纸笔书写和讲解即可，教师自由发挥时，也能够拍摄出优秀的微课。

实例 4　清平乐·村居

本例是小学语文五年级"清平乐·村居"微课内容，该微课借助手机支架固定手机，通过垂直向下拍摄的方式拍摄视频。微课拍摄效果如图 6-26 所示。

在拍摄制作之前，授课教师需要准备手机固定支架，本例使用的是手机懒人支架。

拍摄封面　　　　　　　　　　　　　　标注重点

图6-26　微课"清平乐·村居"效果图

跟我学

■ 拍摄准备

使用手机支架固定手机，使用胶带、裁纸刀固定拍摄位置，准备纸张和彩色笔以便微课拍摄使用。

01 准备设备　拍摄之前，准备手机、手机支架、纸张、胶带、裁纸刀、彩色笔等设备，如图 6-27 所示。

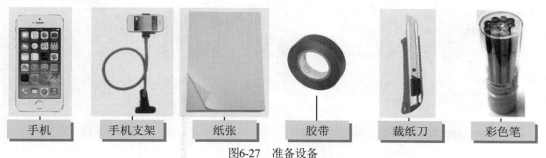

手机　　手机支架　　纸张　　胶带　　裁纸刀　　彩色笔

图6-27　准备设备

02 固定手机　将手机支架下方固定在桌子上，调整支架弯度，然后将手机固定到支架上，并调整手机拍摄的水平度，操作如图 6-28 所示。

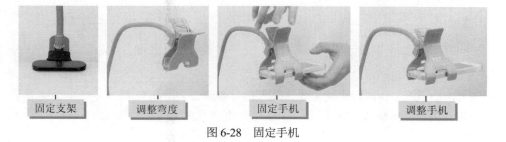

固定支架　　调整弯度　　固定手机　　调整手机

图 6-28　固定手机

03 设置区域 通过胶带在桌面上固定成一个矩形区域，便于手机拍摄时教师定位显示区域范围，具体操作如图 6-29 所示。

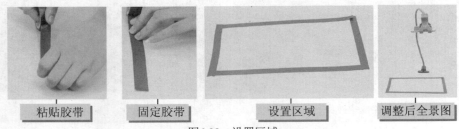

图6-29　设置区域

■ 拍摄步骤

打开手机自带的拍摄软件，调整好拍摄选景范围与拍摄焦点后，设置拍摄视频大小与格式，开始录制；拍摄过程中注意操作效率与节奏；拍摄结束后单击"拍摄"按钮停止。

01 开始拍摄操作 打开手机拍摄软件，调整拍摄区域，设置合适焦距。单击开始拍摄，拍摄操作如图 6-30 所示。

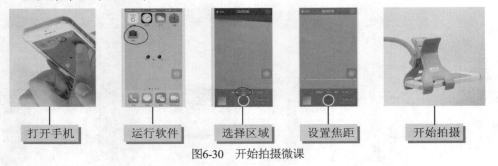

图6-30　开始拍摄微课

02 暂停拍摄操作 如果在录制时需要停止，可以使用手机拍摄软件暂停键，需要继续拍摄时，再一次按暂停键，开始拍摄。

03 停止拍摄操作 录制结束后，只需要按停止键就可完成拍摄。

04 导出视频操作 通过连线将手机与计算机相连接，再通过手机助力软件，将所拍摄的视频导出到计算机。

■ 注意事项

使用手机固定拍摄不同于一般的视频拍摄，拍摄时要注意一些细节，如不要超出拍摄范围、不能头部遮挡镜头、手上没有饰品等。

01 注意拍摄范围 授课时应在固定区域内进行操作。如图 6-31 所示，请不要将教学用的物品放在拍摄区域之外。

图 6-31　注意拍摄范围

02 注意拍摄动作　由于拍摄时要注意操作的节奏,特别是手部在书写文字时,不可上下移动,因为软件自动对焦的原因,上下移动速度过快会导致画面不清晰。

03 不干扰拍摄　拍摄时不要出现干扰微课拍摄的行为与物品。如图 6-32 所示,注意头部不要遮挡镜头,手上不要戴戒指、手镯等干扰学生注意力的饰品。

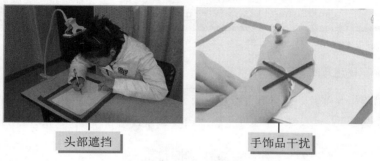

图 6-32　不干扰拍摄

04 注意拍摄光线　由于桌面台灯容易出现手影,影响微课效果,所以可以使用两三个台灯,摆放在适当的位置来解决。

知识库

1. 手机拍摄操作晃动的解决办法

使用便携设备固定拍摄时,应尽量避免触碰手机,导致画面晃动。但开始、暂停等操作是无法避免的,可以使用无线耳机,并将手机相机的音量键设置为相机快门,通过无线耳机操作,同时使用无线耳机录制声音效果也较好一些。下面是小米手机设置音量键快门的方法,其他手机或平板操作方法类似。

- 打开相机设置:将手机默认相机打开,选择设置,打开设置界面。
- 设置音量键为快门:在相机设置中找到音量键功能,按图6-33所示操作,将音量键设置为相机快门。

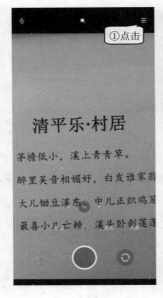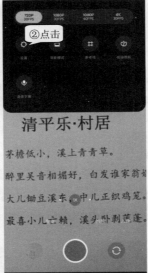

图6-33 设置音量键为快门

2. 平板电脑拍摄方式

平板电脑与手机类似,可以利用摄像头拍摄微课,也可以发挥平板的优势,如图6-34所示。配合电容笔,一边手写一边录制屏幕,将重点内容直接在屏幕上圈点勾画,以突出重点。

图6-34 手写录制屏幕

6.2.2 利用数码相机拍摄微课

数码相机除了可以拍摄照片,还可以录制视频。数码相机也可以与手机一样进行垂直固定拍摄微课。本节介绍如何利用数码相机拍摄微课。

实例5 现在分词构成规则

本例是小学英语五年级"现在分词构成规则"微课内容,该微课设计思路借鉴类似于皮影戏的方式,重点展现了教师动手切换场景的过程,微课拍摄效果如图6-35所示。

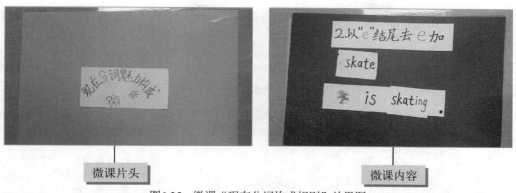

　　微课片头　　　　　　　　　　　微课内容

图6-35　微课"现在分词构成规则"效果图

　　制作本例微课时，授课教师需准备大量的手工教具实物，并将教具按播放顺序一一放置在拍摄取景范围中。授课教师逐步呈现所授知识，通过手动操作控制教学的各知识环节，完成教学，具体制作方式如下。

跟我学

■ 拍摄准备

　　拍摄时需要使用有旋转功能的数码相机支架，以便可以根据微课场景的内容不同进行相对平衡的画面切换，保障视频画面的连贯性。

01 准备硬件设备　　使用相机三脚架为固定支架，将连接端口与相机底部相连接，如图6-36所示，使相机固定在三脚架上，旋转使其镜头对准桌面。

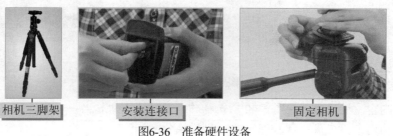

　相机三脚架　　　　安装连接口　　　　固定相机

图6-36　准备硬件设备

02 选择环境　　拍摄环境要求安静，没有干扰教学的声音，要注意拍摄范围内的光线强度。

03 准备教具　　教师要准备各种彩色卡纸、教学知识点卡片等，如图6-37所示。

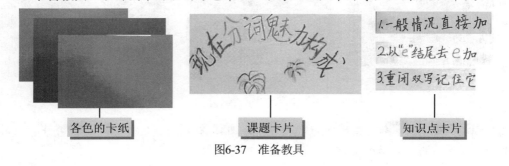

　各色的卡纸　　　　课题卡片　　　　　知识点卡片

图6-37　准备教具

04 准备音乐 教师准备好音频素材，在微课结课时通过计算机播放音乐，完成微课的配乐。

■ 拍摄操作

在做好准备工作后，就可以通过垂直固定拍摄方式进行拍摄，拍摄原理同手机，此处略，本例重点介绍授课教师如何通过动作逐步呈现微课各环节的教学过程。

01 导入拍摄 授课教师按图6-38所示操作，通过手部动作配合自己的语言讲授完成微课导入环节。

图6-38 导入拍摄

02 排列呈现 授课教师按图6-39所示操作，通过边放置单词，边讲解，在放置单词时，注意将各知识点卡片排列整齐，以便微课观看。

图6-39 呈现新知

03 切换内容 授课教师按图6-40所示操作，通过快速拿起上一环节放置的内容后，再放入新的内容，完成微课授课内容的切换操作。

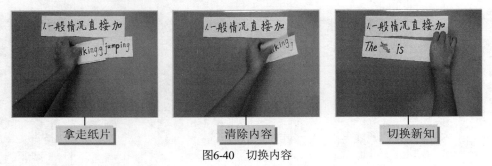

图6-40 切换内容

04 强调重点 授课教师按图6-41所示操作，通过教师讲授出示问题，并给学生一定的思考时间，再放入正确答案。

图6-41 强调重点

05 拍摄练习题 按图 6-42 所示操作,通过先出示错误的练习,再给出错的判断,放置错误的卡片时要注意动作与语言,起到强调作用。

图6-42 拍摄练习题

06 拍摄小结内容 按图 6-43 所示操作,可通过不同的动作方式突出小结的重要性。例如,学习小结时,教师可播放音乐,边打节拍,边范读微课学习小结知识。

图6-43 拍摄小结内容

6.2.3 利用摄像头拍摄微课

摄像头拍摄常用于拍摄授课人的视频画面,一般使用 Camtasia 等录屏软件制作微课时同步拍摄讲授人的面部表情视频画面。

由于大多数教师将制作的主要精力放在录屏软件的制作与播放上,所以并不太注意使用摄像头拍摄时的技术要点,导致很多微课右下角的授课人视频画面成为"鸡肋"。

实例6 火烧云

本例是小学语文三年级下册第七单元"火烧云"微课内容,制作该微课时,教师先制作演示文稿课件,其次通过录屏软件录制课件播放的全过程,同时通过摄像头拍摄教师的讲授过程,最后通过录屏软件合成视频。微课效果如图 6-44 所示。

图6-44 微课"火烧云"效果图

本例重点介绍摄像头拍摄时,在导入、分析、授课和结课等环节,教师表情与动作的呈现方式及拍摄注意事项。

■ 拍摄准备

使用摄像头设备拍摄教师面部表情及肢体动作对设备与拍摄环境是有较高要求的,拍摄准备工作是否充分将决定着拍摄视频的质量。

01 准备硬件设备 授课拍摄用的摄像头应选用高清摄像头,摄像头像素应大于500万像素,对焦方式为自动对焦,动态分辨率能达到1280×720,白平衡设置为自动方式,帧频设置大于30fps。

02 完善环境 拍摄环节要注意拍摄环境,如果光线不足,可以使用补光灯为教师面部补光;背景颜色也尽量单一,同时与教师的衣服颜色要有较大差别;周边环境要安静,不可出现干扰拍摄的其他声音。

03 注意坐姿 拍摄前要进行画面试拍,根据试拍效果,调整摄像头与讲课教师之间的距离,确保能看到教师面部表情、目光注视角度等,可以通过调整椅子的高度、相机角度等来达到更好的效果。如图6-45所示为不正确坐姿的操作。

图6-45 不正确坐姿的操作图

■ 拍摄分析

由于是使用摄像头拍摄微课,所以拍摄时教师一定要考虑摄像头设备的特点,让自己在摄像头范围之内,并且动作幅度不可太快。

01 拍摄微课导入分析 课件出示课件封面开始导入新课,如图6-46所示,拍摄时教师要面对摄像头,神态自然,语气热情,表情和蔼。

图6-46 拍摄微课导入表情与动作

 因为微课主要是给单个学习者看的,所以老师在制作微课时,不要用"同学们""小朋友们""大家"这样的对多数人的称呼。

02 拍摄微课授课分析 教师通过播放课件,将根据课件内容进行讲授新知。如图6-47所示,根据低年级学生特点,特别注重自己的面部表情及动作示范操作,体现出教师的亲和力,增强微课的感染力。

图6-47 拍摄微课授课表情与动作

 由于摄像头性能不强,所以教师在做动作时,节奏要慢一点儿,让学生能看清楚教师的面部表情。教师的目光要注视着摄像头,让学生感到教师在关注他。

03 拍摄微课练习分析 在布置学习任务时,如图6-48所示,教师使用表情、手势和动作,引导学生听清任务内容、关注重点。暂停微课开始练习。

图6-48 拍摄微课练习表情与动作

教师在使用摄像头拍摄时,还要注重自己的表情与语调的变化,从视觉观看的角度来说,如果表情与语调有变化,教学一定会吸引学生继续认真学习。

04 拍摄微课结课分析 如图6-49所示,教师讲解小练习时通过表情、动作和语调的变化,为学生创设一个个生动、直观的活动情景,调动学生参与练习的兴趣。

图6-49 拍摄微课结课表情与动作

教师通过游戏互动的方法,调动学生的学习热情。在制作拍摄型微课过程中,通过镜头的推拉切换方式,突出教师的表情,丰富互动教学的表现形式。

■ 拍摄步骤

使用摄像头拍摄微课,要使用专用的录屏软件进行录制拍摄,本节重点讲解的是微课拍摄技术,专用录屏软件知识请参考本书其他章节内容。

01 开始拍摄操作 授课教师准备好拍摄用的课件与教具,调试录制声音的话筒,并调好话筒录制声音的音量,打开专用的屏幕录像软件开始拍摄,如图6-50所示。

图6-50 使用屏幕摄像软件录制

 使用的计算机录音话筒要用专业的设备,否则教师录制声音时会有过多的杂音。

02 暂停、停止拍摄操作 由于某种原因需停止拍摄时,用如图6-51所示的按钮,教师可以通过软件暂停拍摄,也可单击停止拍摄。

图 6-51　微课暂停、停止拍摄

03 保存微课视频操作　教师通过专用录屏软件录制，保存视频文件。

6.3　专业摄像机拍摄微课

在正式开机拍摄前，拍摄人员需要进入拍摄场地进行现场调试摄像设备，要选择最佳的拍摄机位，适时处理拍摄场地的光线，安装和设置好摄录设备，以便能拍摄出最佳的微课，提高教学效果。

专业摄像机拍摄微课

6.3.1　准备拍摄器材

准备拍摄器材主要是安装三脚架、调整水准仪、安装和固定好摄像机，以及连上外接话筒和各种连线。

1. 安装三脚架

根据拍摄方案，先安装好三脚架。安装过程中，在抽三脚架的脚管时，应先抽出粗管，从粗到细依次打开，拍摄完收起时顺序正好相反。三脚架要尽量选择平坦的地方放置，放好后，观察三脚架水准仪中心的气泡并调整三脚架，使小水泡处于中心位置，防止拍摄时的画面出现倾斜。三脚架的放置方法是一只脚管对着前方，拍摄者站在另外两只脚管的中间。拍摄者站位时身体要放松，四周留有余地，以避免身体碰撞三脚架。

2. 安装摄像机

放置好三脚架后，开始安装摄像机。摄像机一般是通过一个底座云台和三脚架固定，不同摄像机的三脚架也不同，如图 6-52 所示的摄像机，安装时将下面的孔对准定位插脚插入后，拧紧螺丝，然后将快装板安装到三脚架上，即可安装完毕，再将相关的设备连起来，拍摄前的安装工作基本就完成了。

3. 安装外接话筒

话筒可以记录教室内的教学对话，在距离摄像机比较远的情况下仍能录音，但是摄像机的内置话筒音质不是很理想，难以收到期望的音频质量。因此在拍摄微课时，可使用如图 6-53 所示的外接话筒。外接话筒相比内置话筒具有定向好、失真小、灵敏度高等优点。外接话筒音质好，能高保真地收录外界声音，虽然体积较大，但还是值得的。外接话筒分有线和无线两种，在拍摄微课时建议选择定向性好的话筒和别针式袖珍麦克风。

图6-52　安装摄像机　　　　　　　　图6-53　安装外接话筒

6.3.2　设置摄像参数

安装好设备后，就可以拍摄了，但是为了取得最佳的效果，还要对摄像机再进行简单的设置，如调节取景器和液晶显示面板等，特别是设定图像纵横比和调节黑白平衡等重要设置。

1. 调节取景器

拍摄设备一般都使用电池，为了避免过度损耗电能，可以使用取景器来查看拍摄的图像，如图 6-54 所示。取景器就是通过摄像机上的目镜来监视图像，目镜取景器分黑白取景器和彩色取景器两种。专业级的数码摄像机一般都是黑白取景器，更加有利于拍摄者用来构图。取景器镜头一般能调节，可以调节镜头直至图像清晰。

图6-54　通过取景器监视图像

2. 调节液晶显示面板

如图 6-55 所示，摄像机都有一个液晶显示面板，可以用来播放和监视拍摄画面，也可以当作液晶取景器使用，但它是一个非常耗电的装置。在电量足够时，可以打开液晶显示屏，用来监视拍摄的画面，一般是使其与摄像机成90°角，然后旋转到最适合录制和播放的角度来使用，或者把液晶显示屏面朝外关闭显示面板来使用。液晶显示屏外一般都有控制明暗的按钮，如果是在明亮的环境中操作，可以让显示屏变暗，直至关闭背光，这样做可以大大节约电池的电量，图像的录制效果也不会因为这样的设定而受到影响。

图6-55　液晶显示面板

3. 选择录制图像的纵横比

图像的纵横比是指屏幕画面纵向和横向的比例，一般用横向像素数和纵向像素数的比来表示。标准的视频画面是 4∶3，较为常见的分辨率是 1024×768。随着高清技术和屏幕显示技术的发展，手机、平板、电视、投影等设备越来越宽，16∶9 的规格成为主流，其分辨率为1920×1080，能够显示更多的内容。

具体选择什么样的纵横比，需要考虑微课在什么目标设备上播放，做到与播放尺寸比例匹配即可。如果选错了录制模式，那么在播放时会在显示屏的上下或左右部分出现黑色区域，影响视频观看的效果。

6.3.3　布置拍摄环境

场地布局设计主要考虑两方面因素：一是常规教室的布局设计，如黑板、课桌椅的摆放、摄录机位的布置等；二是场地的噪声控制，拍摄场地的噪声来自多方面，既有外部的噪声，又有内部的噪声。外部噪声有两类：一类来自建筑之外，如过往车辆、飞机所产生的交通噪声；另一类来自建筑物之内，如学生下课时的喧哗声。内部噪声主要来自空调系统、灯光控制系统，以及工作时摄像机的移动噪声和工作人员的走动噪声等。

1. 教室选型

为保证拍摄的需要，教室以矩形为主，建议空间大小在 120 平方米以内，房高不低于 2.5 米。另外，室内不要有墙柱，否则会严重影响前后机位拍摄效果，无论任何角度都会存在遮挡。教室区域布局如图 6-56 所示。

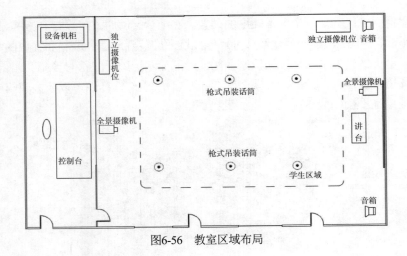

图6-56 教室区域布局

2. 隔声处理

噪声传播有空气声和固体声两种途径,隔声处理主要是对空气声的阻隔,常用的措施如下。

- 天花板:通常使用矿棉吸音板吊顶,如图6-57所示。它是高效节能的建筑材料,吸音效果好,重量轻,给人安全、放心的感觉。同时,矿棉板还具有良好的保温阻燃性能,它平均导热系数小,易保温,具有较强的防火性能。
- 墙体:通常使用高性能聚酯纤维吸音板,如图6-58所示。它的降噪系数在0.8~1.10,与其他多孔材料的吸音特性类似,吸音系数随频率的提高而增加,高频的吸音系数很大。此外,它还具有良好的隔热保温特性。

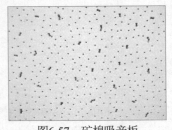
图6-57 矿棉吸音板

图6-58 聚酯纤维吸音板

- 门:通常隔音门使用轻质材料制作,在木板中夹两层玻璃棉,两面再各加一层五合板和一层饰面板,门框及门的边缘敷上毛毡对门缝进行密封处理。
- 窗户:为减少空气噪声,教室直接通向室外的窗口要少,导播室的观察窗采用双层玻璃窗。窗口的隔音量主要取决于玻璃,中低频时玻璃的隔音量由密度决定,故最好选用厚一点的玻璃板。
- 窗帘:选用双层、厚重、全遮光(不能反光)、表面粗糙的浅色窗帘。这种窗帘一方面遮光、吸音,另一方面厚重粗糙的窗帘,在有风时,不易被吹动,从而避免了拍摄中废片镜头的出现。

3. 灯光布局处理

为保证用光均匀，在灯光系统设计时主要考虑的因素有：根据教室的面积，确定不同灯具的总功率及选用的个数；确定教师区和学生区的布光。

- 选择灯具：就亮度、色温和显色指数的要求来说，普通的光源和灯具很难达到摄像标准。除了演播室专用灯，格栅灯是大多数学校比较理想的选择，它的优点是摄像机不容易眩光，人员不会炫目。按灯管长度区分，格栅灯有36W和18W两种，例如，采用三基色荧光灯管时，36W的灯管每瓦有90lm(流明)，18W的有70lm，通常拍摄场地使用36W的灯管，它发光效率高。常用照明灯具，如图6-59所示。

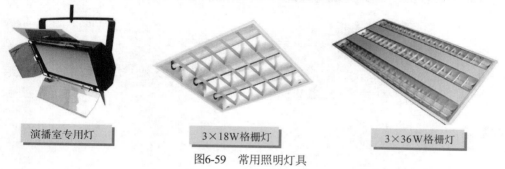

图6-59　常用照明灯具

- 确定活动区用光：通常情况下采用"均匀布光"方式，教师区用光照度在700lx(勒克斯)左右，学生区在500lx左右，如图6-60所示。

图6-60　均匀布光

6.3.4　拍摄微课视频

拍摄准备工作完成后，即可由专业人员使用专业摄像机在普通教室或专业摄影棚中进行微课视频的拍摄。

实例7　How to make suggestions

本例是中学英语八年级"How to make suggestions"重点内容"提建议的句式"的一节微课。该微课效果如图6-61所示。

课件应用拍摄　　黑板应用拍摄

图6-61　"How to make suggestions"微课效果图

本例介绍在普通教室运用摄像机拍摄微课视频的过程中，入画与出画拍摄时的注意事项，通过不同镜头的运用，拍摄出教师和授课内容。

跟我学

■ 入画拍摄

入画拍摄是指角色或景物进入拍摄机器的取景画幅中，可以经由上、下、左、右等多个方面对角色进行拍摄。

01 拍摄固定镜头　　简单地说就是镜头对准目标后，做固定点的拍摄，而不做镜头的推近拉远动作或上下左右的拍摄。如图6-62所示的固定镜头拍摄以稳定性为主。

介绍课题　　导入新课

图6-62　拍摄固定镜头

02 保持构图平衡　　拍摄时注意保持画面的平衡性和画面中各物体要素之间的内在联系，如图6-63所示，画面中课件画面占2/3，教师在画面的1/3分割处，平衡了画面布局。

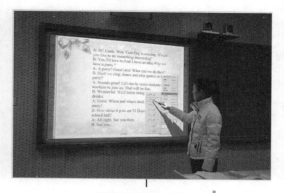

画面的平衡性　　　　　　　　　课件与教师6:4比例

图6-63　保持构图平衡

 摄像的构图规则与静态摄影的构图规则类似，不但要注意主角的位置，还要研究整个画面的配置。

03 拍摄入画镜头　　如图 6-64 所示，授课教师从电子屏幕移动到黑板处的拍摄过程，就是黑板从左向右的入画拍摄过程。

入画镜头　　　　　　　　　　入画拍摄

图6-64　拍摄入画镜头

04 拍摄出画镜头　　授课教师从黑板再移动到电子屏幕处，将黑板画面移出镜头的过程就是黑板出画镜头拍摄过程。无论是入画还是出画拍摄都要保持镜头的稳定。

■ **定格拍摄**

定格是指将视频的某一格(即视频的某一帧)，通过技术手段，增加若干帧，以达到影像呈静止状态的目的。通常微课的开始与结束都是以定格开始、以定格结束。

01 拍摄板书　　如图 6-65 所示，拍摄授课教师在黑板上书写时要注意角度，不要出现教师身体完全遮挡书写的文字的情况；板书时身体要侧一点，让镜头画面显示板书内容。

图6-65　拍摄板书书写与讲解

02 定格画面　如图6-66所示,授课教师在讲授教学重点内容时,拍摄者应给出定格画面,起到强调与突出的作用,便于学生观看。

03 定格画面其他应用　一般每个微课的片头有5～8秒的定格画面,片尾也有5～8秒的定格画面。定格画面的应用目的就是使影像处于静止状态,便于观看影像内容。

图6-66　拍摄定格画面

|实例8|　武术

本例是小学"武术"练习系统微课中的内容,该微课效果如图6-67所示。本例主要从拍摄的角度介绍录制微课的技巧。

图6-67　"武术"微课效果图

本例通过运用平摄、侧摄等方法多角度拍摄视频,再加上推拉镜头等技巧将武术动作要点拍摄清楚,帮助学习者掌握关键动作。

多角度拍摄

在大多数情况下,拍摄要以平摄为主,但是全篇一律地使用平摄,就会使观看的人感到平淡乏味,因此偶尔变换一下拍摄的角度,就会使影片增色不少。

01 平摄 即水平方向拍摄,通常大多数画面都是在摄像机保持水平方向时拍摄,这样比较符合视觉习惯,画面效果也会显得比较平和、稳定,如图 6-68 所示。

图6-68 平摄

02 侧摄 即侧面方向拍摄,通过侧摄能丰富教学内容,如图 6-69 所示。

图6-69 侧面拍摄

03 其他拍摄角度 拍摄角度方式还有仰摄,即由下往上拍摄;俯摄,即由上往下拍摄。这些可根据不同的需要进行选择,此处略。

运动摄像

运动摄像就是在一个镜头中通过移动摄像机机位,或者改变镜头光轴,或者变化镜头焦距所进行的拍摄,通过这种拍摄方式所拍到的画面,称为运动画面。

01 拍摄技巧 由推、拉、摇、移、跟、升降摄像和综合运动摄像形成的推镜头、拉镜头、摇镜头、移镜头、跟镜头、升降镜头和综合运动镜头等。

02 推镜头拍摄 推镜头是摄像机向被摄主体方向推进的拍摄方法,如图 6-70 所示,突出教学画面。

03 拉镜头拍摄 如图 6-71 所示,拉镜头拍摄是摄像机逐渐远离被摄主体,或者变动镜头焦距使画面框架由近至远与主体拉开距离的拍摄方法。

原镜头画面　　　　　　　　　推镜头拍摄

图6-70　推镜头拍摄

原镜头画面　　　　　　　　　拉镜头拍摄

图6-71　拉镜头拍摄

 拉镜头使被摄主体由大变小，周围环境由小变大。此处拍摄用于结束教学环节，最后画面定格，完成拍摄。

6.4　录播教室中拍摄微课

录播教室可将教室内授课教室的画面、多媒体课件、学生学习画面、声音信号等通过摄像机、拾音器等设备进行全面采集。借助录播教室设备，可以快速高效地拍摄微课。

录播教室中拍摄微课

6.4.1　了解录播教室

录播教室最基本的功能是录制视频，它可将教室内授课教师的画面、多媒体课件、教师板书、学生反应及声音信号等完整的教学过程通过摄像机、拾音器等设备录制下来，生成可播放的多媒体视频文件。

1. 录播教室系统简介

录播教室系统将多路信号处理功能兼具一身，能在各路图像信号间实行切换，所有的操作均在可视化的界面上完成，遵循所见即所得，将专业的拍摄与编辑技术变得简单。录播教室系统的拓扑结构由输入、控制和输出三部分组成，如图6-72所示。

- 输入部分：输入部分是由摄像机1拍摄设备、摄像机2拍摄设备、摄像机3拍摄设备、计算机设备、iPad教学操作控件设备、DVD播放设备组成。通过这些设备的信号采集，将信号输入控制部分。

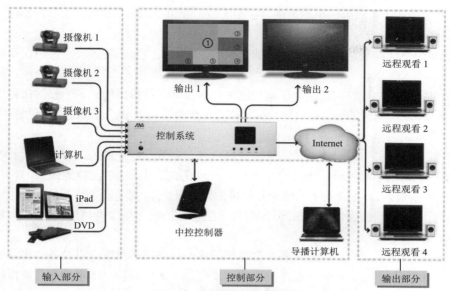

图6-72 录播教室系统拓扑图

- 控制部分：控制部分是录播教室系统中最重要的设备，是录播系统的控制中心，主要是由录播主机、信号编辑处理设备1、信号编辑处理设备2、导播计算机、中控控制器组成。操作人员可以根据控制操作选择有效的信号，编辑后合成视频信号。
- 输出部分：即控制部分将制作好后的视频信号发布后，在输出部分可以通过因特网在网络中观看录播系统生成的最终视频。

2. 认识导播平台

录播教室导播平台是整个录制操作主界面，上述所介绍的配置录播基本信息、配置片头片尾信息、配置视频字幕参数内容均可在导播平台界面中通过单击"设置"按钮进行具体的设置。录播教室导播平台，如图6-73所示。

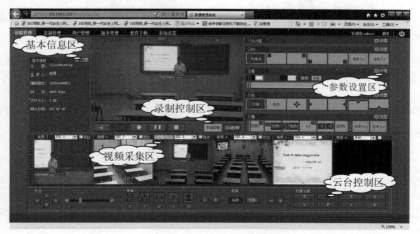

图6-73 导播平台

从导播平台图中可以看出手动录制有 5 个区域，分别是基本信息区、录制控制区、参数设置区、视频采集区和云台控制区。

- 基本信息区：显示的内容为视频的文件名、主讲人信息、视频尺寸大小、视频文件大小等基本信息。
- 录制控制区：可自由切换为手动控制与自动控制两种拍摄模式，一般默认为自动拍摄模式。在手动录播时，可设置拍摄时声音采集音量的大小，可通过按钮设置开始录制、暂停录制和停止录制等。
- 参数设置区：可以设置片头、片尾画面内容、字幕、特技参数、布局等。其中特技主要用于切换不同视频画面时的过渡效果，一般拍摄时选择过渡特效效果。
- 视频采集区：分别是对着教师全景拍摄的摄像机1号和对着教师特写拍摄的摄像机2号，对着学生全景拍摄的摄像机3号和对着学生特写拍摄的摄像机4号，以及投影视频信息画面。
- 云台控制区：可以分别调整各个摄像机的水平、俯仰的角度，以及各个摄像机变焦、聚焦的控制区。此控制区是手动录播时操作最多的区域，只要掌握云台操作技能，即可根据拍摄内容采集到所需的视频内容。

3. 操作录播云台

手动控制录播系统时，可以通过云台控制区对不同的视频采集信号进行手动调整，从而可以调整摄像机的拍摄角度与拍摄的画面大小。通过单击操作可以选取视频画面拍摄角度与选择画面拍摄大小，具体设置操作及设置前后效果如图 6-74 所示。

图6-74 操作录播云台

6.4.2 设置拍摄环境

录播教室系统是一种集多画面处理、无缝切换、高清录制和直播等功能于一体的设备。教师只需掌握基本的录播系统设置方法，即可利用录播教室系统根据自己的教学需要来拍摄微课。

1. 登录录播系统

一般，通过网络账号登录方式，即可对录播教室系统进行后台管理。按图 6-75 所示操作，在浏览器中录入录播教室管理系统网络地址，即可打开登录页面，输入账户和密码后，单击"登录"按钮，即可登录到录播管理系统平台。

图6-75　登录录播系统

不同录播教室系统的网络登录 IP 地址是不同的，IP 地址主要是根据录播主机的 IP 设置而定。一般录播教室登录系统默认的管理员用户账号是 Admin，密码也是 Admin。账号与密码在进入系统后台后，可以进行设置与修改。

2. 设置视频画面尺寸

登录录播教室系统后，可对平台内容进行一些基本设置。按图 6-76 所示操作，可对录播控制系统所要录制的视频大小的宽度与高度进行参数设置。

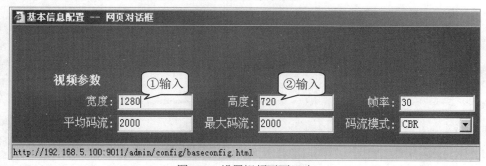

图6-76　设置视频画面尺寸

一般标准视频大小的宽度与高度比是 4∶3，宽度与高度可设置为 800×600 像素、1024×768 像素。而宽频视频的宽度与高度比为 16∶9，宽度与高度可设置为 1024×576 像素、1280×720 像素。

3. 设置视频片头片尾

微课拍摄制作需要提供微课视频的片头与片尾画面内容信息。通过录播教室系统，可以将提前制作好的片头与片尾图片上传到系统中，在录制拍摄时，让系统一次性生成完整的视频，不必后期再通过视频编辑软件合成，按图 6-77 所示操作，对视频的片头片尾进行设置。

图片宽度和高度要与基本信息配置中的视频宽度和高度一致。通过图 6-76 可知，该录播教室软件支持 24 位无压缩真彩 BMP 格式文件。

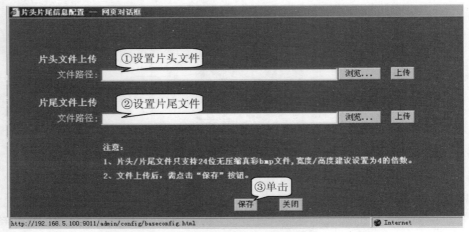

图6-77　设置视频片头片尾

4. 设置视频字幕

按图6-78所示操作,设置视频字幕文字内容,在字幕内容选项中录入需要在视频中出现的文字内容。

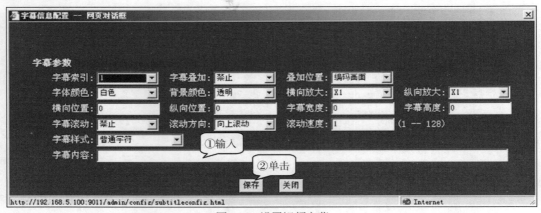

图6-78　设置视频字幕

字幕信息配置内容项较多,一般都可以使用默认值。需要提醒的是,设置视频字幕信息后,一定要单击"保存"按钮,这样设置才能起到作用。

5. 设置显示特技

设置特技的作用是在录制视频时,从某一摄像机信息切换到另一摄像机信息时,两个视频片段之间的视频信号的过渡,特技效果选择与特技参数设置如图6-79所示。

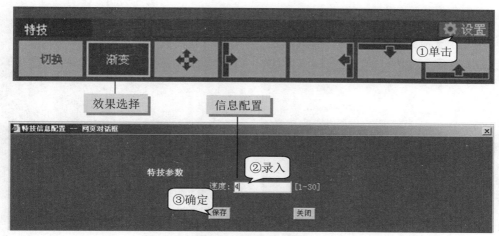

图6-79 设置显示特技

一般常用的特技方式是"切换"与"渐变",设置特技视频的目的是在对拍摄的视频信号源进行切换时让视频过渡自然、流畅。特技参数设置为前后两个视频过渡时的速度,数值越大,过渡越慢,数值越小,过渡越快,一般速度的切换要根据前后两个视频镜头的内容进行设置。

6. 设置视频布局

一般情况下,视频画面是不需要布局的,而在教学视频中有时为了更好地呈现视频内容,可以通过设置布局方式,让视频画面呈现不同的视频内容。图6-80所示为提供的3种最常用的布局设置实景图。

图6-80 设置视频布局

- 正常显示布局:一般常规视频拍摄方式。
- 画中画显示布局:在出示课件时,为了显示课件内容,将授课教师画面缩小。
- 三分屏显示布局:画面中以课件显示为主,同时显示教师与学生的小画面。

6.4.3 自动拍摄微课

在录播教室中,授课教师通过系统的自动控制,按照标准的操作流程,可以方便快捷地录制微课视频或视频片段。

实例9 七律·长征

本例是小学语文五年级上册"七律·长征"中的一节微课，效果如图6-81所示。

正面拍摄

特写拍摄

图6-81 微课"七律·长征"效果图

本例在录播教室环境下拍摄时，教师应具备利用多媒体课件开展教学的能力，除此之外，教师还需做好以下拍摄前的准备工作。

跟我学

■ **录制准备**

使用录播教室自动拍摄微课前，授课教师要注意自己的仪容、着装应具有良好的精神风貌。同时准备教学用的课件、教具、板书等，便于系统自动拍摄时的画面切换。

01 注重仪容 授课教师仪容要端正、庄重、斯文。发型自然、简便、整洁，前额头发不超过眉毛。女性教师不佩戴款式夸张的耳环、项链等饰物。男性教师不要满脸胡碴，要注意面部干净整洁。

02 规范着装 教师着装要整洁，穿戴得体大方，应选择与课件的背景颜色对比度大的服装，避免穿着有小细条纹、小碎格的服装。着装颜色不宜超过3种，服装图案不要过于繁琐复杂。上衣最好有领，内外服装颜色要有对比。

03 制作课件 课件需注明课程名称、讲授内容标题及主讲人姓名等必要信息。课件内容要清晰、界面美观、色彩鲜明、风格统一。标题及内容字体大小符合视觉习惯，文字和背景对比明显，以保证录制效果及学生能清晰观看。

04 准备教具 如果在录课中需要使用书籍、资料、纸笔及其他辅助教学工具，应将资料置于讲台上方便使用的位置，以免在上课时需要用时中断讲课，影响录制质量。手机等通信工具应处于关闭状态，防止产生声音影响录制声音质量。

05 设计板书 教学时教师应事先设计规划板书，如：在黑板上板书时要注意文字大小，教师板书时身体是否阻挡镜头，要设计好自己板书时的书写姿势，以便有更好的拍摄效果。

■ **调试准备**

使用录播教室拍摄微课，只需对录制器材进行基本调试，主要是对音量、光线、镜头机位等的调试,以便系统自动拍摄时不会出现故障。

- **01 调试音量** 授课教师通过麦克风试讲,确定最佳的麦克风摆放位置及音量大小。通过播放课件,确定课件音量的大小。在教室中行走到不同位置测试声音采集是否清楚。
- **02 调试光线** 在录播教室里,为防止室外的干扰,常常用窗帘将窗户遮严,导致整个教室光线较暗。教师在投影面前时,拍摄的教师面部会显得较暗,所以需要调整灯光光线强度,对于光线不足的教室要增加照明,进行补充光线。
- **03 调试镜头** 拍摄前需对镜头进行试拍调试,如特写镜头调试、推镜头调试、拉镜头调试等。
- **04 调试计算机** 微课教学中经常使用课件,为了保障拍摄顺利流畅,课件在使用前一定要进行调试,如超级链接和网速是否正常,确保教学时计算机的稳定。

■ 拍摄过程

在完成上述准备工作以后,使用录播教室自动模式拍摄微课是非常简便的,授课教师只要在教学中通过单击"录制""暂停""停止"3个按钮即可完成录制操作。

- **01 开始拍摄** 授课教师打开课件,单击讲台上的"上课"按钮后,自动拍摄系统即开始工作。这时教师可以移动一下鼠标,自动系统会将信号切换到课件视频。自动模式下录播系统界面如图6-82所示。

图6-82 自动拍摄录播时系统导播平台界面

- **02 讲授内容** 授课教师通过播放课件中导入、新授、重点、难点等内容页面,分别呈现教学各环节内容,便于自动拍摄型微课视频的一气呵成,使微课各环节内容交代清楚。拍摄效果如图6-83所示。
- **03 拍摄练习** 授课教师通过制作微课练习页面,对所授微课知识进行巩固练习。在自动控制环境下,教师要注意留白,通过移动鼠标,让拍摄的信号切换到课件中,要给予学习者一定的练习阅读时间。拍摄效果如图6-84所示。

图6-83 微课片头与微课讲授拍摄实景图

图6-84 微课练习与微课小结拍摄实景图

04 停止拍摄 录播教室自动拍摄时,授课教师可以通过讲台上的快捷按钮(如图6-85所示)来控制自动录制过程。授课教师只需按下讲台上的"下课"按钮,系统即可停止拍摄,并自动生成拍摄后的视频文件。

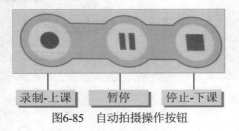

图6-85 自动拍摄操作按钮

■ 获取微课

通过自动模式拍摄的微课保存在录播系统的服务器中,需要登录录播教室服务器下载所录制的视频。

01 下载微课 按图6-86所示操作,根据授课的时间与名称设置,先找到所拍摄的微课,再完成微课从服务器端下载到计算机的过程。

图6-86　下载微课

02 播放微课　双击打开下载的视频文件，即可观看所拍摄的视频内容。

6.4.4　手动拍摄微课

在录播教室中使用手动拍摄模式时，需一名人员根据拍摄的镜头内容进行人工选择，将最能体现教学需求的视频信号切换到录制文件中，使所拍摄的视频最具教学价值。

实例 10　圆柱和圆锥的表面积

本例是初中数学七年级"圆柱和圆锥的表面积"微课内容，该微课通过学习伙伴的示范操作，丰富微课教学内容，效果如图 6-87 所示。

图6-87　微课"圆柱和圆锥的表面积"效果图

使用录播教室录制微课时，学生活动的视频是微课中的重要组成部分，但自动录制的效果不太好，需要通过录播教室手动控制来完成。

■ 导入拍摄

使用手动拍摄时，授课教师需与拍摄教师进行沟通，即授课教师让拍摄教师了解所拍内容的顺序，拍摄教师让授课教师明白拍摄的角度与位置。

01 拍摄片头　单击"直播"和"手动控制"控制按钮，按图 6-88 所示操作，选择视频 5 进行信号切换后，再进行录制拍摄，拍摄片头时间为 5～8 秒。

图6-88　拍摄微课片头

02 拍摄远景 通过手动切换到视频 1 的教室视频,并通过云台手动调整视频 1 的取景范围,突出教师,拍摄画面如图 6-89 所示。

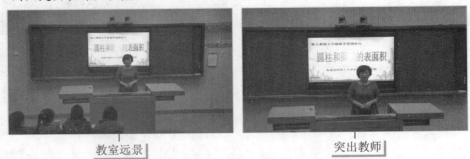

图6-89 拍摄微课远景

03 变焦镜头 在拍摄视频 1 信息的同步过程中,教师手动操作,通过镜头变焦方式,进一步改变镜头的拍摄取景范围,按图 6-90 所示操作,完成镜头变焦取景操作。

图6-90 变焦镜头

04 拍摄近景 通过变焦操作,完成教师近景画面拍摄。使用近景拍摄时授课教师最好是站立不移动状态,否则镜头会因教师动作过大而导致画面不清晰。

■ 新授拍摄

新授教学环节,教师通过边播放课件边讲授的方式呈现新知。拍摄时一定要将课件展示过程采集完整,以便学生观看微课成品时能快速读懂授课教师想表达的信息。

01 拍摄课件 将课件演示过程与教师的讲授声音拍摄下来是拍摄型微课常用的方式,拍摄时可通过视频采集区切换到课件屏幕信号,完成拍摄。拍摄效果如图 6-91 所示。

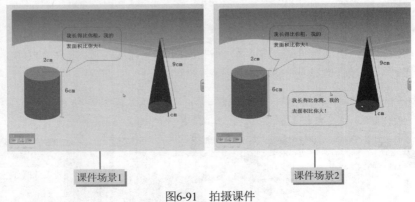

图6-91 拍摄课件

02 拍摄表情 教师亲切友好的表情是微课吸引学生观看的重要因素之一,因此拍摄微课时要注意给出教师的表情。拍摄效果如图 6-92 所示。

教师表情 1　　　　　　　　　　　教师表情 2

图6-92　拍摄表情

■ 练习拍摄

微课中展示学生练习时，一定要注意选择镜头拍摄的角度和画面的景别，在特殊情况下，还可以通过画中画或三分屏来展示练习教学时的视频。

01 指导练习　授课教师指导学生练习与讲解练习时需注意角度与站位，如图 6-93 所示。

指导学生　　　　　　　　　　　　讲解练习

图6-93　指导练习

02 拍摄多重画面　在拍摄中有时根据教学的需要，一方面要突出主画面的内容，另一方面还要求呈现出多个子画面的视频过程，这时可按图 6-94 所示操作。

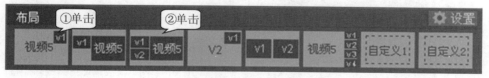

图6-94　拍摄多重画面

知识库

1. 布局拍摄技巧

录播系统虽然提供不同的视频布局，但在选择布局前一定要先调整好各镜头的拍摄角度，再选择合理的布局。如图 6-95 左图所示的画中画视频内容就是没有调整好镜头的拍摄角度，使画面中教师与学生只有背景，从而不知道画面想表达的内容，而选择三分屏视频就比较合适，如图 6-95 右图所示。

图6-95　分屏拍摄技巧

2. 合理选择视频布局

录播系统一般提供画中画、三分屏等几种自带模式的布局，还提供可以自己设置布局的自定义方式。布局方式的选择原则是根据微课教学视频的最佳效果而设定，例如，突出学生动手操作时，就不能有课件画面。如果长时间出现课件画面，可以添加教师或学生的视频镜头。

■ 片尾拍摄

微课片尾拍摄中合理运用镜头突显教学内容的重要性，通过景别变化起到强调与突出教学的效果。片尾拍摄还要注意与片头的首尾呼应。

01 拍摄前后镜头　微课中可以通过前后不同的镜头切换强调教学知识的重要性。前后不同镜头是通过视频采集区镜头切换而完成的，拍摄效果如图 6-96 所示。

图6-96　拍摄前后镜头

02 拍摄景别变化　拍摄时通过调焦改变景别，如图 6-97 所示，拍摄突出了教学效果。

图6-97　拍摄景别变化

03 拍摄画面切换 各镜头切换时可以设置多种画面场景过渡的效果，如图 6-98 所示是切换时溶解镜头画面和切换后的镜头画面。

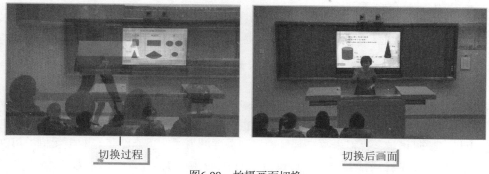

图6-98 拍摄画面切换

04 导出微课视频 微课拍摄完后，手动拍摄者通过单击"停止"按钮■结束拍摄，再通过导播平台下载导出微课，导出微课的具体方式同自动拍摄微课方法。

1. 授课者与拍摄者快捷沟通方法

因为一节微课时间长度在 10 分钟以内，所以授课者与拍摄者之间沟通最简单快捷的方法就是先试拍摄一遍，然后两者边播放视频边进行沟通。授课者重点说明哪些环节要呈现课件、哪些环节要呈现教学过程等。拍摄者重点说明授课教师教学姿态、行走路线、面对摄像头时的表情等注意事项。经过深度沟通后，再一次拍摄的效果就能大幅度提高。

2. 授课者与拍摄者手势沟通方法

拍摄者与授课者在拍课时是不能直接对话的，为了加强沟通，有时需要一些拍摄手势互动。一般常用的手势有：开始/结束、佩服/鼓励、指明行走方向、暂停拍摄、提高教学激情等，常用手势如图 6-99 所示。

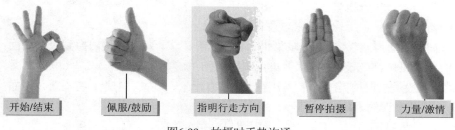

图6-99 拍摄时手势沟通

6.5 小结和习题

6.5.1 本章小结

使用拍摄工具制作微课，是最常用、最普遍的微课制作方式之一，相对录屏的微课制作方式更加专业，效果也更好。本章介绍了微课拍摄有关的基础知识，使用便携式拍摄设备制作微课，如手机、数码相机、平板电脑等制作拍摄型微课的方法，也介绍了专业摄像机拍摄微课的使用方法，还补充了在录播教室中，通过自动与手动两种拍摄方式制作微课。

- **拍摄微课的基础知识**：认识专业摄像机拍摄的基础知识，学会在普通教室或专业摄影棚进行微课拍摄时，需要注意的环境布局、设备选用、画面构图等，理解不同镜头语言的运用。
- **便携式设备拍摄微课**：便携式设备拍摄微课主要有固定式垂直拍摄、移动混合式拍摄两种类型，认识手机、数码相机、摄像头等便携式设备在制作微课中的不同用途，学会使用手机、数码相机拍摄微课的方法，学会使用计算机摄像头配合录屏软件拍摄微课的方法。
- **专业摄像机拍摄微课**：认识专业摄像机及其参数设置，了解教室布置、灯光、声音等准备工作的注意事项，学会使用专业摄像机从多个角度拍摄微课视频的方法。
- **录播教室中拍摄微课**：认识录播教室系统的基本组成和设备特点，学会录播教室导播平台的使用，学会配置录播基本信息、配置片头片尾信息、配置视频字幕参数内容，学会使用录播教室系统进行自动录制和手动录制微课的方法，快速录制微课视频。

6.5.2 强化练习

一、选择题

1. 在普通教室拍摄微课时，往往需要多个机位来进行拍摄，以便后期处理，以下说法中错误的是(　　)。
   A. 需要一台摄像机聚焦教师的教学动作
   B. 需要至少一台摄像机追踪学生的活动
   C. 需要用录屏软件同步录制教师的课件，当演示重要内容时切换到录屏画面
   D. 两个机位都应该是固定不动的，以保证画面的稳定性

2. 景别一般是根据拍摄距离来区分的，通常有远景、近景、中景、特写等，下面关于其使用场景的描述中错误的是(　　)。
   A. 由于教室环境空间有限，拍摄微课只会用到中景，不会用到远景
   B. 学生活动或发言时，应当用特写的方式来拍摄
   C. 在微课拍摄中几种方式要综合运用，根据授课内容进行切换
   D. 教师站立在讲台讲解时，应当使用中景，拍摄讲台整体画面

3. 镜头语言的合理运用会让微课更加灵动，可以使用多种拍摄方式有机组合，下面不属于微课制作中常见拍摄方式的是(　　)。

  A. 推　　　　　　B. 拉　　　　　　C. 转　　　　　　D. 跟

4. 手机、平板等便携设备拍摄微课因为其方便快捷，越来越受到教师们的欢迎，下面说法中错误的是(　　)。

  A. 手机拍摄不专业，很难拍出高水平的微课

  B. 手机拍摄画面容易抖动，所以应该使用支架固定

  C. 手机分辨率越来越高，拍摄视频文件太大，需要使用压缩软件处理后才能发布

  D. 手机拍摄微课需要固定拍摄区域，防止画面歪斜或超出范围

5. 录播教室系统由输入部分、输出部分、控制部分组成，可以高效地完成微课或课堂教学的拍摄，下面关于录播教室系统说法中错误的是(　　)。

  A. 录播教室系统必须配合导播平台软件才能发挥其作用

  B. 录播教室系统可以自动录制微课，授课教师只要在教学中通过"录制""暂停""停止"3个按钮即可完成录制操作

  C. 在自动录制模式下，教师可以移动一下鼠标，自动系统会将信号切换到课件视频

  D. 录播教室系统录制完成后直接生成视频文件，非常方便，但无法重新编辑修改

二、判断题

1. 现在手机拍摄效果越来越好，已经可以完全替代专业摄像机拍摄微课。　　　　　　(　　)

2. 镜头语言就是用镜头像语言一样去表达意图，可从它拍摄的主题及画面的变化去感受拍摄者透过镜头所要表达的内容。　　　　　　(　　)

3. 随着高清技术和屏幕显示技术的发展，手机、平板、电视、投影等设备越来越宽，16∶9的规格成为主流。　　　　　　(　　)

4. 定格是指将视频的某一格，通过技术手段，使其在播放过程中暂停，以达到影像静止状态的目的。　　　　　　(　　)

5. 录播系统一般提供画中画、三分屏等几种自带模式的布局，还提供可以自己设置布局的自定义方式。　　　　　　(　　)

第 7 章　微课后期编辑处理

微课质量的保障是由微课制作中摄录的环节决定的,而微课后期编辑处理是微课成功与否的关键。一般情况下,微课后期编辑处理,就是对拍摄、录制所得到的素材,通过相应的软件把视频镜头剪辑到一起,再为其添加特效和声音,从而形成一个完整的微课视频的过程。

本章使用"会声会影"视频软件对微课进行后期编辑处理,首先介绍"会声会影"软件的界面、导入各种素材的方法及一些基本的操作;其次有针对性地介绍如何编辑处理各种素材的方法,其中包括转场、字幕、去噪等实用性强的操作;最后介绍发布微课的方法。

■ **本章内容**
- 认识编辑工具
- 编辑处理视频
- 编辑处理音频
- 添加处理文字
- 生成微课视频

7.1 认识编辑工具

微课视频录制好后,需要进一步对视频进行处理,如降低音频噪声及添加字幕、片头和片尾等,可以使用"会声会影"软件进行后期处理,它能使微课更加完善。

认识编辑工具

7.1.1 认识软件界面

在使用"会声会影"软件之前,首先要对该软件的工作界面有一定的了解和认识,主要包括菜单栏、步骤面板、选项面板、预览窗口、浏览面板、素材库、时间轴及工具栏等,如图7-1所示。

图7-1 "会声会影"软件工作界面

1. 菜单栏

菜单栏是"会声会影"软件的重要组成部分,与Windows系统中的绝大多数软件一样,其中包括了"会声会影"软件中的常用功能的执行命令。"会声会影"软件的菜单栏位于工作界面的左上方,包括文件、编辑、工具、设置和帮助5个菜单。

- 文件:其中可进行一些项目的操作,如新建、打开和保存等。
- 编辑:其中可执行各种编辑命令,如撤销、重复、复制、粘贴、分割素材等。
- 工具:其中可对视频进行多样的编辑,如使用"会声会影"软件的DV转DVD向导直接刻录、简易编辑和创建光盘等。
- 设置:其中可以对各种管理器进行操作,如素材库管理器、轨道管理器等。
- 帮助:其中可以获取相关的软件帮助信息,包括使用指南、视频教学课程、新增功能、入门指南及检查更新等内容。

2. 步骤面板

"会声会影"软件将编辑视频的过程简化为3个步骤，分别是"捕获""编辑"和"共享"。单击步骤面板上相应的按钮，可以在不同步骤间进行切换。

- 捕获：该面板可以让用户捕获或导入图片、音频及视频等素材。各种素材也可以被捕获成单独的文件或自动分割成多个文件。
- 编辑：该面板是"会声会影"软件的核心，在这个面板中可以对视频素材进行编辑，如给视频素材添加视频滤镜、转场、字幕等效果。
- 共享：在该面板中可以创建编辑完成的影片视频文件，并将文件输出到计算机、移动设备或网络上。

3. 选项面板

选项面板能对项目时间轴中的素材进行参数设置，根据选中素材的类型和轨道，选项面板中会显示对应的参数，另外该面板中的内容也会随着步骤面板的改变而改变。"照片"选项面板和"视频"选项面板，如图7-2所示。

图7-2 "照片"选项面板和"视频"选项面板

4. 预览窗口

预览窗口位于操作界面的左上角，它可以查看正在编辑的项目，或者预览编辑好的视频效果，另外对视频进行的各种设置也可以在预览窗口中显示出来。

5. 浏览面板

浏览面板位于预览窗口下方，该面板中有一排播放控制按钮和功能按钮，用于预览和编辑项目时间轴上的素材，如图7-3所示，可以通过选择浏览面板中不同的播放模式播放所选的项目或素材，另外，如果将鼠标移至按钮或对象上方时，会出现提示信息，并显示该按钮的名称。

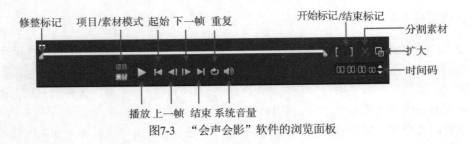

图7-3 "会声会影"软件的浏览面板

6. 素材库

素材库中存储了微课后期制作所需的内容，包括视频、图片、音频、即时项目、转场、字幕、滤镜、Flash动画及边框效果等。"照片"素材库、"字幕"素材库、"Flash动画"素材库及"滤镜"素材库，如图7-4所示。

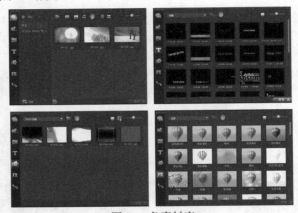

图7-4 各素材库

7. 项目时间轴

项目时间轴是整个项目编辑的关键窗口，一般用于显示项目中视频、图像、标题、声音等素材，或者在项目时间轴中对素材的区间和范围进行操作，如图7-5所示。

图7-5 项目时间轴

8. 工具栏

工具栏提供了对常用编辑命令的快速访问。在工具栏中，不仅能更改项目视图，还能启动不同工具帮助用户进行有效的编辑，如图 7-6 所示。

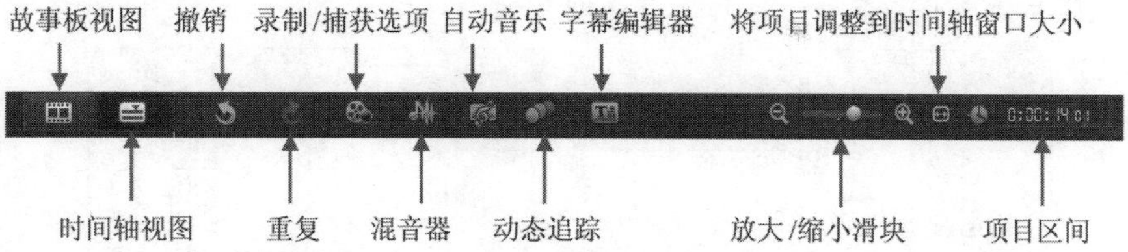

图 7-6　工具栏

- 故事板视图：按故事的时间顺序显示媒体缩略图。
- 时间轴视图：允许用户在不同的轨道中对素材执行精确到帧的编辑操作，并添加和定位如标题、复叠、画外音等其他元素。
- 撤销：当前操作错误时，可以撤销到上一个操作。
- 重复：重复上一个撤销的操作。
- 录制/捕获选项：单击该按钮，显示"录制/捕获"对话框，可以执行捕获视频、导入文件、录制画外音和抓拍快照等操作。
- 混音器：启动"环绕混音"和多音轨的"音频时间轴"，可以自定义设置音频。
- 自动音乐：启动"自动音乐选项"面板，为项目添加各种风格和基调的背景音乐。
- 动态追踪：使用"套用追踪路径"的功能将追踪路径套用到选定的视频素材。
- 字幕编辑器：单击该按钮，打开"字幕编辑器"对话框，用户可以十分便利地为音频或视频编辑字幕。
- 放大/缩小滑块：向左拖曳滑块，可以缩小项目显示；向右拖曳滑块，可以放大项目显示。
- 将项目调整到时间轴窗口大小：将项目视图调整到适用于整个时间轴的长度。
- 项目区间：该显示框中的数值显示了当前项目的区间大小。

7.1.2　导入微课素材

微课素材一般包括视频、图像、声音等，要想制作微课，必须先导入这些素材。导入的方法有很多，可以直接导入素材，也可以复制到计算机中再导入素材，具体操作根据自己的喜好选择。

1. 导入图片素材

导入图片素材，是将收集到的图片添加到"素材库"中，再从素材库添加到"时间轴"上，最后对其进行设置。在微课中，可以导入图片素材，并对其设置，增加图片的动感效果。

跟我学

01 选择命令　运行"会声会影"软件，选择"文件"→"将媒体文件插入素材库"→"插入照片"命令。

02 插入图片　按图7-7所示操作,完成图片的插入。

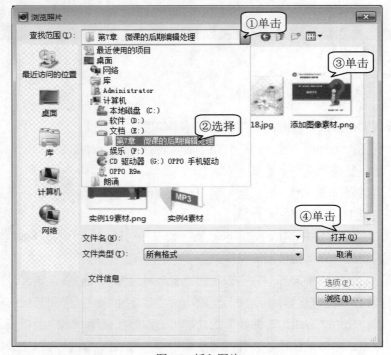

图7-7　插入图片

03 添加图片到"视频轨"　按图7-8所示操作,将图片素材添加到"视频轨"中。

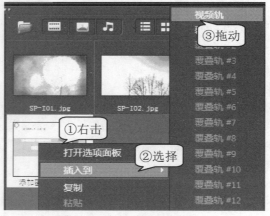

图7-8　添加图片到"视频轨"

04 调整图片播放时间　选中图片,按图7-9所示操作,在打开的"图片"选项面板中,调整图片的播放时间。

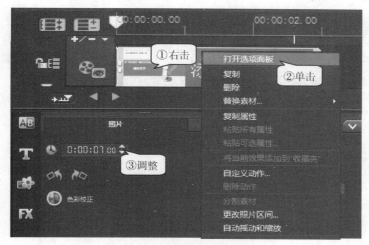

图7-9　调整图片播放时间

05 设置图片动感效果　按图 7-10 所示操作，在"选项"面板中，为图片添加动感效果。

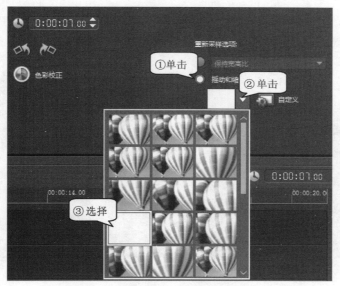

图7-10　添加图片"摇动和缩放"效果

06 保存文件　选择"文件"→"保存"命令，保存添加图片素材后的项目文件到计算机中。

2. 导入音频素材

在微课制作过程中，经常会为微课添加一些音频素材，从而增加它的视听效果。在实际的操作中可以先导入音频素材，即将收集到的背景音乐等素材添加到"素材库"中，再将素材从"素材库"中添加到"时间轴"上，并对其进行调整。

跟我学

01 单击按钮 运行"会声会影"软件，按图 7-11 所示操作，单击"导入媒体文件"按钮。

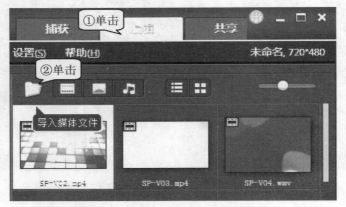

图7-11 单击"导入媒体文件"按钮

02 插入音频 查找所需的音频文件，单击"打开"按钮，完成音频插入的操作。

03 添加到"时间轴" 按图 7-12 所示操作，将导入"素材库"中的音频素材拖动到"音乐轨"上。

图7-12 添加到"时间轴"

04 调整音频属性 按图 7-13 所示操作，根据微课需要，调整音频的播放时间和音量大小。

图7-13 调整音频属性

05 保存文件 选择"文件"→"保存"命令，保存添加音频素材后的项目文件到计算机中。

3. 从DV中导入视频素材

使用"会声会影"软件编辑微课视频时,应先将拍摄的微课视频导入软件的"素材库"中。使用"捕获视频"面板,可以从 DV 摄像机中将已经录制好的微课视频捕获到计算机中,下面介绍如何从 DV 摄像机中直接导入视频素材的方法。

跟我学

01 数据线连接 按图 7-14 所示操作,先使用数据线将 DV 摄像机与计算机相连,再打开 DV 摄像机。

图 7-14 DV 摄像机与计算机连接

02 打开捕获面板 运行"会声会影"软件,按图 7-15 所示操作,在"捕获视频"面板中,单击"捕获视频"按钮。

图 7-15 打开"捕获视频"面板

03 设置参数 在"捕获视频"面板中设置相应参数,其中"来源"显示摄像机的型号,界面如图 7-16 所示。

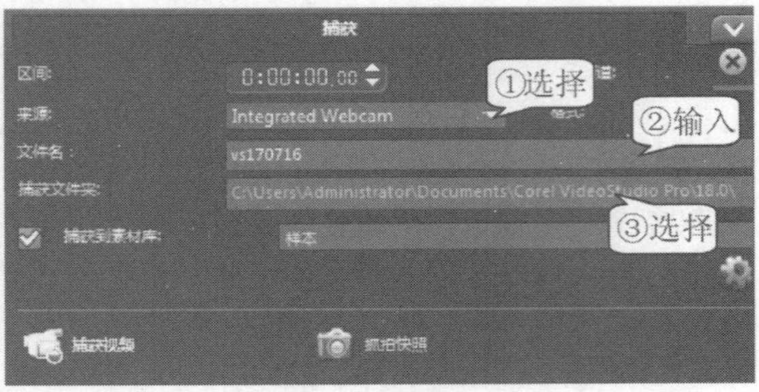

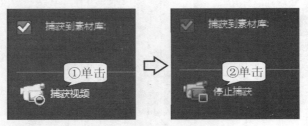

图7-16　设置参数

04 开始、结束捕获　按图 7-17 所示操作，单击"捕获视频"按钮，完成视频的捕获操作，捕获完成后，单击"停止捕获"按钮。

图7-17　开始、结束捕获

05 保存项目文件　单击"编辑"按钮，视频被添加到"视频轨"中，选择"文件"→"保存"命令，按图 7-18 所示操作，保存项目文件。

图 7-18　保存项目文件

4. 从手机中导入视频素材

如今，智能手机的内存、摄像头像素都在不断提升，加上手机携带方便，拍摄操作简单，这让许多人都习惯使用手机来拍摄微课。下面介绍使用手机拍摄微课,并将其导入"会声会影"软件中的方法。

跟我学

01 开启手机 USB 调试功能 使用数据线将手机和计算机相连,按图 7-19 所示操作,开启手机 USB 调试功能。

图7-19 开启手机USB调试功能

02 打开手机存储磁盘 按图 7-20 所示操作,在计算机窗口中打开手机存储磁盘。

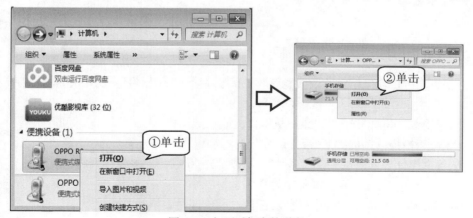

图7-20 打开手机存储磁盘

03 找到视频文件夹 依次查找手机存储磁盘中的相应文件夹,一般都是 DCIM 文件夹中的相机子文件夹,选择手机拍摄的视频文件,如图 7-21 所示。

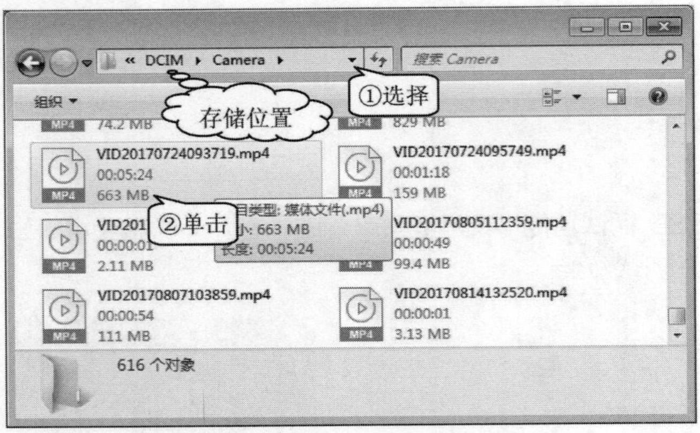

图7-21 选择手机拍摄的视频文件

> 智能手机的类型和品牌不同，拍摄的视频格式也会有所不同。但"会声会影"软件会支持大多数拍摄的视频格式，这些视频也可以导入"会声会影"软件的编辑器中应用。

04 复制视频文件 右击查找到的视频文件，选择"复制"命令，复制视频文件。

05 粘贴视频文件 进入"计算机"中的相应盘符，在空白处右击，在弹出的快捷菜单中选择"粘贴"命令，将视频文件粘贴到计算机中。

06 编辑视频 先将视频文件从计算机导入"会声会影"软件的"素材库"中，再从"素材库"中将视频文件添加到"视频轨"上进行编辑。

07 预览并保存 在浏览面板中单击"播放"按钮，预览手机拍摄的视频画面，完成手机中视频的导入操作，并保存项目文件。

知识库

1. 捕获界面介绍

在捕获界面中，选择相应的选项能获取外部设备及计算机屏幕中的相关素材，各个捕获选项介绍如下。

- 捕获视频：将视频镜头和照片从摄像机捕获到计算机中。
- DV快速扫描：扫描DV磁带并选择想要添加到影片的场景。
- 从数字媒体导入：从外部设备(光盘、硬盘)中获取相关的媒体素材。
- 屏幕捕捉：录制计算机屏幕作为视频素材。
- 定格动画：从捕获设备中捕获的图像，制作即时定格动画。

2. 显示或隐藏素材

当用"会声会影"软件将拍摄的视频导入"素材"库中时，发现"素材"库中没有该视频文件，重新卸载并安装软件后，依旧未找到该视频文件，则真正的原因是单击了■按钮，隐藏了视频文件，此时只需再单击该按钮一次，视频就会以缩略图的形式显示出来。除此之外，还有■和■两个类似的按钮，分别可以显示或隐藏图片和音频。

7.1.3 管理微课素材

在微课制作过程中，需要对素材库进行合理管理，它能在很大程度上提高工作效率，达到事半功倍的效果。

1. 添加"片头素材"文件夹

在"媒体"和"素材库"中可以创建多个文件夹，并将分类好的素材文件单独放置到新文件夹中进行管理。这样做既不会影响默认的素材文件，也可以提高素材的检索效率。为了方便用户管理，下面介绍在"媒体"素材库中添加"片头素材"文件夹的方法。

跟我学

01 打开导航面板 运行"会声会影"软件，在"编辑"面板中，按图 7-22 所示操作，打开导航面板，这时"库"中只能看到"样本"文件夹。

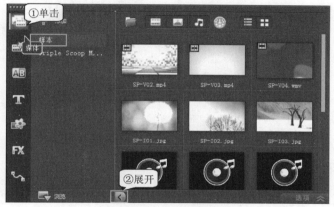

图7-22 打开导航面板

02 添加新文件夹 按图 7-23 所示操作，在"库"中添加新的文件夹，并命名为"片头素材"。

图7-23 添加新文件夹

03 导入素材 单击"导入媒体文件"按钮，将准备好的素材文件导入"片头素材"文件夹中，如图 7-24 所示。

图7-24 导入素材

 当素材库中有多个文件夹时,应注意导入媒体文件时的导入位置。当导航面板中当前选择的文件夹呈黄色时,媒体文件会被导入该文件夹中。

2. 删除文件和文件夹

为了便于微课的制作,使"素材库"中的素材更加清晰明了,可以将"素材库"中不用的媒体文件删除,或者直接删除不用的文件夹。

跟我学

01 删除文件 运行"会声会影"软件,选中需要删除的素材文件后,按图 7-25 所示操作,删除文件。

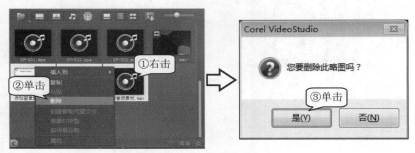

图7-25 删除文件

当素材在"素材库"中被引用时,它们实际上被保存在原始位置中,即仍可以在原始文件夹中访问它们,因此在"素材库中"将其删除只是取消了访问该文件的快捷方式。

02 删除文件夹 按图 7-26 所示操作,删除不需要的文件夹。

图 7-26 删除文件夹

3. 自动查找并恢复文件

"素材库"中的文件是以快捷方式的形式被链接到其中,如果原始文件发生变动,"素材库"中文件的链接将无法正常显示,这时就需要自动查找并恢复文件。

01 弹出对话框 运行"会声会影"软件,一旦原始文件被移动、重命名或删除时,"素材库"中的文件链接就无法正常显示,这时,系统会自动弹出"重新链接"对话框,要求重新链接文件。

02 替换/重新链接素材 按图 7-27 所示操作,通过单击对话框中的"重新链接"按钮,重新链接素材文件。

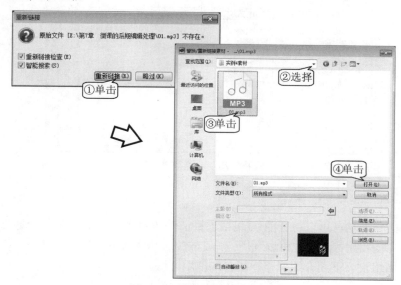

图 7-27 替换/重新链接素材

7.1.4 保存项目文件

在微课后期的剪辑制作中,保存项目文件尤其重要。在编辑视频后保存项目文件,可以保存视频素材、图像素材、背景音乐、字幕及特效等相关信息。如果对保存后的视频有不满意的地方,可以重新打开项目文件,修改其中的部分属性,再进行保存。

1. 自动保存项目文件

保存文件,除了可以使用"文件"菜单下的"保存"命令,还可以启用文件的自动保存功能,以便随时保存文件。

跟我学

01 执行命令 运行"会声会影"软件,选择"设置"→"参数选择"命令,弹出"参数选择"对话框。

02 设置参数 按图 7-28 所示操作,设置项目文件的自动保存间隔时间为 3 分钟。

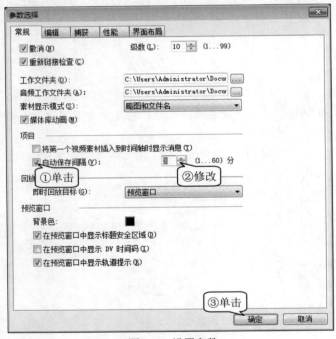

图7-28 设置参数

2. 保存智能包

"保存智能包"功能可以将智能包(包括项目文件和源文件)复制到另一台计算机上继续编辑,因此非常方便实用;当然也可以利用 WinZip 文件压缩技术将项目文件整体打包为压缩文件,并上传到网络上。下面介绍保存智能包的使用方法。

01 执行命令 运行"会声会影"软件，按图 7-29 所示操作，选择"文件"→"智能包"命令。

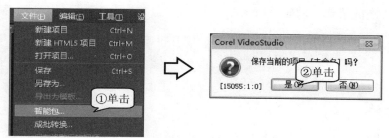

图7-29 执行命令

02 设置参数 按图 7-30 所示操作，进行相关参数设置，单击"确定"按钮。

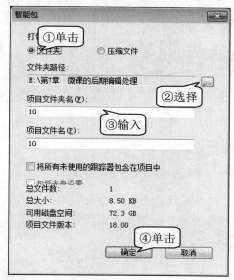

图7-30 设置参数

03 完成压缩 压缩成功后，在文件的存储路径位置将添加一个文件夹或压缩包。

7.2 编辑处理视频

一般拍摄或录屏的视频片段要进行编辑处理，才能使微课满足教学设计的需求。编辑处理视频主要包括剪辑视频素材和添加视频特效。

编辑处理视频

7.2.1 剪辑视频素材

剪辑视频素材主要包括分割、剪切、复制、删除、截取视频片段等，可以利用"快捷菜单""修整栏""多段分割视频"等功能来剪辑视频。

1. 利用"快捷菜单"剪辑视频素材

右击视频素材，在打开的快捷菜单中包含了几乎所有针对该对象的操作，剪辑起来非常方便。

跟我学

01 插入视频 运行"会声会影"软件，打开项目文件"剪辑视频素材.vsp"。

02 分割视频素材 按图 7-31 所示操作，分割视频素材。

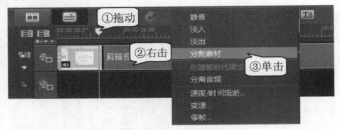

图7-31 分割视频素材

 在时间轴上，分割后的两段视频是连接在一起的，分割处有"分割痕"的标志，每一段开始都有文件图案。

03 复制视频 按图 7-32 所示操作，将复制的视频片段拖动到"覆叠轨"上。

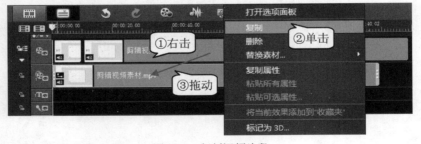

图 7-32 复制视频片段

04 删除视频 在时间轴上右击要删除的视频片段，在弹出的快捷菜单中选择"删除"命令，效果如图 7-33 所示。

图 7-33　删除视频片段

05 预览视频　单击"播放"按钮,预览剪辑后的视频片段。

2. 利用"修整栏"截取视频素材

在预览窗口的"修整栏"中,设置"标记开始点位置"和"标记结束点位置"来截取需要的视频素材,两个修整拖柄之间的部分代表素材中被选取的部分,且在预览窗口中显示与拖柄对应的视频。

跟我学

01 插入视频　运行"会声会影"软件,打开项目文件"诗话地理.vsp"。

02 标记开始点位置　按图 7-34 所示操作,在预览窗口中设置视频的"标记开始点位置",单击"播放"按钮,可以从标记的起始位置开始播放视频。

图7-34　标记开始点位置

03 标记结束点位置　按图 7-35 所示操作,将"修整标记"向右拖动至"标记结束点位置"。

图7-35 标记结束点位置

04 预览视频 单击"播放"按钮,可以预览截取后的视频。

 通过"修整栏"来剪辑视频的操作方法,其优点是方便、快捷,而其缺点则是不易精确定位。它可以对微课进行修整或剪掉多余的头尾部分,也可以直接修整"素材库"中的视频素材。

3. 利用"多段分割视频"删除视频片段

当视频片段的场景较多时,可以使用"多段分割视频"功能删除不需要的部分,只需要在"多重修整视频"对话框中,分别标记视频片段的起点和终点,确定不需要的部分后删除。

跟我学

01 插入视频 运行"会声会影"软件,打开项目文件"精确删除视频片段.vsp"。

02 设置开始标记 选中视频,按图7-36所示操作,在"选项"面板中,设置视频开始标记。

图7-36 设置开始标记

03 设置结束标记并删除 播放视频至合适的位置后,按图7-37所示操作,设置视频的终点标记，并删除文件。

图7-37 设置结束标记并删除

04 预览视频 单击"确定"按钮，返回"会声会影"软件操作界面，单击"播放"按钮，预览删除视频片段后的视频效果。

 "多段分割视频"功能除了具有删除视频片段的功能，还具有截取视频片段、分割视频片段及标记视频的起点和终点等功能。

7.2.2 添加视频特效

在微课后期处理过程中，为了使影片的内容更充实、不单调且更富有吸引力，可以为影片添加一些视频特效，常用的视频特效有转场、覆叠及滤镜等。

1. 添加转场效果

在不同场景之间可以使用不同的转场效果，从而使微课效果变得更炫酷、更有质感。"会声会影"软件的素材库中共有 16 种不同类型的转场效果，各种转场效果的应用方法类似，下面介绍如何为视频添加转场效果，希望读者能够触类旁通，举一反三。

跟我学

01 插入素材 运行"会声会影"软件，在"故事板"中导入随书资源"转场素材"中的图片和视频，如图 7-38 所示。

图7-38 插入素材

02 切换至"转场" 按图 7-39 所示操作,切换到"转场"选项卡,并选中"3D"选项命令。

图7-39 切换到"转场"选项卡

03 添加"百叶窗"效果 按图 7-40 所示操作,在素材之间添加"百叶窗"转场效果。

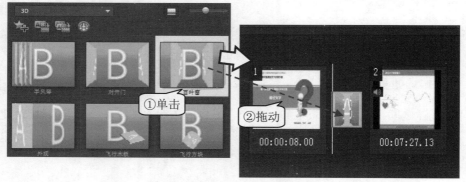

图7-40 添加"百叶窗"转场效果

04 设置转场时间 按图 7-41 所示操作,设置转场效果的播放时间。

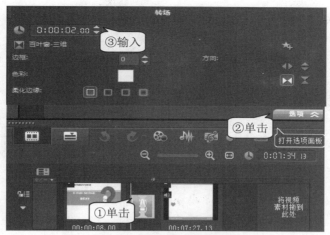

图7-41 设置转场效果的时间

05 预览效果 在浏览面板中单击"播放"按钮,预览设置好的转场效果,如图 7-42 所示。

图7-42 预览"百叶窗"转场效果

 对于有规律的场景切换要进行分类并添加统一的转场特效,若滥用转场效果,会使观众产生错觉,使得微课视频的观赏价值大大降低。

2. 添加覆叠效果

运用"会声会影"软件中的"覆叠"功能,可以为视频添加作者的版权信息、Logo 图标,还能为其添加画中画效果,下面将介绍如何使用覆叠轨在视频中添加 Logo 图标。

跟我学

01 插入视频 运行"会声会影"软件,将随书资源中的微课视频"认识雷达微课.mp4"插入"视频轨"中。

02 插入 Logo 图标 按图 7-43 所示操作,将随书资源中的 Logo 图标"雷达.jpg"插入"覆叠轨"中。

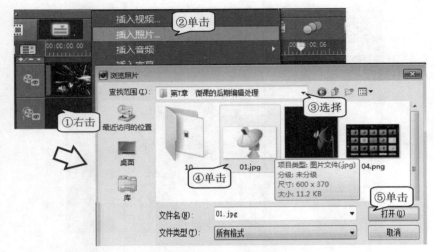

图7-43　插入Logo图标

03 调整特写时间段　按图7-44所示操作，将Logo图标的显示时间拖动到微课视频末尾。

图7-44　调整特写时间段

04 调整位置和大小　在预览窗口中，按图7-45所示操作，将Logo图标拖动到右下角，并调整其大小。

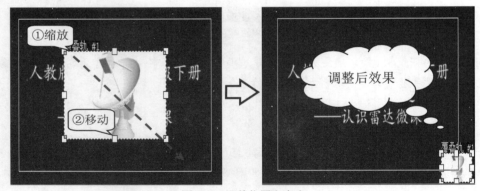

图7-45　调整位置和大小

05 添加覆叠效果　按图7-46所示操作，为插入的图标添加覆叠效果。

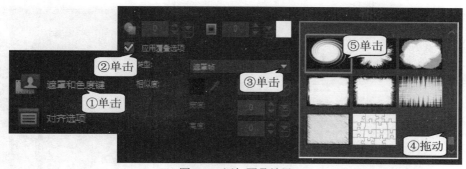

图7-46 添加覆叠效果

06 预览效果 预览视频整体效果，如图7-47所示，根据需要设置相关属性，并将视频输出到指定位置。

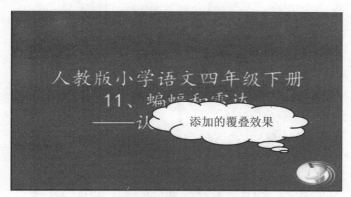

图7-47 预览效果

 在"会声会影"软件中，"覆叠轨"除了能使用画中画编辑，还能使用装饰图案、Flash动画、照片边框等方式编辑。

3. 添加视频滤镜

视频滤镜是一种应用到素材的特殊效果，它不仅可以用来改变素材的样式或外观，还可以处理由于拍摄不佳或受人为、自然条件影响造成的有瑕疵的视频，并为视频添加一些特殊效果。下面介绍使用视频滤镜将图片转换为视频的方法。

跟我学

01 设置照片区间 运行"会声会影"软件，将"素材库"中的"自动草绘滤镜.jpg"图片插入"视频轨"中，按图7-48所示操作，在"选项"面板中调整照片区间为"10s"。

图7-48 设置照片显示时间

02 添加滤镜效果 按图 7-49 所示操作，为图像添加"自动草绘"视频滤镜效果。

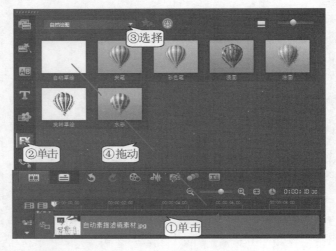

图 7-49 添加"自动草绘"滤镜

03 预览视频 单击浏览面板上的"播放"按钮，预览制作好的视频动画，如图 7-50 所示。

图7-50 预览视频滤镜效果

 知识库

1. 转场特效

若转场效果运用得当，不但可以增加视频的观赏性和流畅性，还可以提高影片的艺术档次。对于有规律的场景切换可以先分类，再添加统一的转场特效，如课件和录制的视频间的转场及课件和计算机桌面间的转场等。若转场效果运用不当，会产生画蛇添足的效果，使观众产生错觉，大大降低影片的观赏价值。

2. 视频滤镜特效

"会声会影"软件提供了近百种视频滤镜特效，这些滤镜特效可以给素材增添一些特殊效果，如为素材添加光照效果、气泡效果及校正视频对比度、色彩等。此外，还可以利用"选项"面板中的替换滤镜、删除滤镜等功能为素材添加一个或多个滤镜效果。

7.3 编辑处理音频

微课后期处理中，对于音频效果的处理和添加也是必不可少的技能之一。添加背景音乐、调节局部音量的大小及降低音频的噪声都是经常需要用到的技能。

编辑处理音频

7.3.1 添加背景音乐

在"音乐轨"中可以添加微课的背景音乐。但是一般情况下，直接添加到音乐轨中的背景音乐与微课视频并不能完全融合，所以就需要对时间轴上的音频文件进行进一步的编辑，可以通过调整音频音量大小、音频的淡入淡出效果等操作来编辑音频文件，使其与微课视频融合。

跟我学

01 打开文件 运行"会声会影"软件，打开项目文件"添加背景音乐.vsp"。

02 添加、调整音频 按图 7-51 所示操作，在"音乐轨"上添加音频"片尾音乐.wav"，向左拖动使其播放时间与图片、字幕播放时间一致。

03 设置音频效果 双击片尾音乐，在打开的"音频"选项面板中，按图 7-52 所示操作，设置背景音乐的相关参数。

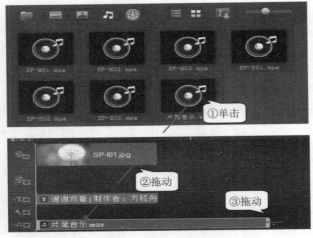

图 7-51 添加、调整音频

图7-52 设置音频效果

04 预览并保存 单击浏览面板中的"播放"按钮,预览调整后的效果,无误后保存文件。

7.3.2 局部调整音量

视频录制方法有很多,如摄像机录制、屏幕录制和播放搜集到的视频素材等,由于视频录制方法的不同,所以音量大小也会有所差异,这时就需要对视频的音量进行局部调整,下面介绍局部调整微课音量的方法。

跟我学

01 打开素材 运行"会声会影"软件,打开项目文件"局部调整微课的音量.vsp"。
02 局部调整音量 按图 7-53 所示操作,使用音量调节线对音量进行局部调整。

图7-53 局部调整音量

03 删除控制点 单击"播放"按钮,预览调整后的效果,如有不需要的控制点,可以将控制点拖到素材外删除,如图 7-54 所示。

图 7-54 删除不需要的控制点

04 预览并保存 单击浏览面板中的"播放"按钮,预览调整后的效果,无误后保存文件。

7.3.3 降低视频噪声

外界环境经常干扰微课视频的拍摄,会造成微课视频的音频质量很差,这时可以通过降低视频的噪声来提升音频质量,另外噪声的去除或降低也可以使用音频滤镜来完成。

跟我学

01 打开素材 运行"会声会影"软件,打开项目文件"降低音频噪声.vsp"。

02 分离视频和音频 按图 7-55 所示操作,从视频中分离出音频。

图7-55 分离视频和音频

03 打开"音频滤镜" 选中音频,按图 7-56 所示操作,打开"音频滤镜"对话框。

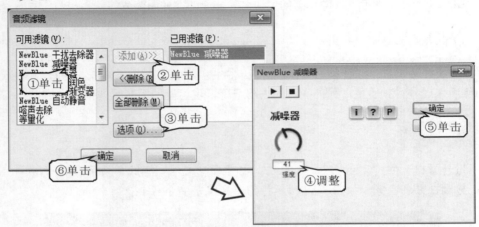

图7-56 打开"音频滤镜"

04 设置音频滤镜 在"音频滤镜"对话框中,按图7-57所示操作,设置音频滤镜的相关参数。

图7-57 设置音频滤镜的相关参数

05 预览并保存 单击"播放"按钮,预览调整后的效果,无误后保存文件。

知识库

1. 音频格式

"会声会影"软件支持的输入音频格式包括 MP3、MPA、WAV、WMA、MP4、M4A、AIFF、AU、CDA、RM、AMR、AAC和OGG,支持的输出音频格式包括 WMA、M4A、WMA 和 OGG。

2. 音频滤镜

在"会声会影"软件中,音频滤镜的功能也不容小觑,音频滤镜的种类共有 20 种,包括删除噪声、回音、混响和音调偏移等,可以根据具体情况进行相应的设置。适当运用好音频滤镜,可以为微课"添砖加瓦"。

7.4 添加处理文字

在微课中常常需要加入一些说明性的文字，这样不仅能作为一种图文结合的方式来装饰画面，还能帮助学习者进一步理解微课的内容。

添加处理文字

7.4.1 添加标题字幕

标题字幕在微课视频编辑中也是不可缺少的内容，它是微课片头的重要组成部分，为微课设置美观的标题字幕，可以使影片更具有吸引力。因为其内容不仅可以传送画面以外的信息，还可增强微课的艺术效果。

1. 添加标题字幕

添加标题字幕的方法有 3 种：一是添加单个标题；二是添加多个标题；三是使用标题模板创建标题。下面介绍利用添加标题字幕来制作微课片尾的方法。

跟我学

01 运行软件　运行"会声会影"软件，切换到"编辑"面板。

02 添加、设置背景图片　在媒体素材库中选择一张图片，按图 7-58 所示操作，将图片添加到"视频轨"中作为片尾的背景图片，并在"选项"面板中设置其播放时间为 10 秒。

图 7-58　添加并设置背景图片

03 选择按钮　按图 7-59 所示操作，在打开的"选项"面板中单击"多个标题"按钮。

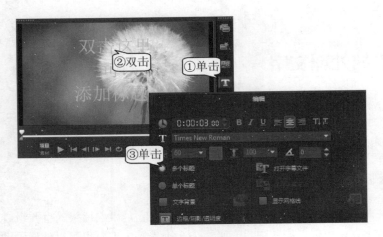

图 7-59 选择按钮

 在"会声会影"软件中,单个字幕标题功能常用于制作片尾的长段字幕。一般情况下,制作标题字幕时,建议用户使用多个字幕标题功能。

04 输入字幕 按图 7-60 所示操作,在预览窗口中分别输入片尾的标题字幕。

图7-60 输入字幕

05 设置格式 分别选中字幕,在"选项"面板中,设置文字的字体、字形、字号、文字颜色及播放时间,如图 7-61 所示。

06 输出片尾视频 打开输出界面,根据制作需要设置相关属性,并将制作好的视频输出到指定位置。

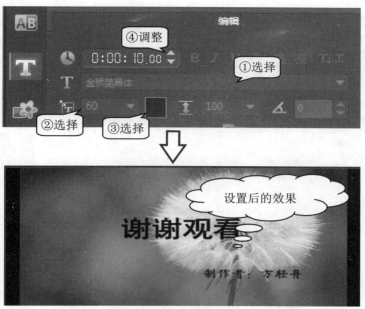

图7-61 设置格式

2. 设置标题字幕

除了可以改变文字字体、字形、字号及文字颜色，还可以为文字添加一些装饰效果和动画效果。最常用的装饰效果有边框、阴影和透明度等，动画效果有淡化、弹出、翻转、飞行、缩放、下降、摇摆和移动路径等，灵活运用这些效果，可以制作出更加丰富的微课作品。下面介绍如何设置标题字幕的突起和缩放效果。

跟我学

01 打开文件 运行"会声会影"软件，打开项目文件"设置标题字幕.vsp"。

02 输入文字 单击素材库面板中的"标题"按钮，按图7-62所示操作，输入文字并设置其格式。

图7-62 输入文字

03 设置突起效果 选中预览窗口中的标题字幕,按图7-63所示操作,将标题字幕设置为突起阴影效果。

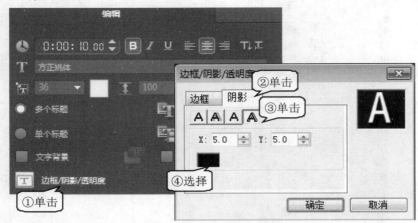

图7-63 设置字幕的突起阴影效果

04 设置字幕缩放 继续输入标题字幕后,选中该字幕,并打开"属性"面板,按图7-64所示操作,设置字幕缩放效果。

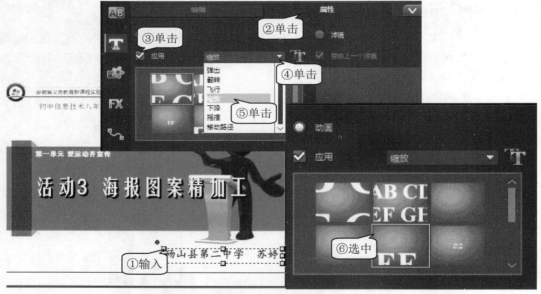

图7-64 设置字幕缩放

05 预览效果 单击浏览窗口中的"播放"按钮,预览设置完成的文字效果,如图7-65所示。

图 7-65　预览效果

7.4.2 添加主体字幕

在微课视频中除了要添加标题字幕，为了突出重点，促进学习者的学习，在关键环节还必须要添加主体字幕，可在准备好字幕稿的全部内容后，利用"会声会影"软件提供的"字幕编辑器"功能，完成主体字幕的添加。下面介绍如何逐条添加主体字幕。

跟我学

01 打开文件　运行"会声会影"软件，打开项目文件"添加主体字幕.vsp"。

02 扫描视频　按图 7-66 所示操作，扫描视频文件。

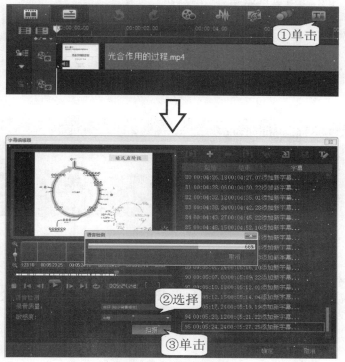

图7-66　扫描视频字幕

03 **添加字幕** 按图7-67所示操作，首先播放视频，接着调整声音区间，最后对照字幕稿(按行书写)，为视频第一段添加字幕。

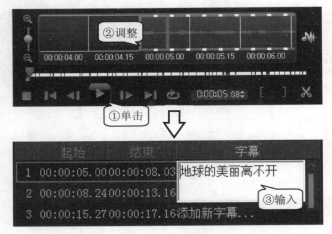

图7-67 添加字幕

04 **生成字幕** 重复"添加字幕"步骤，并在合适的位置继续添加字幕，按图7-68所示操作，生成字幕。

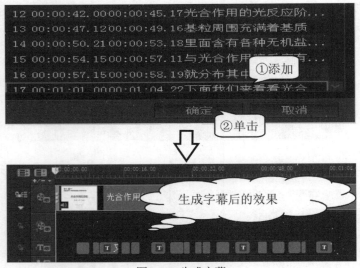

图7-68 生成字幕

05 **校对更改** 在预览窗口中，从头开始播放视频，并对照检查，如果发现字幕开始或结束的时间点不合适，可以在字幕行中修改对应的开始或结束时间。

06 **预览并保存** 单击预览窗口中的"播放"按钮，预览校对好的字幕效果，如图7-69所示，无误后保存文件。

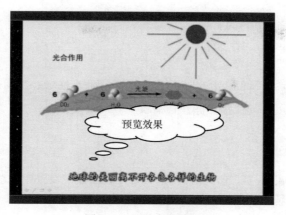

图 7-69　预览字幕效果

1. 标题素材库

前面提到，可以利用标题模板制作标题字幕，具体方法是：在"素材库"面板中单击"标题"按钮，切换到"标题"素材库，这时可以在"标题"素材库中看到多种标题预设效果，选择你需要的标题样式，将其拖动到"标题轨"上，保持标题轨的选中状态，将滑轨拖动到最后一帧，双击预览窗口中的文字，可以进入文字的编辑状态来编辑标题文字。

2. 批量添加主体字幕

如果需要为微课视频批量添加字幕，应先提前准备好字幕文件，格式为UTF、SRT 和 LRC，可以借助 Popsub 软件制作，也可以自己编辑制作，参照图 7-70 所示的字幕文件格式，然后在视频上右击，选择"插入字幕"命令，按照提示插入字幕后，再根据情况对字幕的显示时间和位置进行微调即可完成操作。

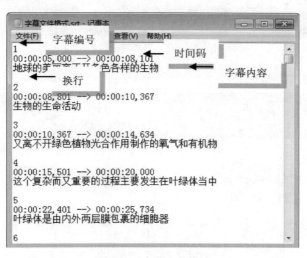

图 7-70　字幕文件格式

7.5 生成微课视频

微课视频制作完成后,可以将其输出为 AVI、MP4 或其他格式的视频文件,使用视频播放器就能直接打开视频文件并且播放,非常方便。

生成微课视频

7.5.1 渲染输出微课

若想实现渲染输出微课,首先,要在"共享"步骤面板中设置相关参数;其次,渲染并输出到计算机硬盘中;最后,利用相关软件适当调整后上传至网络平台。

01 设置参数 运行"会声会影"软件,打开已经制作好的微课项目文件,按图 7-71 所示操作,在"共享"步骤面板中设置输出视频文件的相关参数。

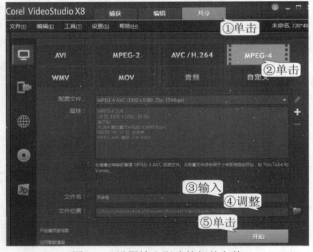

图7-71 设置输出影片的相关参数

02 渲染视频文件 单击下方的"开始"按钮,渲染视频文件,如图 7-72 所示。

图7-72 显示渲染进度

03 查看视频 视频文件输出完成后,会自动弹出信息提示框,按图 7-73 所示操作,在视频素材库中查看输出的 MPEG 视频文件。

如果要共享高清视频,在"共享"步骤中要选中"创建能在计算机上播放的视频"下的"与项目设置相同"复选框。

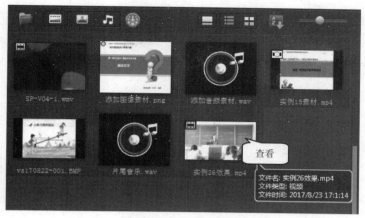

图7-73　查看输出的视频

7.5.2　调整微课格式

一般微课视频生成后，按照视频上传要求，还需要对视频进行格式转换。下面利用"格式工厂"软件，以 FLV 格式的视频文件转换为 MP4 格式的视频文件为例，介绍微课视频的转换方法。

跟我学

01　调整输出配置　准备好需要转换的视频，运行"格式工厂"软件，按图 7-74 所示操作，设置输出配置参数。

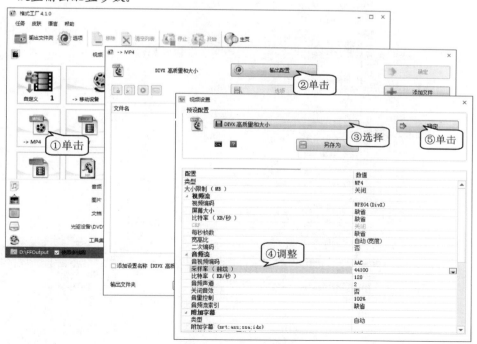

图7-74　调整输出配置

02 导入视频文件 按图7-75所示操作,添加视频文件到"格式工厂"软件中。

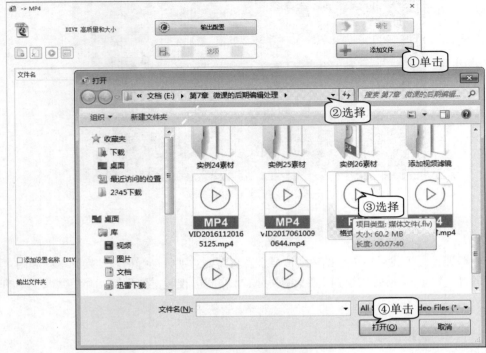

图7-75 导入视频文件

03 更改保存位置 按图7-76所示操作,更改视频格式转换完成后视频文件的保存位置。

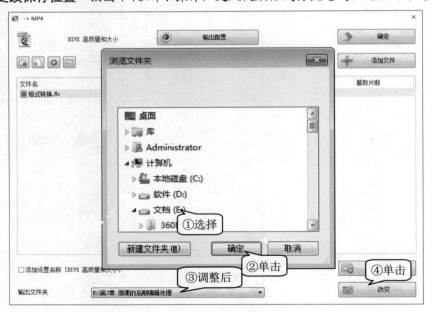

图7-76 更改保存位置

04 开始转换 按图 7-77 所示操作，单击"开始"按钮，进入视频格式转换状态，进度条显示转换进度，视频格式转换完成后有声音提示。

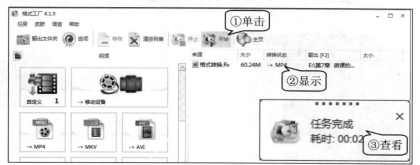

图7-77 开始转换

05 浏览视频 按图 7-78 所示操作，打开转换后的视频并浏览。

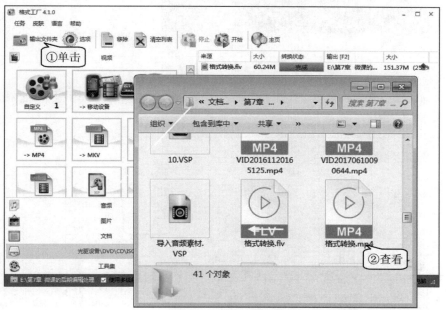

图7-78 浏览视频

7.5.3 发布微课视频

制作好的微课视频可以上传到云盘、优酷网站、新浪微博、QQ 空间和微信公众平台等网络平台上。

跟我学

01 进入微信公众平台 打开相应的浏览器，按图 7-79 所示操作，输入网址进入微信公众平台首页并登录。

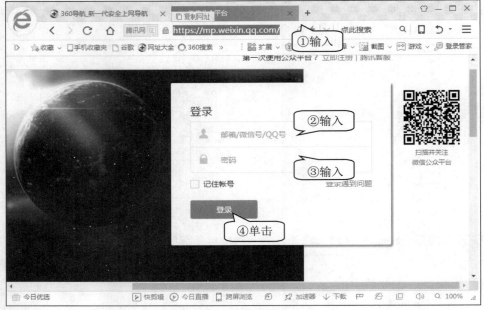

图7-79 进入微信公众平台

02 插入视频 登录成功后,在首页中单击"新建群发"按钮,按图 7-80 所示操作,上传视频。

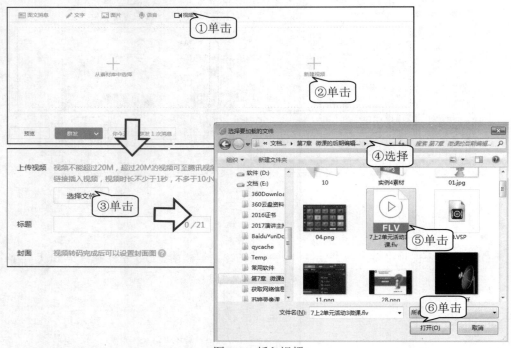

图7-80 插入视频

微信公众平台支持大部分主流格式的视频上传,但视频大小不能超过 20MB,超过 20MB 的视频可以上传到其他平台(如腾讯视频)后,再添加到公众号上。

03 发布视频 填写视频标题等信息,选择"我已阅读并同意《腾讯视频上传服务规则》",将视频发布在微信公众号平台上,如图 7-81 所示。

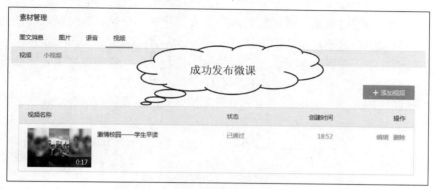

图7-81 发布视频

1. QQ空间发布微课

QQ 空间是拥有数亿用户的社交网络,可以将已经制作好的微课发布在 QQ 空间中,供学生观看、学习。上传视频时,只需要登录腾讯 QQ,在打开的 QQ 空间中选中相册,再在相册中选择视频上传即可,另外上传时要注意填写微课的描述和设置访问权限,视频大小也有限,一般不可超过 500MB。

2. 直接保存到云盘

如果双方都是同一平台的云盘,如百度云盘,那么通过云盘分享资源时,除了可以直接下载,还可以保存到自己的云盘中进行在线观看。

7.6 小结和习题

7.6.1 本章小结

在制作微课过程中,后期编辑处理是一个非常重要的环节。本章通过具体实例,首先对"会声会影"制作软件的界面及基本操作方法做了简要介绍,其次从剪辑视频、添加视频特效、优化声音效果、设置微课字幕及发布分享微课等方面,介绍了优秀微课的制作过程及操作技巧,重点内容如下:

- **认识编辑工具**：介绍了"会声会影"软件使用界面的具体组成，在认识界面的基础上进一步学会基本操作方法，包括导入素材、保存项目文件等。
- **编辑处理视频**：熟练利用"会声会影"软件中的剪辑工具剪辑视频，并能使用转场、覆叠及滤镜等方法给视频添加特效。
- **编辑处理音频**：能根据现有的微课视频素材及需求，使用"会声会影"软件给微课设置背景音乐，通过剪辑、降噪等技术处理来优化音频质量。掌握微课后期处理中，优化声音效果的关键要素及实现方法。
- **添加处理文字**：理解字幕元素在微课中的定位与作用，能根据需求及微课特点，掌握使用"会声会影"软件添加、编辑和美化字幕的方法与技巧。
- **生成微课视频**：学会根据需求输出不同文件格式的微课视频，并能将其发布到公众平台与他人共享。

7.6.2 强化练习

一、选择题

1. 下列不属于"会声会影"软件操作界面组成部分的是（　　）。
   A. 菜单栏　　　　B. 面板　　　　C. 时间轴　　　　D. 对话框
2. "会声会影"是一款常用的微课制作软件，在它的众多应用中，目前还不能实现的应用是（　　）。
   A. 分割视频片段　　　　　　　　B. 添加歌词等字幕
   C. 添加背景音乐　　　　　　　　D. 视频等文件格式转换
3. 在"会声会影"制作软件中，导入的素材类型有很多，下列选项中无法导入的素材是（　　）。
   A. 视频　　　　　B. 音频　　　　C. 图片　　　　D. 文字
4. 使用"会声会影"软件编辑微课时，可以对画面进行局部放大的功能是（　　）。
   A. 转场　　　　　B. 画中画　　　C. 降噪　　　　D. 缩放和平移
5. 使用"会声会影"软件制作微课时，背景音乐可以添加在（　　）。
   A. 视频轨上　　　B. 音乐轨上　　C. 文字轨上　　D. 覆叠轨上

二、判断题

1. 在"会声会影"软件中，可以对视频进行降噪和分割处理。　　　　　　　　（　）
2. 在"会声会影"软件中，保存为可以再编辑的文件扩展名是.vsp。　　　　　（　）
3. 在"会声会影"软件中，"画中画"效果是使用"视频轨"来完成的。　　　　（　）
4. 在"会声会影"软件中，微课制作完成后，可以先将微课视频输出为.wav 格式，再分享视频。　　　　　　　　　　　　　　　　　　　　　　　　　　　　　　　　（　）
5. 微课制作完成后，如果视频格式不符合平台上传的要求，可以先使用"格式工厂"等工具转换视频格式，再上传到平台。　　　　　　　　　　　　　　　　　　　　（　）

第 8 章　微课制作综合实例

微课的制作方法有很多，可以使用录屏软件边讲边录，或者是拍成视频后再使用视频软件加工处理，而微课中用于加工如图片、动画、视频、文字、声音等素材的软件更是多种多样，因此在实际制作过程中应根据微课的用途和不同学科知识点的特点，灵活选择不同的制作方法。无论何种类型的微课，制作过程都包括规划设计、准备素材、制作微课及后期处理等流程。

本章以知识讲授为主的数学微课"图形的运动—旋转"和以实验演示为主的化学微课"酸碱指示剂变色原因探究"的制作为例，详细介绍微课开发的完整流程，期待读者能触类旁通，制作出更多能用于实际教学的微课。

■ **本章内容**
- 数学微课制作实例
- 化学微课制作实例

8.1 数学微课制作实例

数学微课制作的方法有很多，可以直接拍摄老师在黑板上的解题过程，也可以使用录屏软件录制几何画板演示的动画过程，还可以先制作课件，然后边讲解边录制。"旋转"是"图形的运动"一课中的教学重点，小学生必须通过教师讲解才能理解此部分内容，微课效果如图 8-1 所示。

数学微课制作实例

图8-1　微课"图形的运动—旋转"效果

8.1.1 规划设计微课

当确定"旋转"这个教学难点为"图形的运动"一课的微课课题后，需根据课题选择合适的制作微课的方法，再撰写教学设计，根据教学设计制作微课脚本。

1. 选择制作方法

本微课需用动画呈现图形的旋转过程，讲解图形的旋转方法，通过"录屏软件+课件演示"的方式边讲解边录制，课件制作软件选择 PowerPoint，录屏软件选择 Camtasia。另外，考虑学习对象为小学生，为了提高学习效果，采用了虚拟师生对话的动画形式开展教学过程。

2. 撰写教学设计

微课虽然时间短，但也需要进行科学规范的教学设计，让教师在较短的时间内，选用最恰当的教学方法和策略讲清、讲透知识点，确保微课能满足学习者的需求。微课"图形的运动—旋转"教学设计，如表 8-1 所示。

表8-1　微课"图形的运动—旋转"教学设计

目标 分析	通过观察具体实例认识旋转、归纳旋转、旋转中心、旋转角和对应点的概念，并应用它们解决一些实际问题
学生 分析	学生在二年级和四年级已经初步感知平移、旋转和轴对称现象，并且能在方格纸上根据已知图形绘制轴对称图形，按水平或垂直方向将简单图形平移

(续表)

需求分析	学习的主要方式是结合实例，通过观察，让学生进一步理性认识、描述图形的旋转，能够从对称、平移和旋转的角度欣赏生活中美的图案，并且运用平移、旋转和轴对称设计简单的图案，进一步增强空间观念；通过教师演示、讲解积累感性认识，形成初步表象
媒体选择	多媒体课件
教学过程	1. 导入新课 展示游戏"俄罗斯方块"，游戏中通过各种形状的移动、旋转等命令，使下落的方块找到合适的位置，填满一行即能消除。让学生直观感知物体的移动和旋转，再通过两段视频(风车与摩天轮)让学生感觉旋转的效果，引出课题 2. 讲解新课 提问引发学生思考生活中还有的旋转现象。以时钟与风车为例，讲解描写时钟的时针、风车叶片的旋转方法。让学生理解什么是顺时针、什么是逆时针，以及旋转的三要素"旋转中心、旋转方向、旋转角度" 3. 拓展应用 通过案例讲解，动画展示图形通过旋转得到精美图案的过程，让学生感受图形的旋转在生活中的运用及数学的美 4. 总结练习 简要总结本节微课内容，布置检测练习，利用图形旋转得到精美图案

3. 编写微课脚本

录屏型微课的脚本就是按照教学过程，用课件呈现教学内容，再根据内容进行讲解。编写脚本时，应根据教学内容的需要，按照教学内容的相互联系和教育对象的学习规律，对有关画面和声音材料分出轻重主次，合理地进行安排和组织，以便完善教学内容。"图形的运动—旋转"微课脚本，如表 8-2 所示。

表8-2 "图形的运动—旋转"微课脚本

本微课名称	图形的运动—旋转			
知识点描述	图形的运动属于空间与图形领域，在五年级下册，进一步认识图形的旋转，能从旋转的角度欣赏生活中的图案，通过学习进一步增强空间观念			
知识点来源	教材：五年级下册　　人教版　　章节：图形的运动			
基础知识	顺时针旋转，逆时针旋转，旋转的三要素：定点、方向、角度			
教学类型	讲授型、启发型、演示型			
适用对象	五年级正在学习图形的运动的学生，已掌握图形的运动移动部分内容			
设计思路	从时钟的时针旋转与风车的旋转让学生知道顺时针旋转与逆时针旋转，并会描述旋转的方法与角度，再通过生活实例，让学生知道利用旋转创建精美的图案			
教学过程				
环节	内容		幻灯片	时间
微课片头	图形的运动—旋转(课题名称下方一般注明作者信息)		第 1 张	8 秒

(续表)

\multicolumn{3}{c	}{教学过程}		
环节	内容	幻灯片	时间
课堂导入	老师：请看，这是什么？你熟悉吗？ 学生：老师，这不是俄罗斯方块游戏吗？ 老师：是的，这是一款风靡全球的益智类游戏，要想玩得好，就要让下落的方块找到合适的位置，该怎样操作呢？ 学生：这个需要先旋转再平移吧？这个需要平移吧？这个也需要平移吧？这个只需要用到旋转。 老师：说得真好，为了能够消除方块，我们会用到平移与旋转两种变换，数学无处不在，游戏中也包含着数学知识。我们在前面学习过图形的运动——平移，今天我们一起探讨图形的运动——旋转。 教师：请思考一下，在生活中你见过哪些旋转现象？ 学生：我见过转动的电风扇、齿轮和时钟。 老师：是的，旋转现象在日常生活中随处可见，我们也可能见到巨大的风车，还有宏伟的摩天轮，它们有什么共同的特点吗？ 学生：它们都在旋转。	第2～8张	1分35秒
感受 新知	老师：什么是旋转呢？旋转是物体绕某一个点或轴转动的现象，旋转是有方向的，你观察，时钟指针在向着什么方向旋转？跟着指针一起比划一下，我们把时钟指针转动的方向叫作顺时针旋转，再请你观察风车的旋转方向，比划一下。 学生：好像和时钟指针的旋转方向是相反的。 老师：观察很仔细，我们把这种旋转称作逆时针旋转。接下来让我们通过时钟来认识旋转，一起来转一转。 老师：我们可以看到，指针从"12"开始转到"1"，那么指针旋转了多少度呢？ 学生：指针旋转一周是360°，钟面有12大格，每大格是30°，那刚刚指针就旋转了30°。 老师：这样我们就可以用一句话描述，指针从"12"绕点O顺时针旋转30°到"1"，那么指针从"1"绕点O顺时针旋转60°到多少呢？ 学生：每大格30°，旋转60°就是旋转了两大格，如果指针从"1"绕点O旋转60°就会到"3"。 老师：通过旋转，就可以看到你的判断是正确的，再请你观察，指针从"3"绕点O顺时针旋转多少度会到"6"？ 学生：指针从"3"绕点O顺时针旋转到"6"，指针旋转了3大格，一格是30°，3格就是90°。 老师：分析得很好，让我们再来转一次，指针从"6"绕点O顺时针旋转多少度到"12"呢？	第9～14张	3分18秒

(续表)

环节	内容	幻灯片	时间
教学过程			
感受新知	学生：从"6"旋转到"12"，旋转了6大格，6大格是180°。 老师：你已经会描述旋转现象了，让我们一起来回顾指针旋转的过程，看过程请你思考，想说清楚一个旋转现象，要清楚哪几点？ 学生：我觉得要知道从什么位置开始旋转、旋转的方向、旋转的角度。 老师：对，要说清楚点、方向、角度，我们把点称为旋转中心，方向称为旋转方向，角度称为旋转角度，这就是图形旋转的三要素	第9～14张	3分18秒
深入探讨	老师：我们再来看一看旋转的风车，风车绕点O逆时针旋转了多少度？这里有旋转中心、旋转方向，需要我们填旋转角度，那么旋转角度怎么算？ 学生：老师，这个好像不太好判断，有什么技巧吗？ 老师：我们可以把蓝色三角形的一条边作为参照线，看一看旋转到了什么位置，旋转前的位置与旋转后的位置是多少度。 学生：我明白了，是90°。 老师：因此风车绕点O逆时针旋转了90°，继续观察这次风车旋转了多少度？ 学生：我也来用蓝色三角形的一条边作为参照线，旋转前的位置与旋转后的位置是180°。 老师：学得很快呀，刚刚你有没有发现，风车旋转后，每个三角形有什么变化？ 学生：我感觉除了位置变了，其他好像没有什么变化。 老师：下面我们就以风车绕点O逆时针旋转90°来演示，通过动画演示，我们知道旋转后的三角形，形状、大小都没发生变化，只是位置变了	第15～17张	1分52秒
拓展应用	老师：图形旋转在日常生活中的应用很常见，下面这些精美的图案都是通过图形的旋转得到的，你也可以尝试设计几个。 学生：好漂亮呀，我一定要试一试，谢谢老师的介绍	第18张	20秒
总结练习	老师：这个微课我们一起学习了旋转，明白了顺时针旋转、逆时针旋转，以及旋转的三要素"定点、方向、角度"。只要你善于发现，数学会带给你无尽的美。 老师：好了，这节微课就到这里，你都学会了吗？请做测试，检查自己的学习效果吧。	第19、20张	20秒

4. 设计学习任务单

学习任务单是和微课程配套的学案，主要包括学习目标、学习资源、学习方法、学习任务、学习反思、后续学习预告等，它是从学生角度出发，所以指导语要求清晰明确。"图形的运动—旋转"学习任务单，如表 8-3 所示。

表8-3 "图形的运动—旋转"学习任务单

一、学习指南
1. 课题名称：
人教版五年级下册数学学科"图形的运动"
2. 学习资源：
教材、多媒体课件等
3. 达成目标：
通过观看教学视频和教学课件，完成"自主学习任务单"规定的学习任务
二、学习任务
通过观看教学视频自学，完成下列学习任务：
通过手指比划，描述顺时针旋转和逆时针旋转。
时钟上，时针从"3"绕点 O 顺时针旋转到"6"，旋转了多少度？
时钟上，时针从"1"绕点 O 逆时针旋转 60°，旋转到(   )？
三、学习反思
(提示：此项由学生自主学习之后填写)

8.1.2 准备微课素材

根据微课脚本，需要收集相应的图片、声音、视频及动画等素材，为使微课片头美观，还可以使用特殊的字体，如表 8-4 所列的素材，这些素材可以通过多种途径取得，如利用扫描仪采集图像、利用动画制作软件生成动画或从互联网搜索下载。下面简单介绍通过网络获取字体、视频制作动画的过程。

表8-4 素材收集计划表

素材类型	效果描述	所处位置	获取方式
字体	微课的标题与作者信息的文本	幻灯片 1	网上下载、安装
视频	俄罗斯方块游戏、风车、摩天轮视频	幻灯片 2、7、8	软件录制；截取视频
动画	风车转动、时钟转动的 Flash 动画	幻灯片 9	使用动画软件制作
图片	各种图案(通过图形旋转后得到)	幻灯片 20	网上查找、下载
音乐	展示微课名称时播放	幻灯片 1	网上查找、下载

1. 获取视频文件

获取视频文件的方法有很多，可以自己拍摄、网上下载、使用录屏软件录制，也可以使用软件在已有的视频中截取。图 8-2 左图所示的俄罗斯方块游戏视频，是使用录屏软件录制；图 8-2 右图所示的风车视频是使用狸窝全能视频转换器在视频文件中截取的。

图8-2 课件中的视频效果

 跟我学

01 查找游戏 打开搜索引擎,在搜索栏中输入"在线俄罗斯方块游戏",查找游戏。

02 调整游戏窗口 按图8-3所示操作,将浏览器的窗口调整到合适大小与位置。

03 运行录屏软件 单击"开始"按钮,选择"所有程序"→"屏幕录像专家 V2011"→"屏幕录像专家 V2011"命令,运行"屏幕录像专家"软件。

04 设置录屏目录 按图8-4所示操作,将录制目标设置为打开的游戏窗口,并调整录制的范围。

图8-3 调整游戏窗口

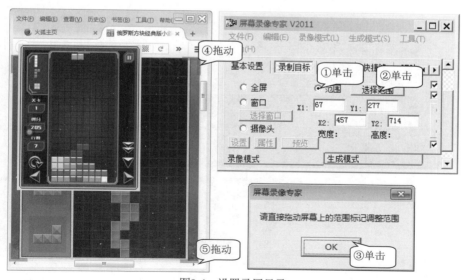

图8-4 设置录屏目录

05 查看录制快捷键 按图8-5所示操作,查看录制的快捷键,其中按F2键可以实现录制和停止,按F3键可以实现暂停与继续录制。

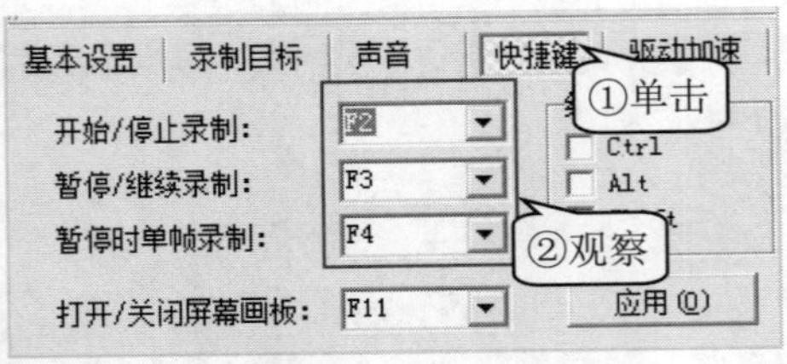

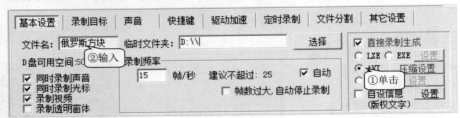

图8-5 查看录制快捷键

06 选择视频类型 按图8-6所示操作,选择录制视频的类型为"AVI"。

图8-6 选择视频类型

07 录制视频文件 单击"录制"按钮◉,录制玩俄罗斯方块游戏的视频。

08 保存文件 按F2键,停止视频录制,并以"俄罗斯方块游戏.avi"为名保存文件。

2. 安装字体

在制作课件或设计封面时,有时会用到计算机上没有的字体,如图 8-7 所示。对于这些字体,可以下载、安装,限于篇幅,下面以下载安装字体"汉仪菱心体简"为例,介绍字体的安装方法。

图8-7 字体效果图

跟我学

01 搜索并下载字体 进入百度网站,按图 8-8 所示操作,搜索"汉仪菱心体简",并下载。

图8-8 搜索并下载字体

02 解压字体 右击下载的字体压缩文件,将字体解压到文件夹"hylxtj_downcc"中。

03 打开"字体"窗口 单击"开始"按钮,选择"控制面板"命令,双击"字体"文件夹,打开"字体"窗口。

04 安装字体 打开文件夹"hylxtj_downcc",将字体复制到"字体"文件夹中,安装"汉仪菱心体简"字体,如图8-9所示。

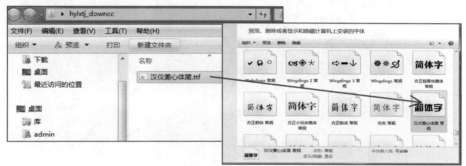

图8-9 安装字体

8.1.3 制作微课课件

素材处理完毕后,可以开始制作课件,根据微课脚本可知,本课件除了封面、封底共有10张幻灯片,限于篇幅,下面仅介绍两张有代表性幻灯片的制作,其他幻灯片的制作请读者参照示范课件自行完成。

1. 制作课件封面

课件封面幻灯片包括背景与标题,课件中的所有幻灯片风格一致,使用母版统一格式,本实例用现成的模板文件进行更改。

跟我学

01 打开文件 运行 PowerPoint 软件,打开文件"图形的运动—旋转.pptx"。

02 进入幻灯片母版视图 按图 8-10 所示操作，进入幻灯片母版视图。

图8-10 进入幻灯片母版视图

03 修改母版中的图案 按图 8-11 所示操作，将幻灯片母版中的自定义图形用图片"风车.png"填充。

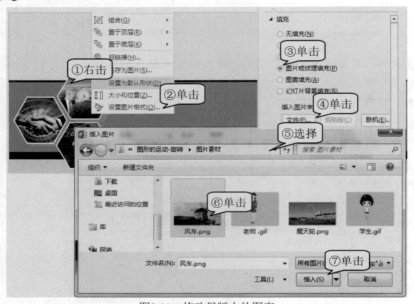

图8-11 修改母版中的图案

04 添加文字 添加文本框，输入文本，并设置成相应格式。

2. 设置课件动画

在 PowerPoint 中，也可使用自定义动画命令，通过动画窗格制作旋转动画效果。图 8-12 所示是风车旋转的微课效果。

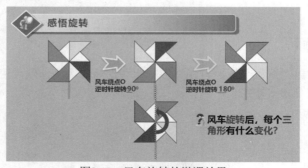

图8-12 风车旋转的微课效果

01 复制风车　选中第 16 张幻灯片，选中风车，使用"复制""粘贴"命令得到一个新的风车放到下面。

02 旋转风车　按图 8-13 所示操作，设置风车的"陀螺旋"动画效果。

图8-13　设置风车动画

03 设置旋转角度　按图 8-14 所示操作，在动画窗格中选择效果选项，设置数量为 180° 逆时针后，观察旋转动画的效果。

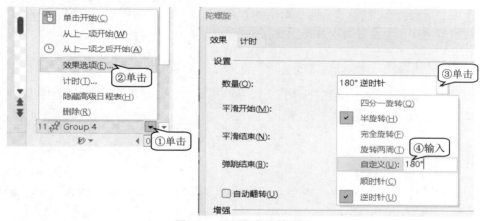

图8-14　设置风车旋转效果

04 设置风车旋转速度　风车旋转的速度可以通过动画持续时间来设置，如图 8-15 所示，将持续时间设置为 2 秒。

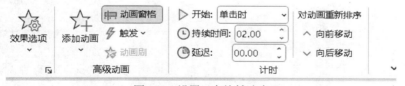

图8-15　设置风车旋转速度

05 设置箭头效果　按图 8-16 所示操作，将箭头设置为从下往上擦除效果，从而模拟绘制箭头的过程。

06 查看动画效果　选择幻灯片放映，单击"从当前幻灯片开始播放"，查看通过图案旋转得到的风车效果。

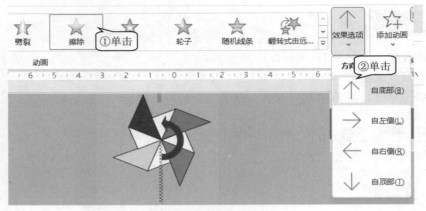

图8-16　设置箭头动画

8.1.4　制作分享微课

考虑本节讲解较多，而且采取师生对话的方式组织教学，难以一气呵成地完成视频的录制，因此，可根据教学内容分别录成几个视频，再进行后期合成，并配以音乐，制作交互练习。

1．录制视频文件

录制前除了需要对外部环境进行清理、准备好麦克风、打开课件、关闭其他应用程序等，还需要对 Camtasia 软件进行相应的设置。

跟我学

01 运行软件　运行 Camtasia 软件，打开课件"图形的运动—旋转.pptx"，按 F5 键，从第 1 张幻灯片开始播放。

02 设置录制参数　按图 8-17 所示操作，选择录制区域，并将录制音量调整到合适位置。

图8-17　设置录制参数

03 录制视频　单击"rec"按钮,开始讲课,讲完之后,按F10键,完成录制。
04 保存项目文件　选择"文件"→"保存"命令,将项目文件以"图形的运动—旋转.tscproj"为文件名保存。

2. 编辑视频文件

在录制视频过程中,由于各种原因,如录制时因为等待,导致播放第一张幻灯片时间过长,或者因读错字或突然接到电话打断了录音,导致又需重新录制等意外情况时,可以使用录屏软件将多余的部分裁剪。

跟我学

01 查看视频录制效果　单击"播放"按钮▶,播放视频,查看录制微课的效果,并记下出错视频的起始位置。
02 裁剪错误视频　按图8-18所示操作,剪切错误视频。

图8-18　裁剪错误视频

03 裁剪其他错误视频　用上面同样的方法,裁剪掉其他出错的视频部分。
04 查看并保存文件　单击"播放"按钮▶,播放视频,查看裁剪效果,并选择"文件"→"保存"命令,保存修改后的项目文件。

3. 添加人物形象

对于低年级的学生,在使用微课学习时,最好能看到老师或同学,模拟班级的学习环境,可以用摄像头拍摄正在讲课的老师,也可以添加虚拟的老师与同学,效果如图8-19所示。

图8-19　添加师生动画形象后的效果

跟我学

01 导入动画 在 Camtasia 软件中，按图 8-20 所示操作，导入 GIF 动画。

图8-20 导入GIF动画

02 查找学生声音开始位置 按图 8-21 所示操作，找到学生开始讲话的位置。

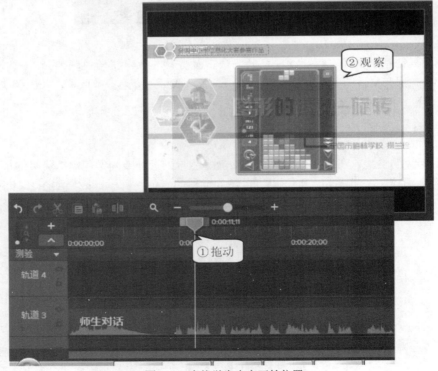

图8-21 查找学生声音开始位置

03 添加"学生.gif"图片 按图 8-22 所示操作，将 GIF 图片拖到轨道 4 上。

图8-22 将GIF图片添加到轨道上

04 调整图片大小与位置 按图8-23所示操作,缩小图片并拖到合适位置。

图8-23 调整图片大小与位置

05 添加删除颜色命令 按图8-24所示操作,将删除颜色命令拖到轨道4"学生.gif"图片上。

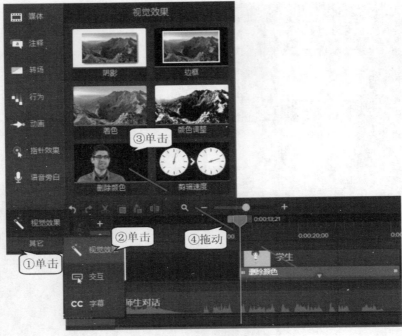

图8-24　添加删除颜色命令

06 删除图片背景颜色　按图 8-25 所示操作，将图片的背景颜色删除。

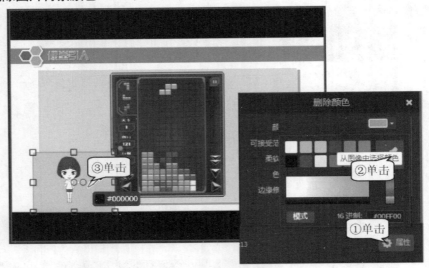

图8-25　删除图片背景颜色

07 删除"老师.gif"图片的背景　用上面同样的方法，在合适的位置添加"老师.gif"动画图片，并删除图片的背景。

08 查看并保存文件　单击"播放"按钮▶，播放视频，查看删除背景后的 GIF 动画效果，并选择"文件"→"保存"命令，保存修改后的项目文件。

4. 添加测试题

测试是微课的重要组成部分，本实例设计了一道单项选择题，用于检查学生学习完旋转后，能否用旋转三要素描述时钟时针的旋转。

01 新建测试　将水平滚动条拖到知识点讲解结束位置，按图8-26所示操作，添加测试。

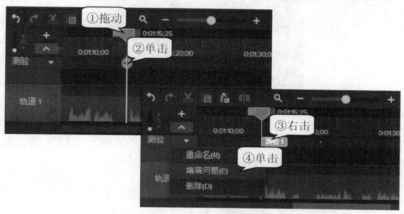

图8-26　确定添加测试的位置

02 输入测验名称　按图8-27所示操作，添加测验"图形的运动—旋转"。

03 选择问题类型　按图8-28所示操作，选择当前测验的类型是"多项选择题"。

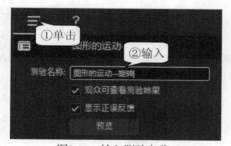

图8-27　输入测验名称

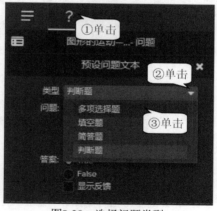

图8-28　选择问题类型

04 输入题目　按图8-29所示操作，输入题干"钟上的时针从3点走到9点，旋转的方向和角度分别是(　　)。"，以及4个选项"顺时针，90度；顺时针，180度；逆时针，90度；逆时针，180度"，并选择正确答案。

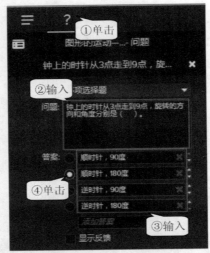

图8-29 输入题目

05 预览测验效果　按图 8-30 所示操作，预览"图形的运动—旋转"测验效果。

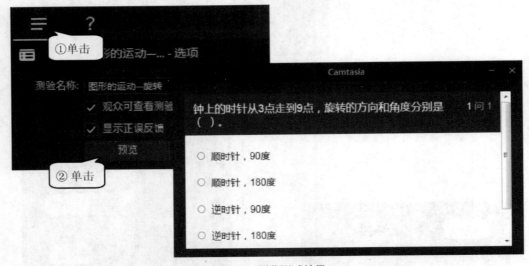

图8-30 预览测试效果

5. 输出微课视频

由于本实例中添加了测试，因此在发布时必须选择 MP4+HTML5 播放器，才可以在浏览器中正常播放。

跟我学

01 选择视频格式　在 Camtasia 软件中，按图 8-31 所示操作，选择输入的视频格式为"MP4-Smart Player(HTML5)"。

02 生成微课视频　按图 8-32 所示操作，将视频以"图形的运动—旋转"为项目名称，保存到计算机中。

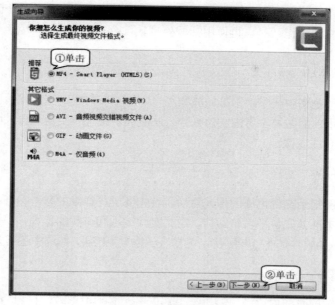

图8-31 选择视频格式

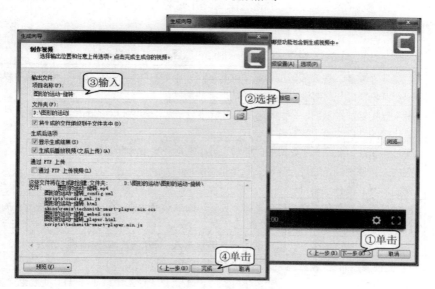

图8-32 生成微课视频

8.2 化学微课制作实例

化学微课制作实例

化学、物理、生物等学科常常需要使用实验探究一些物质的性质，而实验的准备又极为烦琐,将实验的过程拍摄下来,制作成微课,可以多次方便使用。这类微课的制作与其他微课的制作方法一样,需要先选择微课题目,确定制作方法,撰写教学设计,设计微课制作脚本,拍摄实验视频,准备微课制作素材,再使用视频处理软件合成微课。

8.2.1 规划设计微课

"酸碱指示剂"是初中化学"常见的酸和碱"中的一节内容,纯知识的讲解不便于学生理解,使用实验演示不但能激发学生的学习兴趣,还能让学生观察实验现象,因此确定拍摄实验视频,再使用软件合成微课。

1. 选择制作方法

确定选题"酸碱指示剂变色原因探究"后,首先要进行详细的教学设计,形成教案;其次编写脚本,根据脚本准备好各种实验器材,录制实验演示和讲解的过程;最后对视频进行后期制作,后期加工视频的软件是"会声会影",为检查学生学习结果,微课中还需要配以检测用习题。

2. 撰写教学设计

为让教师在较短的时间内讲清、讲透一个知识点,必须根据教学目标与学习者情况分析,合理选择教学方法、安排教学过程,才能确保制作出适合学生使用的微课。微课"酸碱指示剂变色原因探究"教学设计,如表 8-5 所示。

表8-5 微课"酸碱指示剂变色原因探究"教学设计

目标分析	通过 4 个实验,探究酸碱指示剂变色的原因,让学生理解不仅酸溶液、碱溶液可以使酸碱指示剂变色,部分盐溶液也可以使酸碱指示剂变色
学生分析	学生已接触过指示剂,分别是第三单元验证分子运动的实验中的酚酞,以及第六单元验证二氧化碳的性质实验中的石蕊
需求分析	通过实验法,激发学生好奇心。让学生近距离地观察指示剂的颜色变化,直观地认识到指示剂的工作原因就是通过自身的变色来指示溶液的酸碱性
媒体选择	实验器材,演示实验过程
导入	酸能使紫色石蕊溶液变成红色,碱能使无色酚酞溶液变成红色,那么是不是所有的酸和碱都能使指示剂变色呢
讲解	通过 4 个实验,学生学会区分酸溶液、酸性溶液;碱溶液、碱性溶液
测试	1. 能使紫色石蕊溶液变蓝的溶液,它能使无色酚酞溶液( )。 　A. 变红色　　　　B. 变蓝色　　　　C. 呈无色彩　　　　D. 变紫色 2. 下列物质的水溶液能使紫色石蕊溶液变红色的是( )。 　A. NaCl　　　　B. NH_3　　　　C. HCl　　　　D. NaOH 3. 某溶液滴加酚酞显无色,则该溶液( )。 　A. 一定是碱溶液　B. 一定是酸溶液　C. 一定是盐溶液　D. 可能是酸溶液
小结	1. 大多数酸能溶于水,在水中电离出自由移动的 H^+,溶液显酸性。 2. 大多数碱难溶于水,在水中不能电离出自由移动的 OH^-,没有碱性溶液的特征。 3. 部分盐溶液,由于存在自由移动的 H^+ 和 OH^-,因此具有明显的酸性和碱性溶液的特征,也可以使指示剂变色

3. 编写微课脚本

微课讲授完毕后，还需要检测学生对本节课知识的掌握情况，这里使用的学生任务单是与微课程配套的学案，主要包括学习目标、学习资源、学习方法、学习任务、学习反思、后续学习预告等。"酸碱指示剂变色原因探究"微课脚本，如表 8-6 所示。

表8-6 "酸碱指示剂变色原因探究"微课脚本

本微课名称	酸碱指示剂变色原因探究		
知识点描述	酸溶液、碱溶液可以使酸碱指示剂变色，部分盐溶液也可以使酸碱指示剂变色		
知识点来源	教材：九年级下册，人教版　章节：第十单元酸和碱		
基础知识	运用酸碱指示剂检验酸溶液和碱溶液		
教学类型	讲授型、启发型、演示型		
适用对象	九年级学生，学习了常见的酸和碱		
设计思路	通过 4 个实验探究，认识与体验科学探究的过程；学会运用酸碱指示剂检验酸溶液和碱溶液		
教学过程			
环节	内容	画面	时间
微课片头	酸碱指示剂变色原因探究	片头.jpg	7 秒
导入新课	酸能使紫色石蕊溶液变成红色，碱能使无色酚酞溶液变成红色。 问题一：是不是所有的酸和碱都能使指示剂变色呢？下面来看实验一	导入新课.jpg	17 秒
讲解新课	实验一的实验药品及器材是"稀盐酸、稀硫酸、白醋、碳酸饮料(雪碧)及紫色石蕊"，取 4 支洁净的试管，分别加入上述 4 种溶液，滴加紫色石蕊，观察现象，这 4 种溶液都能使紫色石蕊变成红色，用 pH 试纸测试上述 4 种溶液，这 4 种溶液的 pH<7，溶液均呈酸性。 碱也能使指示剂变色吗？下面来看实验二	实验一视频	1分39秒
	实验二需要的药品有固体氢氧化钠、氢氧化钙、氢氧化铁、氢氧化铜、无色酚酞，取 4 支洁净的试管，分别向 4 种药品中滴入无色酚酞，观察现象，我们可以看到氢氧化钠、氢氧化钙使无色酚酞变红，氢氧化铁、氢氧化铜没有使无色酚酞变红。 NaOH 易溶于水，$Ca(OH)_2$ 微溶于水，在水中能离解出自由移动的氢氧根离子，$Cu(OH)_2$、$Fe(OH)_3$ 难溶于水，在水中，不能离解出自由移动的氢氧根离子，显示不出碱性溶液的特征，大多数碱难溶于水。 结论一：酸溶液、碱溶液可以使酸碱指示剂变颜色	实验二视频	1分6秒

(续表)

教学过程			
环节	内容	画面	时间
讲解新课	问题二：酸溶液、碱溶液中哪种微粒能使指示剂变色呢？ 下面以盐酸为例来探究盐酸中能使指示剂变色的粒子。 盐酸溶液中有 H^+、Cl^-、H_2O；蒸馏水中的 H_2O 不能使指示剂变色，说明水分子不能使指示剂变色；NaCl 溶液中的 Na^+、Cl^-、H_2O 不能使指示剂变色，说明氯离子不能使指示剂变色，盐酸能使指示剂变红，说明氢离子使指示剂变色。 盐酸能使指示剂变红，说明氢离子使指示剂变色，同理我们可以设计通过实验验证氢氧根离子可以使指示剂变色。 结论二：H^+ 能使紫色石蕊变红，OH^- 能使无色酚酞变色，溶液中只要有 H^+、OH^- 就能使指示剂变色，同时具有酸性和碱性溶液的特征	讲解1.jpg	1分53秒
	问题三：为什么盐溶液能使指示剂变色呢？下面来看实验三，需要的药品有盐酸氢钠溶液、硫酸钠溶液、紫色石蕊，取两支洁净的试管，加硫酸氢钠溶液与硫酸钠溶液，滴加紫色石蕊观察现象，硫酸氢钠使紫色石蕊变红，硫酸钠没有使紫色石蕊变红，这是为什么呢	实验三视频	1分5秒
	我们取硝酸钾溶液、碳酸钾溶液少许，放入洁净的试管中，滴加无色酚酞，硝酸钾没有变色，碳酸钾溶液使无色酚酞变红，这是为什么呢？ 用 pH 试纸分别测试上述溶液，$NaHSO_4$ 溶液显酸性，K_2CO_3 溶液显碱性，Na_2SO_4、KNO_3 溶液显中性。 由上可知，不仅酸溶液、碱溶液可以使酸碱指示剂变色，部分盐溶液也可以使酸碱指示剂变色	实验四视频	48秒
小结	得出结论： 1. 大多数酸能溶于水，在水中电离出自由移动的 H^+，溶液显酸性。 2. 大多数碱难溶于水，在水中不能电离出自由移动的 OH^-，没有碱性溶液的特征。 3. 部分盐溶液，由于存在自由移动的 H^+ 和 OH^-，因此具有明显的酸性和碱性溶液的特征，也可以使指示剂变色	小结.jpg	1分11秒
测试	1. 某溶液能使紫色石蕊溶液变蓝色，则它能使无色酚酞溶液（　）。 A. 变红色　B. 变蓝色　C. 呈无色彩　D. 变紫色 2. 下列物质的水溶液能使紫色石蕊溶液变红色的是（　）。 A. NaCl　B. NH_3　C. HCl　D. NaOH 3. 某溶液滴加酚酞显无色，则该溶液（　）。 A. 一定是碱溶液　B. 一定是酸溶液 C. 一定是盐溶液　D. 可能是酸溶液	测试.jpg	59秒

4. 设计自主学习任务单

通过自主学习任务单配合微课视频完成自主学习，学习任务单主要包括学习目标、学习资源、学习方法、学习任务、学习反思、后续学习预告等。微课"酸碱指示剂变色原因探究"学习任务单，如表 8-7 所示。

表8-7　微课"酸碱指示剂变色原因探究"学习任务单

一、课题名称
人教版化学九年级下册　　　酸碱指示剂变色原因探究
二、达成目标
学生通过观看教学视频，了解指示剂变色的原因，会区分酸溶液与酸性溶液、碱溶液与碱性溶液，并知道盐溶液不一定呈中性。通过完成进阶练习检测掌握情况，并学着自己设计实验探究所提出的问题
三、学习任务
通过观看微课，自学完成下列学习任务。 1. 指示剂变色的原因； 2. 区分酸性溶液与酸溶液、碱性溶液与碱溶液； 3. 溶液不一定都显中性，有可能显酸性或碱性； 4. 设计实验探究指示剂变色的原因

8.2.2　拍摄实验视频

拍摄类微课的制作较录屏类微课复杂，特别是根据微课脚本准备资源，不仅需要准备课件，还需要根据情况选择拍摄场所，准备拍摄器材，如果化学、物理、生物学科有实验部分，则需准备实验器材等。

1. 准备实验器材

本节微课中设计了 4 个实验，分别根据实验要求，准备器材以备用。实验器材，如表 8-8 所示。

表8-8　实验器材

序号	实验名称	器材及试剂
实验一	验证酸使指示剂变色	稀盐酸、稀硫酸、白醋、碳酸饮料(雪碧)、紫色石蕊、试管
实验二	验证碱使指示剂变色	固体氢氧化钠、氢氧化钙、氢氧化铁、氢氧化铜、无色酚酞
实验三	验证盐使指示剂变色	盐酸氢钠、硫酸钠、紫色石蕊
实验四		硝酸钾、碳酸钾、无色酚酞

2. 准备拍摄器材

拍摄准备包括场地准备与器材准备，其中，场地要安静，尽量没有回声，本节选择的拍摄地点是录播教室，在拍摄时要关闭空调等电器；拍摄用的摄像机选择的是索尼 270E，拍摄时镜头要保持稳定，可使用索尼 VCT-VPR1 三脚架。

3. 拍摄实验视频

因使用的实验器材不同，4 个实验分别拍摄成 4 个视频文件，为使用实验器材时能够看得清楚，选择墨绿色桌面，拍摄后的文件如图 8-33 所示。

图8-33　拍摄的实验视频

8.2.3　制作图片文件

使用"会声会影"软件制作微课片头，可以使用视频，也可以使用图片素材。下面以 WPS 软件制作生成图片素材为例，介绍微课片头的制作。

1. 制作微课片头

如图 8-34 所示的片头中包括图片、文字，并且微课名称文本使用了文本轮廓与投影效果，字号也比其他文本略大。

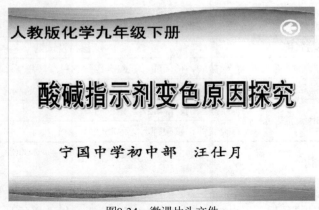

图8-34　微课片头文件

跟我学

01 设置背景图片 运行 WPS 软件，按图 8-35 所示操作，设置"背景.jpg"图片为演示文稿背景。

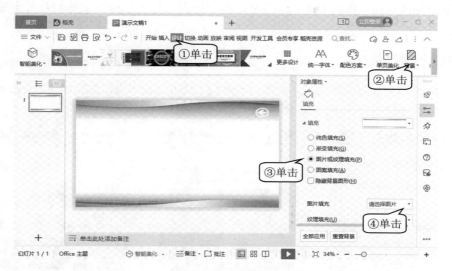

图8-35 设置背景图片

02 输入微课标题 单击工具栏中的"文本框"按钮，在编辑区输入文本"酸碱指示剂变色原因探究"。

03 设置标题格式 选中文本，按图 8-36 所示操作，将文本设置为"黑体，60 磅，加粗"。

图8-36 设置标题格式

04 设置标题文本轮廓及投影效果 选中标题，按图 8-37 所示操作，为微课标题"酸碱指示剂变色原因探究"设置文本轮廓及投影效果。

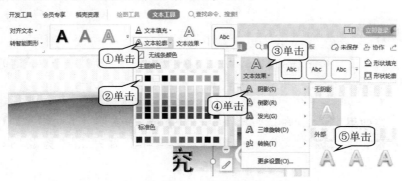

图8-37 设置文本轮廓及投影效果

05 输入其他文本 用上面同样的方法,输入教材的版本"人教版化学九年级下册"与作者姓名、单位"宁国中学初中部　汪仕月"。

06 设置文本格式 设置"人教版化学九年级下册"的字体格式为"36磅,黑体",设置"宁国中学初中部　汪仕月"的字体格式为"32磅,楷体,黑色"。

07 输出图片文件 在"文件"菜单中选择"输出为图片"命令,将幻灯片生成为图片文件。

2. 制作其他图片

使用 WPS 软件做好其他幻灯片,然后再通过上述方法输出为图片文件,方便后期微课合成使用,输出的图片效果如图 8-38 所示。

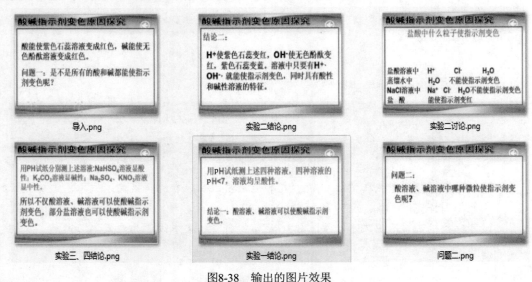

图8-38　输出的图片效果

8.2.4　录制声音文件

除了实验部分,教师还需要录制讲解微课的导入、分析、提问、小结等部分,可使用声音处理软件 GoldWave,录制的声音可使用视频软件合成微课视频。

跟我学

01 新建文件 运行软件 GoldWave,按图 8-39 所示操作,新建一个双声道的声音文件。

02 录制声音文件 单击"录音"按钮，开始录制声音文件。

03 停止录音 将片头上的文本信息讲解完毕后,单击"停止录音"按钮，停止录音。

04 检查录音效果 单击"播放"按钮，检查录音的效果是否满意。

05 保存声音文件 选择"文件"→"保存"命令,以"片头.wav"为名,保存声音文件。

图8-39　新建文件

8.2.5　编辑制作微课

使用视频处理软件"会声会影"将已收集加工的图片、视频、声音等素材，按微课脚本的顺序进行编辑、加工，可以得到微课。

1. 导入微课素材

使用素材制作微课，需要将素材导入，此处有视频、图片、声音等文件，导入文件可以分类型集中导入，也可以单个文件导入。

跟我学

01 导入视频素材　运行 Corel VideoStudio 2022 软件，按图 8-40 所示操作，导入 4 个实验视频文件。

图8-40　导入视频素材

02 导入其他素材　用上面同样的方法，导入图片素材与音乐素材。

03 保存项目文件　选择"文件"→"保存"命令，在弹出的对话框中以"酸碱指示剂变色原因探究.vsp"为文件名保存项目文件。

2. 制作微课片头

"酸碱指示剂变色原因探究"微课的片头是在播放微课课题名称声音的同时,显示片头图片文件。

01 添加片头背景 按图 8-41 所示操作,将"片头背景.jpg"图片拖到视频轨上。

图8-41 添加片头背景

02 添加声音文件 用上面同样的方法添加声音文件"片头.wav",并拖到声音轨中。

03 调整片头图片播放时间 按图 8-42 所示操作,根据声音"片头.wav"的长度,调整片头图片的长度,使声画同步。

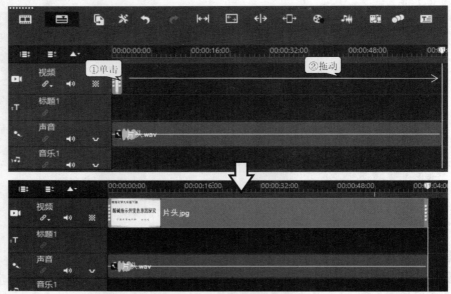

图8-42 调整片头图片播放时间

04 保存文件 选择"文件"→"保存"命令，保存文件。

3. 制作导入新课部分

微课"酸碱指示剂变色原因探究"采用的导入方式是直接导入，教师讲解，辅以文字，在 Corel VideoStudio 2022 中需要在视频轨上添加图片文件、在声音轨中添加教师讲解的声音文件、在字幕轨中添加讲解的文字内容，效果如图 8-43 所示。

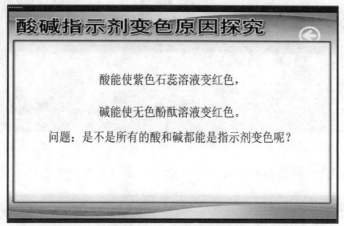

图8-43　导入新课部分效果

跟我学

01 添加导入新课的背景　将图片"导入新课背景.jpg"拖到视频轨"片头.jpg"的后面。

02 添加导入新课的声音　将声音文件"导入新课.wav"拖到声音轨"片头.wav"的后面，并根据声音的长度，调整图片播放的时间，效果如图 8-44 所示。

图8-44　添加声音文件"导入新课"

03 添加字幕　按图 8-45 所示操作，选择字幕类型，并将字幕拖到字幕轨上。

图8-45 添加字幕

04 选择字幕颜色 按图8-46所示操作，选择字幕颜色为"黑色"。

图8-46 选择字幕颜色

05 输入字幕 选择输入法，输入字幕，效果如图8-47所示。

06 设置字幕格式 按图8-48所示操作，设置字幕的格式为"字号44磅，行距140"。

图8-47 输入字幕

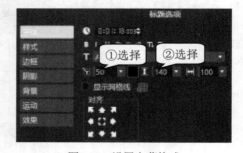

图8-48 设置字幕格式

07 生成微课视频　按图 8-49 所示操作，微课"酸碱指示剂变色原因探究"制作完成后，将文件以"酸碱指示剂变色原因探究.mpeg-4"为名，生成视频文件。

图8-49　生成微课视频